地中海世界與羅馬帝國

一部充滿人類歷史經驗結晶的世界帝國千年史

地中海世界とローマ帝国

本村凌二（東京大學名譽教授）————著

羅馬帝國版圖及主要史跡

羅馬帝國歷經多次遠征拓展版圖，在圖拉真時代（西元九八年至一一七年）達到帝國史上版圖最為遼闊的紀錄。根據戰勝紀念碑的描述，圖拉真於達西亞戰爭征服黑海西岸的達西亞地區（約現今的羅馬尼亞範圍）；並進一步東征，擊敗帕提亞帝國，將亞美尼亞、美索不達米亞也納入所屬，成為羅馬帝國統治下的一省。如此一來，羅馬帝國的版圖，北至不列顛尼亞的北部（約現今蘇格蘭的邊境附近），南達非洲的地中海沿岸，東至裏海地區。

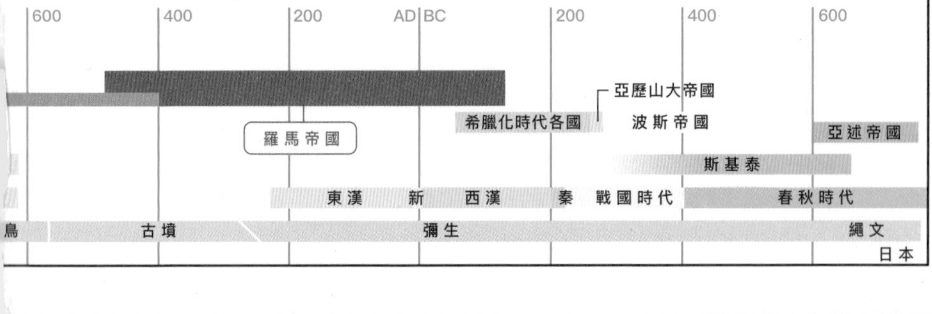

北海
N
S
W
E
哈德良長城
約克
不列顛尼亞
切斯特
科爾切斯特
巴斯
倫敦
泰晤士河
萊茵河
易北河
日耳曼尼亞
科隆
提雅
漢斯
塞納河
巴黎
維也納
阿爾卑斯山脈
匈牙
羅亞爾河
隆河
里昂
高盧
米蘭
維洛納
尼姆
奧朗日
亞爾
拉溫納
庇里牛斯山脈
羅馬
厄波羅河
巴塞隆納
塞哥維亞
卡普阿
庫邁
那不勒斯
龐貝
帕埃斯圖姆
塔蘭托
西班牙
梅里達
西西里島
馬拉加
迦太基
突尼斯
敘拉古
沙格鎮
提姆嘉德
地中海
摩洛哥
突尼西亞
阿爾及利亞
大萊普提斯

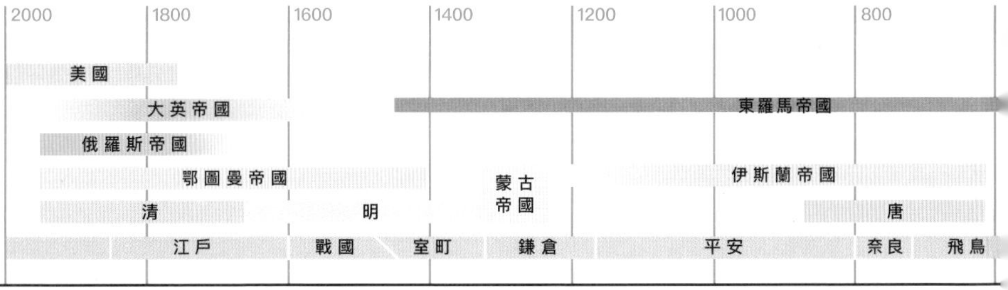
2000
1800
1600
1400
1200
1000
800
美國
大英帝國
東羅馬帝國
俄羅斯帝國
鄂圖曼帝國
蒙古
帝國
伊斯蘭帝國
清
明
唐
江戶
戰國
室町
鎌倉
平安
奈良
飛鳥

前言

S·P·Q·R　作為羅馬共和國與羅馬帝國的正式名稱，「元老院與羅馬人民」（或其縮寫形式）被紋飾在羅馬軍團的鷹旗上以及古羅馬很多公共建築上。

◎在醫學與修辭學的夾縫之間

據說，史學誕生之時與醫學實為兄弟關係。確實，史學之父希羅多德（Herodotus）與醫學之父希波克拉底（Hippocrates）皆為西元前五世紀的希臘人。兩人都是藉由過往之事來習得豐富知識。史家是思考過去發生的事情；醫生則是藉由解剖曾經活著的人的屍體，獲得判斷的材料。

儘管如此，史學與醫學之間，仍舊存在著十分明顯的差異。最大的不同之處在於醫學所具有的急迫性。因為眼前的病患正刻不容緩地苦於病痛的折磨，所以醫生必須當機立斷地判別病狀，作出正確說明以及適當的處置措施。如此帶有急迫性質的醫學，首先要求的便是判斷及處置上的正確性。

與此相較，史學就不需要這麼重視時間上的急迫性。舉例來說，試著思考最近經常被眾人拿來討論的「日本國憲法第九條」問題。歷史早已告訴我們，以戰爭當作解決紛爭的手段有多麼愚蠢，對於這一點也有許多足以作為佐證的事例。甚至可以說「放棄戰爭」已經是必然的選擇。然而，是否應該堅決地走到「放棄自我保衛的能力」這一步，卻又是截然不同的問題。這應該要仔細、反覆地回顧歷史，回首人類一路走來的經驗，進而慎重地思考才是。

如此一來，也需要進一步追問，所謂的國家，抑或是關於祖國的形式與概念，究竟是否真的無可取代、值得加以重視與珍惜呢？

此時，可以發現史學還擁有另外一名兄弟。這與如何「說明」事情的狀況有關。的確，如果對象是病患個人，那麼當下所需要的是緊急且正確的判斷。但是，如果對象是生活在現實社會中的芸芸大眾，那麼就必須要考慮到人類的經驗以及世界的情勢，才能夠作出未來也不會後悔的決定。

這時，若是大眾願意傾聽史家的意見，史家便必須要具備有足以說服眾人的口才。因此，史學應該要有另一名兄弟：修辭學。誠如二十世紀足以作為研究古代史史學家代表之一的莫米利亞諾（Arnaldo Momigliano）所說：「歷史學誕生於醫學與修辭學的夾縫之間。」

◎滿載全部人類經驗的羅馬史

在這部「興亡的世界史」書系之中，羅馬帝國是最讓人感興趣的國家，甚至可以說羅馬帝國即是一個「文明」。作為代表戰後日本知識分子的政治思想史家——丸山真男曾在某次的對談中提到：「羅馬帝國的歷史，滿載著人類經驗的全部。」

羅馬從西元前八世紀中葉的一個小村落，發展成為都市國家，不久後吞併鄰近國家，成為義大利的霸主。不僅如此，羅馬甚至還將勢力延伸到西地中海及東地中海區域，並在西元前二世紀中葉，搖身一變成為地中海世界首屈一指的世界帝國。究竟羅馬帝國的興盛是從何而來？即便是對身處在同一時期的古代人而言，這似乎也是足以令他們瞠目結舌的現象。

令人驚豔的還不只如此。如此碩大的霸權居然能夠維持數個世紀，在所謂「羅馬和平」（*Pax Romana*）的時期內，持續保有安穩與繁榮。先不論將以下這兩個國家相互比較的方式是否合理，誕生於二十世紀的社會主義國家蘇聯，國運只維持了七十年左右，在一個世紀之內就消逝。相較之下，標榜「自由」的羅馬人維持勢力達數百年之久，而高舉「平等」的社會主義國家卻只有數十年的時間便崩壞瓦解。在此，當我們爬梳歷史，反覆咀嚼「自由」與「平等」概念的同時，應該也會發現，其中富含了思索人類未來方向的各式素材。換言之，這就是古代史與現代史的對話。

然而，即便是如此和平與繁盛的羅馬帝國，終究也無法逃脫衰敗的命運。近來有關古代晚期歷史的討論，往往促使眾人重新審視並思考過去所理解的世界歷史；不過，至少以下這一項歷史敘述是毋庸置疑的：為求生存，羅馬必須在國家及文明的形態上作出順應與變化。在羅馬人這段長達一千二百年的興亡史之中，人類究竟經歷了些什麼呢？悠遠綿長的羅馬歷史，本來就很難完全濃縮在區區四百多頁的書之中，許多史事根本無力述及，更遑論想要以某些概念說服讀者。在這之中，究竟該如何取捨，端看執筆作者的寫作意圖與偏好方向，想必關於這一點，是不容分說的吧。

◎讓日本人感興趣的羅馬史之興盛與衰敗

即便到了二十一世紀，對羅馬歷史抱持著興趣的人似乎仍不少。作家鹽野七生《羅馬人的故事》全十五冊的著作，之所以能夠被廣泛的閱讀，其背景或許是讀者們能夠從鹽野氏的書中，領會到現代日本社會所需要面對的課題。

在第二次世界大戰後，已經過了七十多年，日本人也經歷了許多大風大浪。回溯這段記憶，日本從戰敗的艱苦環境下奮力爬起，搭上世界經濟高度成長的列車，然後終於體驗到泡沫經濟的崩壞。如今，在全球化的背景之下，日本的國際競爭力低迷，未來的前景並不樂觀。

與此同時，自幕府末期、明治維新以來，日本雖然奮力追趕上了歐美列強的腳步，卻在第二次世界大戰中嘗到了挫敗。其後，日本再次朝著追趕歐美的方向努力著，於昭和末期，彷彿就像是站上了世界的頂端。然而，即便維持住了和平，過往的繁榮仍舊像泡沫一般地破滅。

日本人在以歐美社會為學習典範之時，曾遭遇到兩次挫折。因此，作為其替代的發展模式受人注意到的正是古代羅馬史。羅馬史包含了興盛與衰敗、戰爭與和平、苦難與繁榮；竟然存在著如此完整地融合起承轉合的歷史世界！在感嘆的同時，回顧過往的日本歷史，更讓人感受到，羅馬帝國的興亡史，其實是一個饒富興味的題材，並且貼近我們自身的經驗。

不過，單純地以筆者的立場而言，其實也不一定要如此嚴肅地看待羅馬史。就算只是閒暇之餘的一時興起，倘若讀者能夠徜徉在有關羅馬歷史的文字敘述之中，那麼身為一位歷史學者，這便是最大的幸福。

第一章

西元前一四六年的地中海世界

珀爾修斯國王　馬其頓最後的國王，最後成為羅馬的俘虜，於監禁中逝世。

熊熊火舌中的迦太基

◎眼見強敵滅亡，憂心祖國命運

這位男性的目光中潛藏著堅定的意志。他尊貴的容貌中帶有堅毅的力量，全身上下散發著凜然之氣。其後，知名的演說家西塞羅（Marcus Tullius Cicero）曾讚嘆道：「除卻永生，人類內心所懷抱的冀望，他業已全數擁有。」這位男性的名字是小西庇阿・埃米利安努斯（Scipio Aemilianus）[1]，當時正值壯年，未滿四十歲就當上統率羅馬軍隊的執政官（consul）。[2]

在小西庇阿眼前的迦太基城，街道正竄出猛烈的火舌。迦太基城自建立以來，維持了七百年的繁榮景況。位於迦太基海洋帝國中心地帶的大城，竟然就此付之一炬，化為灰燼。屬於海洋型國家的迦太基，曾是令羅馬煩惱不已的宿敵。然而，當小西庇阿望著眼前迦太基城被熊熊火焰吞噬的畫面，還是止不住自己的淚水。他連臉上的淚滴也無意拭去，只是漠然地佇立，絲毫不在乎時間的流逝，陷入了沉思。回顧過往的歷史，便會想到許多聲名遠播的國家也曾經歷過相同的命運。在如此百感交集的時候，從小西庇阿的口中傳出了希臘詩聖荷馬（Homer）的史詩悲歌：

> 總有一天，這一刻將會來臨。無論是我們神聖的伊里翁（Ilium）、國王普里阿摩斯（Priamus）、抑或是國民全體，滅亡之日終將到訪。（出自*Il.* VI 448-9）

伊里翁為特洛伊的別名。早在西元前一千年以前，特洛伊這個國家便在世界上消失了蹤影。根據傳說，羅馬是由逃出的特洛伊後裔所建立的國家。這段詩句，是預言特洛伊滅亡的先知者所發出的悲嘆。然而，深受命運所擺佈的國家不會只有特洛伊，在未來某一天，等待祖國羅馬的或許也是相同的結局。現今，祖國才剛擊敗了最強大的敵人迦太基，正是在地中海世界中展現出無與倫比的強大霸權的時刻。即便是在這種狀況下，在小西庇阿的心中，還是想到了在羅馬繁榮的盡頭，所潛藏著的未知命運。

小西庇阿不僅有著冷靜沉著的一面，也是一位擁有豐沛情感的男性。就算是身處在光榮的戰勝氛圍之中，還是陷入了悲愁的思緒。這樣的場景，可以說充分地傳達出了小西庇阿的人物樣貌。

◎拯救羅馬的兩位英雄

小西庇阿・埃米利安努斯為埃米利烏斯・保盧斯（Lucius Aemilius Paullus Macedonicus）的次男。在生父保盧斯再婚之後，保盧斯的長男過繼至法比烏斯氏族（Gens Fabia）、次男過繼至西庇阿家（科爾內利烏斯氏族〔Gens Cornelia〕的支系）作為養子；因此，次男的名字承襲生父的姓名，命名為西庇阿・埃米利安努斯[3]。與戰前的日本相似，在羅馬權貴之間，過繼養子的狀況並不罕見。實際上，保盧斯作為一位父親，風評十分良好，他對子女的父愛甚至堪稱是「羅馬國內無人能夠比擬」；不過他對於將兩個兒子過繼給其他氏族作為養子之事，並沒有猶豫不決。

其實，小西庇阿的生父保盧斯與養祖父大西庇阿・阿夫利卡努斯（Publius Cornelius Scipio Africanus；阿夫利卡努斯〔Africanus〕為「非洲征服者」之意）之間為姻親關係。大西庇阿・「非洲征服者」也是一位國民英雄人物，他曾擊敗迦太基的勇將漢尼拔（Hannibal Barca），為羅馬取得勝利。羅馬人之中有不少同名的人物，因此後世將兩位西庇阿分別稱呼為大西庇阿（「非洲征服者」）與小西庇阿（埃米利安努斯），以便區別。保盧斯的妹妹嫁給大西庇阿作為妻子，兩人所生下的男子無後，日後便收養了小西庇阿，繼承大西庇阿

「非洲征服者」家族的香火。

小西庇阿的生父保盧斯，在西元前一六八年的彼得那戰役（Battle of Pydna）中，因擊敗馬其頓軍隊，以凱旋將軍之姿回國，獲得驍勇善戰的名聲。馬其頓軍隊的大敗，令羅馬人感到安心不少[4]。早在西元前二世紀初葉的戰爭中，馬其頓就已敗在羅馬軍隊之下；從此之後，馬其頓便虎視眈眈地尋求報復的機會。這對羅馬人而言可說是一大威脅，而保盧斯的勝利，正好將這個威脅剷除。

保盧斯的公正清廉，廣為人知。在馬其頓戰爭戰勝後所獲得的戰利品，讓羅馬市民從此得以免除繳納稅收；不過，據說保盧斯卻只要求保留馬其頓國王的藏書，便已心滿意足。

於彼得那戰役中，年輕的小西庇阿正在生父保盧斯的指揮下，為軍隊效命。在戰爭快要結束之時，羅馬軍隊的陣營發生了一場大騷動——小西庇阿行蹤不明，失去聯繫，安危令人擔憂。當時，小西庇阿與數名同袍一同深入追擊馬其頓的士兵，因而無法與羅馬的己方陣營聯絡。幸好到了傍晚時分，小西庇阿平安無事返回營地，才使眾人鬆了一口氣。

◎史家波利比烏斯的薰陶

在馬其頓戰爭中，有不少希臘人站在與羅馬敵對的立場，支持馬其頓。戰爭結束後，在這些希臘人之中，有一千名阿凱亞聯盟（Achaean League）貴族顯要被拘禁在義大利成為人質，其中包括聞名後世的史家波利比烏斯（Polybius）。凱旋將軍保盧斯察覺到波利比烏斯非凡的氣質，期望自己的兒子們能夠與他維持知識上的交流。因為這些希臘人雖說是敗在羅馬軍下，但是在文化和教養的水平上，仍舊高出羅馬人許多。

波利比烏斯　雖為人質，卻以希臘史家的身分被邀請進入西庇阿家中。

承繼著保盧斯家系血脈以及西庇阿家系傳統的小西庇阿，十分看重羅馬自古以來所遵奉的嚴格紀律與規訓；同時，他更對優雅高貴的希臘文化，展現十足的興趣與關心，這或許是因為受到波利比烏斯薰陶的緣故。

此時波利比烏斯年約三十三歲，已經堪稱是位善於辨明、通曉事理的賢者。波利比烏斯認為，羅馬的青年們因戰利品大量流入，而在生活上逐漸趨向豪奢，盲目地追隨外來文化，在這股趨勢之下，其實潛藏著許多危機與弱點。因此，學習希臘文化的同時也不忘尊重羅馬古代傳統的小西庇阿，在這些爭相簇擁外來文化的羅馬青年的襯托下，更能彰顯出他與眾不同的過人姿態。要說哪位青年才俊在未來能夠成為一位文武兼備、有德行的領導者，除了小西庇阿之外，別無他人。在史家波利比烏斯的內心，或許正是對他懷抱著如此的期許。

波利比烏斯的一生既是扮演著小西庇阿的歌詠者，同時也是亦師亦友的角色。實際上，在燒毀迦太基城之時，他也跟隨在小西庇阿的身邊。正因為有著良好文化素養的波利比烏斯同行，小西庇阿才會隨口低吟出荷馬預言特洛伊滅亡的詩句。

◎解說羅馬如飛龍般的威勢

話說回來，波利比烏斯為何要撰寫歷史呢？他雖然是以人質的身分受到拘留，但絕對不算是被監禁在惡劣的環境之中；相反地，他居住在昌隆、前途有望的國家——羅馬，甚至和這個國家的名門貴族之間有深交。不過就算是這樣，波利比烏斯骨子裡還是一位異邦人，而且背負著希臘過往在地中海世界輝煌文明的燦爛光環。在尚未將這份驕傲丟棄的波利比烏斯的眼中，又是如何看待強勢崛起的羅馬呢？他不禁這麼問道：

我們所能認知的世界的絕大部分，是如何被一個國家所征服？又是什麼樣的國家體制，讓羅馬的單獨統治得以實現？這些全部都發生在短短的五十三年之間。（《歷史》）

引文中所言「我們所能認知的世界」，所指稱的應該就是地中海世界的範圍。對希臘人及羅馬人而言，超越這個範圍的遠方空間，只是一片朦朧的世界。而文中所說的五十三年，則是西元前二二〇年至前一六七年為止，約是第二次布匿克戰爭（Bella Punica）發生之前，至馬其頓王朝[5]滅亡的期間。接著，波利比烏斯繼續將故事延伸至西元前一四六年迦太基滅亡及科林斯屠城為止的歷史，這便是他所敘述的時間斷限。

在地中海世界內部有許許多多的國家，小至城邦國家，大至帝國。其中，如果要著眼在握有強大霸權的國家，不外乎就是亞述帝國、波斯帝國和亞歷山大大帝的帝國。然而，這些帝國的霸權，並未強勢到足以統治所有地中海世界中的人民。因此，如果只處理至當時為止的這段期間的歷史，只能夠算是單純的戰史、王朝史、單一國家史，或是偉人傳。波利比烏斯主張，這一點正是自己撰寫《歷史》與過去作家撰寫歷史敘述的不同之處。換言之，波利比烏斯想要書寫的歷史敘述，是一部「普世史」、「世界史」的著作。

在波利比烏斯的眼中，世界上所發生的事件，就像是被命運所牽引而發生一般，朝著同一個方向順勢發展。乍看之下，彷彿原是各自分離、毫不相干的事件，實際上卻在「命運」這一位導演的指示之下，串起連環的因果關係，最後邁向匯流的結局。若是想將這齣命運所導出的戲劇賦予具體的形式，則必須要解明其中的緣由脈絡。這就是要書寫出一部「普世史」、「世界史」的史家波利比烏斯必須面對的課題。因此，這部著作不能夠只是消磨時間的閒暇讀物，而是應該要能夠讓讀者們，從人類過往的歷史中獲得各式各樣的實例與教訓。對他而言，歷史不單純只是人類的故事，還是能夠在實踐之時派上用場的範例。

波利比烏斯之所以能夠如此自我期許，正是因為羅馬正逐漸在地中海世界構築起無可匹敵的偉大霸權。宛如飛龍昇天一般的威風氣勢，正展現在波利比烏斯的眼前。身為一位具有高度教養、洞察力敏銳的史家，想必會情不自禁地提筆為文，抒發所見吧。對於成長於異邦的人而言，「羅馬經驗」就是如此地深刻、富有衝擊性。

◎由西班牙至北非的戰線

既然前文是從迦太基城最終毀滅的場景起筆，那麼，現在就讓我們來追溯小西庇阿在攻陷迦太基城之前所踏過的足跡吧。

故事可以向前追溯至羅馬與馬其頓的征戰結束之時。小西庇阿的生父保盧斯是征服馬其頓的凱旋將軍，因此，眾人認為小西庇阿赴任馬其頓，應為理所當然之事。但是，小西庇阿自己所選擇的赴任地點，卻是伊比利半島（Iberian Peninsula）。

被羅馬人稱呼為西班牙（Hispania）的伊比利半島，過去曾經臣服在迦太基統治之下。雖然在第二次布匿克戰爭中，最廣為人知的當屬漢尼拔在義大利所發動的戰爭，但其實伊比利半島也曾被捲入成為戰場之一。在戰火平息的數十年過後，如今在當地殘留的餘火出現了復燃的跡象。起因為伊比利半島上的原住民——凱爾特伊比利亞人（Celtiberians），不滿羅馬的霸權，認為這就是侵略行為，拒絕屈從羅馬的統治，甚至不惜採取激烈的抵抗行動。以羅馬人的角度來看，這不過是一批無法理解文明、野蠻原始的部落人群所進行的愚蠢抵抗。關於西班牙的戰況，波利比烏斯以「火之戰役」來形容，亦即大火熄滅過後死灰復燃的比喻。

這是一場望不見盡頭、宛如泥沼般難以抽身的戰爭。羅馬軍隊屢屢遭受到原住民游擊隊神出鬼沒的突襲，行軍過程危機四伏。除此之外，凱爾特伊比利亞人兇猛大膽的作風，早已在羅馬國內廣泛地流傳，令羅馬民眾聞風喪膽，助長了厭戰的氛圍，甚至有民眾因此抵抗羅馬的徵兵。然而，就在國內掀起一股避戰浪潮的同時，三十四歲的小西庇阿卻毅然決然地加入了西班牙戰線。小西庇阿奮起而戰，主張正因為對手是野蠻部落，才更要讓他們見識文明國家的力量。原本萎靡不振的羅馬青年們，看見小西庇阿起身為祖國盡忠效命的模樣，不禁士氣高揚。

在西班牙的戰役中，小西庇阿擔任令人矚目的先鋒，甚至成功攻入敵營的城牆內，插上軍旗，也因此獲得了「壁形金冠」（*corona muralis*，直譯為 crown of wall）的榮譽。然而，優秀的士兵卻不一定會遇上優秀的領導者。不久後，盧庫魯斯（Lucius Licinius Lucullus）就任司令官，統率羅馬軍隊。盧庫魯斯是位野心勃勃的軍人，無論於公於私，都可以看見他貪婪旺盛的企圖心。因此，羅馬軍的戰鬥本身，不再如同過去值得眾人讚揚、誇耀。西元前一五一年，盧庫魯斯被選任為執政官，但是他只充滿著對戰功的渴望，或是希望能夠假公濟私，中飽私囊。盧庫魯斯強迫當地原住民提供大量的金銀、家畜，不從的話便展開攻擊。

此時，小西庇阿正在被派往北非努米底亞（Numidia）的途中，表面上的說法是為了請求戰象和兵力的調度。但是，小西庇阿是一位會為了祖國的戰爭而確實完成任務的男子。他剛正不阿的性格，讓盧庫魯斯及其親信等派系感到不安。想必對他們來說，小西庇阿是一位拿他沒有辦法的棘手對象。

小西庇阿被派至努米底亞之時，努米底亞的國王是位名為馬西尼薩（Masinissa）的豪士。馬西尼薩雖已屆高齡，但是和「非洲征服者」大西庇阿之間維持著良好的友誼。雖然是很好的緣分，但或許這是盧庫魯斯利用這層關係，將小西庇阿遠調的策略。

努米底亞因為與迦太基的國境相鄰，導致紛爭不斷。小西庇阿曾考慮過，希望能夠成為兩國之間的仲介調停者，但是羅馬的元老院對於迦太基不僅懷有反感的情緒，有時甚至明顯地展現出敵意。元老院宣稱努米底亞為羅馬的同盟國，毫無顧忌、露骨地予以支援，而努米底亞也因為有羅馬作為後盾，國王馬西尼薩一而再、再而三地越過國境線入侵迦太基，令迦太基十分困擾。

◎第三次布匿克戰爭與小西庇阿的毀滅戰術

即使是長期對羅馬敬而遠之的迦太基，也無法忍受努米底亞的再三入侵，最後終於對努米底亞作出回應，展開反擊。一直以來，羅馬內部就存在著許多主戰派的人士，他們看不慣迦太基的復興景況，並認為這場交戰，正是擊潰迦太基的絕佳機會。

羅馬的元老院隨即對迦太基提出無理的要求，命令迦太基人必須放棄現今所居住的港口都市與街道，移居至內陸。對迦太基而言，羅馬的命令根本是毫無道理的刁難，就算承認自己是弱勢的一方，迦太基也不可能會答應如此過分的要求。迦太基因此決意，除了一戰以外別無他途。因此，西元前一四九年，第三次布匿克戰爭揭開了序幕。

就算在兵力上不如對手，迦太基軍隊仍舊展現出視死如歸的決心；同時，羅馬軍隊的攻勢如浪濤般一波接著一波襲來。雖說是居於劣勢，迦太基在防守戰術上卻是無懈可擊，徹底抗戰的態勢沒有崩潰。面對迦太基城的銅牆鐵壁，羅馬只好採取包圍網的戰術。然而，包圍戰術的成效不佳，羅馬軍隊甚至連支援迦太基的同盟軍隊都無法擊破。

在這樣的戰況下，立於戰場上的小西庇阿還是讓我們看見了驍勇的戰鬥。在某一次作戰中，小西庇阿讓一名迦太基軍隊的將軍投降。自此，小西庇阿的名字更加深刻地烙印在羅馬民眾的心目之中。

由於迦太基軍隊的不屈不撓，誓死抵抗，戰況持續呈現膠著的狀態。西元前一四七年，小西庇阿暫時離開戰場回到羅馬。當時他還未滿四十歲，因此，宣布成為市政官

（Aedile）[6]的候選人。要當上執政官，除非有什麼特殊狀況，否則在年齡限制上必須要超過四十歲以上的公民才能擔任。不過，未滿四十歲的小西庇阿，早已拿下許多的功績，勇猛果敢的形象也深植在人們心中，受到羅馬市民熱烈的擁護。事實的情況是，如今他可能也以執政官的寶座為目標。當小西庇阿出現在世人面前，總是會招來熱情民眾的高聲歡呼與喝采。眼見小西庇阿的高人氣，就連頑固的元老院也不敢肆意地違背民情，因此決定以特例的方式，認可小西庇阿就任羅馬的執政官，同時賦予他在迦太基戰線的軍隊指揮權。

其後，小西庇阿回到前線，以新任司令官的身分，採取將包圍網增強至前所未有堅固的強硬戰略。雖然被團城的迦太基一方，仍舊全力死守陣地，但是羅馬軍隊的包圍網，逐步將迦太基逼入絕境。在羅馬軍接二連三的攻勢下，城市戰的戰況激烈，迦太基軍隊已束手無策，只能絕望地抵抗。羅馬軍節節進逼，西元前一四六年的春天，小西庇阿發起最後的猛攻。迦太基軍隊的城寨死命抵抗了六天，在他們之中寧死不屈的戰士，最後慘死在神殿的廢墟之中。

迦太基城陷落了。城市被掠奪，而殘存的居民們被賣至各處作為奴隸。迦太基的國土，就連都市的基石都被破壞，燒成遍地焦土。據說為了讓迦太基永遠成為不毛之地，羅馬士兵還在土壤上撒鹽巴，發下詛咒。如此徹底、殘忍的破壞，可說是到了前所未見的程度。迦太基就像是從地表上被連根拔起、消滅殆盡。由此可見，羅馬是多麼地畏懼迦太基所帶來的威脅。海洋國家迦太基過去曾是海上的霸者，即便在成為敗者之後，說不定也能再次復興，重返繁華榮耀。大國迦太基的幻影，想必始終讓羅馬感到惶惶不安。

望著迦太基城猛烈燃燒的火勢，小西庇阿流下眼淚，低吟著荷馬的悲歌。總有一天，羅馬也會在漫天橘紅的火勢之中，迎來滅亡的命運。這樣的結局是無法避免的。即便小西庇阿的憂傷看透了羅馬遙遠的未來，但他仍舊下令，要徹底破壞迦太基城，使之灰飛煙滅。

如此毀滅性的作戰，幾乎看不到類似的案例。然而，作為司令官，小西庇阿不過是忠實地遵從元老院的勸告，加以付諸實行罷了。如果由此判斷，這件事反映出了他個人的冷酷與殘忍，不免言過其實。

羅馬能夠在地中海世界內構築起空前絕後的霸權，或許與其國家本身所帶有的特質有關。關於這一點，在本書中將逐步地探討。

迦太基的遺跡　羅馬時代重建的迦太基城遺跡。後方可遠眺地中海，波光粼粼，碧波萬頃。突尼西亞共和國，突尼斯。

揭開地中海帝國的序幕

◎擊敗偽菲利普，併吞馬其頓

讓我們將目光轉向西元前一四六年的東地中海世界，該處也清晰地留存著羅馬巨大霸權的痕跡，且這些史實是無法用「偶然發生」就能一語帶過的事件。

西元前一六八年的彼得那戰役，馬其頓國王珀爾修斯（Perseus）淪為羅馬的階下囚。珀爾修斯其實是位賢能的王者，且並非在一開始就有意與羅馬交戰。他的不幸遭遇，或許只能說是不受時代所眷顧。

對於統率羅馬軍隊的武將而言，凱旋遊行可說是至高無上的榮譽。在保盧斯的凱旋遊行慶典上，珀爾修斯被拉至羅馬市內遊街示眾，最後在幽禁的生活中死去，馬其頓王朝就此終結。此時，一位試圖復興馬其頓王室的男子躍上歷史的舞台——自稱是賢能國王珀爾修斯的兒子菲利普。無論是在哪一個時代，總是會出現諸如此類的人物。事實上，珀爾修斯真正的兒子菲利普已經死去，不過據說「偽菲利普」的外貌長得還蠻像的。就算只有這樣的關聯，但有總比沒有好，這位「偽菲利普」企圖呼籲眾人起身與羅馬戰鬥，重新統一國土。

想當然爾，起初他的號召並未受到搭理，眾人只是諷刺地將這位男性戲稱為「偽菲利普」。殊不知這位男性毫不死心，不知從何處籌來足夠的資金，向希冀改變現狀的下層民眾宣傳理念。就在不知不覺中，偽菲利普拉攏許多城邦加入陣營，在擴張勢力的同時，也往色雷斯（Thrace，現今的保加利亞）尋求發展。當時色雷斯還不在羅馬統治霸權的範圍之內，且有許多部族對羅馬懷有敵意。

不久，偽菲利普率領軍隊入侵馬其頓。當地民眾早已懷抱著反羅馬的情緒，因此熱烈地支持偽菲利普的勢力；終於，偽菲利普僭稱為馬其頓國王。實際上，偽菲利普的本名是安德里斯庫斯（Andriscus），據說是出生於小亞細亞西北岸的都市，身分卑賤的男子。

因為安德里斯庫斯的出身低下，羅馬人以此為把柄展開污衊與諷刺活動，然而偽菲利普所引起的騷動，並沒有平息下來的跡象。羅馬自認為能夠游刃有餘地對應，從容出動軍隊，孰料不僅鎮壓不了叛亂，在西元前一四九年時甚至吞下了一場大敗仗，差點全軍覆滅。

到這時，羅馬終於察覺事態的嚴重性。勢如破竹的偽菲利普軍隊乘勢進攻希臘北部，在各地來回地搜刮擄掠。當時，羅馬在西地中海地區正忙著與迦太基對戰。迦太基與偽菲利普一派順勢聯手合作，據說迦太基還承諾提供資金與軍艦給偽菲利普軍隊。然而，不令人意外地，世間意圖稱霸的王者們，大多有著蠻橫專制的脾氣，讓人難以捉摸。許多富裕階層都喪命於偽菲利普軍隊的刀刃之下，其中似乎也包含了波利比烏斯的友人。

對羅馬而言，此刻正是必須將大多數的軍隊投入到迦太基戰線之時。但是在如此萬不得已的狀況下，也只能派大軍前往馬其頓，並且在費盡千辛萬苦後，才終於擊潰偽菲利普軍。偽菲利普戰敗後逃往色雷斯，卻遭到背叛，最後被送往羅馬軍的陣營。

這一連串的歷史事件，並不能將原因單純歸咎於一位偶然出現的狂熱政治家所揭起的叛亂活動。毋庸置疑，其背後所隱藏的問題是各地住民的反羅馬情緒。特別是在下層民眾之間，瀰漫著對羅馬的憎恨情感，認為羅馬是原有生活的破壞者。這些民眾，究竟對偽菲利普抱持著什麼樣的期待呢？或許正是過去馬其頓王朝在他們生活中所擔負的角色與責任吧。

在馬其頓王朝滅亡後，羅馬並未在王朝原有的領地有任何作為。戰爭後的破壞與損失十分嚴重，人口減少、農地荒廢，一般人民過著三餐不繼的貧困生活。即便如此，雖然人數很少，但還是有富裕階層藉機中飽私囊，累積財富。不再發生戰亂的平穩生活，對於原本便持有資產的富裕階層而言更是有利；另一方面，社會上卻充滿著為生活而苦的人民。特別是奴隸、沒有家產、負債的民眾累積了滿腹怨氣，社會全體壟罩在一股不穩定的氛圍之下。正因如此，像是偽菲利普這般的人才有機會迅速竄起，煽動眾人情緒，並舉兵反抗羅馬的統治。

當時的馬其頓可說是陷入了無秩序、或者無政府的狀態，如此混亂的局面，可以歸因於社會上失去了像是馬其頓王室一般的霸權所致；相信大多數的民眾心中也有相同的想法。因此，羅馬必須擔負起馬其頓王室過往所扮演的角色。對羅馬來說，這並非是史無前例的嶄新挑戰，第一次布匿克戰爭後的西西里島及撒丁尼亞、第二次布匿克戰爭後的伊比利半島等，都是可追溯的前例。將占領地區劃為「行省」（*Provincia*）[7]，納入羅馬直接統治的範圍之內。成為羅馬行省之後，羅馬將派遣高級公職人員或是曾任公職的人士前往當地常駐，管理行省事務。在西元前一四六年，馬其頓便是成為羅馬行省之一。

◎羅馬霸權之展現——毀滅科林斯

馬其頓王朝沒落，羅馬的勢力則是日益增長。這對於過往曾經緊抓著繁華榮耀的希臘人而言，無疑是個令人毛骨悚然的威脅。原本希臘城邦的國家體制，是傾向各城邦自治、自立的管理方式，但是這樣的話在面對龐大王國的霸權時，將會苦無對策。所以，才會成立阿凱亞聯盟（Achaean League）作為現實上的應對方式。不過事實上，同盟內部各城邦的步調卻始終雜亂無章，難以取得一致的共識。

儘管如此，在同盟成員的心中，卻存在著同樣的苦惱根源：西元前一六七年，包含波利比烏斯在內的一千名貴族顯要們被俘虜、拘留於羅馬。因此，聯盟向羅馬元老院提出申議，要求釋放這些貴族顯要人士，讓他們回到故土。但元老院卻堅決地駁回聯盟的提議。

在阿凱亞聯盟內部其實還是存在著親羅馬立場的派系。或許應該這麼說，在西元前一六七年的俘虜拘留事件之後，檯面上只認可親羅馬派系的存在。但是在實際上，反羅馬的情緒已經根深蒂固地在希臘各城邦國家內部蔓延；將親羅馬派視為背叛者，不滿情緒無處宣洩的人們日益增多。這些反感情緒持續潛藏於檯面下的暗流之中，只要貴族顯要們回歸故土的那一日尚未到來，便無法將對親羅馬派的怒氣表現出來。

西元前一五〇年，羅馬元老院終於同意釋放俘虜，讓希臘各城邦的要人回歸故國。或許是因為當時，羅馬與迦太基的關係愈趨緊張，因而希望能夠與希臘人維持穩定的關係。雖然是這樣，但羅馬還是有附加條件，要求希臘各城邦必須承認羅馬統治的權威。換言之，便是同意納入羅馬霸權的範圍之內。針對這一項條件，阿凱亞聯盟必須協調出共識。然而，聯盟內部親羅馬派與反羅馬派的嫌隙卻日益加深。畢竟，被拘留十七年的希臘貴族們（雖然最後能回歸祖國的人數已減少至半數以下）回國後加入了聯盟的討論，其中有不少人是讚美羅馬的親羅馬派立場，這使得聯盟內部原有的混亂局面更加混亂。

羅馬察覺阿凱亞聯盟內部烏煙瘴氣的窘況，於西元前一四七年夏天，下達一道驚人的命

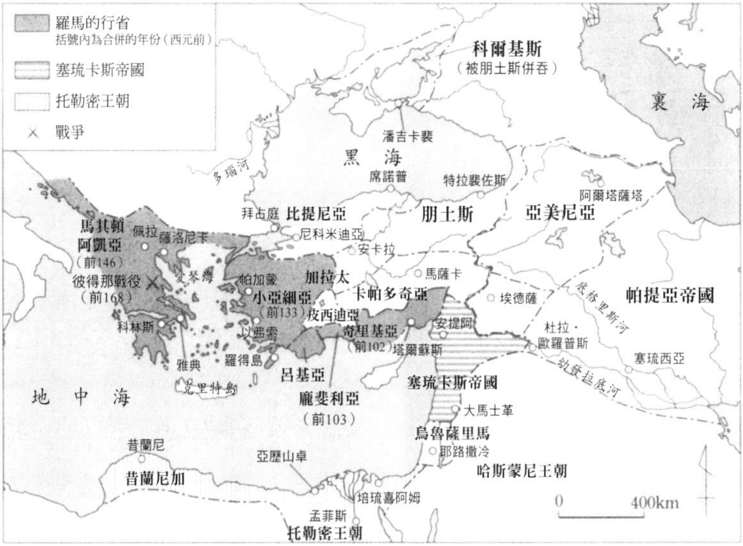

西元前一〇〇年的東地中海世界

令——將斯巴達、科林斯等具有影響力的都市從聯盟中切割出來。這項命令讓阿凱亞聯盟的希臘人瞠目結舌——羅馬居然做出如此蠻不講理、強行干涉聯盟內部事務的行為。

如此一來，阿凱亞聯盟能夠選擇的道路只剩下兩條——屈從羅馬的命令，解散聯盟；或是決定開戰，全力抵抗羅馬。苦於負債的希臘民眾，原本就對羅馬心懷憤恨，因此，也就不需要花費時日製造敵視羅馬的輿論。如今，羅馬下達了這項粗暴的命令，就算是希臘貴族與富裕階層，也不再心向著羅馬。社會上無論階層高低，反羅馬的情緒廣植人心。

除此之外，外在環境也提供了有利的條件。當時北非戰線的迦太基人以及西班牙戰線的凱爾特伊比利亞人，正頑強地抵抗著羅馬軍隊的攻勢。羅馬正忙於軍事鎮壓這些地區的消息，也傳到了希臘人的耳中。西元前一四六年春天，阿凱亞聯盟決議開戰。

對此，正駐屯在馬其頓的羅馬軍隊，立即揮軍南下。羅馬軍隊畢竟在軍事力量上擁有壓倒性的優勢，在這樣的軍勢面前，阿凱亞聯盟軍已沒有任何有效的抵抗方法，徒勞無功地被擊破，甚至出現臨陣脫逃者。阿凱亞聯盟悲慘地敗退。

羅馬軍占領了聯盟的中心科林斯（Corinth），在當地燒殺擄掠，景況慘不忍睹。城市居民中，男性遭到殘殺，女性與小孩則以奴隸的身分被轉賣外地。除此之外，據說元老院還作出破壞科林斯城的決定，要將整座城市葬送在烈焰之下。但是科林斯城的毀滅程度，似乎並未像迦太基城一樣徹底。根據考古學的研究顯示，許多公共建築都沒有被大火燒毀。

在文化層面上，希臘顯然略勝羅馬一籌。或許正是因為存在著文化上的虧欠感，羅馬才會沒有窮追猛打，將希臘文化摧毀至體無完膚的狀態。即便是這樣，不願服從羅馬權威的先進文化國家的傲慢，還是讓羅馬怒不可遏。羅馬人想必是在盤算著，要給希臘一些教訓。可以說將科林斯城毀壞至滿目瘡痍的行為，目的或許正是要讓高傲的希臘人，親眼見識到偉大羅馬的霸權。

◎同一時期在東西兩方出現的世界帝國

西元前一四六年，對羅馬而言是難忘的一年，因為相繼達成了滅亡迦太基、將馬其頓納為行省、破壞科林斯城。以義大利半島為起點，西邊的迦太基勢力圈，東邊的馬其頓、希臘勢力圈，如今都已落入羅馬帝國的手掌中。這難道是歷史的偶然嗎？

讓我們將視野轉向歐亞大陸的東邊吧。西元前三世紀後半葉的東亞，秦王政終結了戰國時代群雄割據的混亂狀態，完成大一統的政權。秦王政自稱始皇帝，採郡縣制，並統一度量衡、文字與貨幣。自此，東亞出現前所未有的中央集權統治以及嶄新的君王型態。不過，在這位始皇帝逝世後，秦國陷入內亂，不久後走上滅

羅馬時代的科林斯遺跡　科林斯於西元前一四六年遭到毀壞之後，西元前四四年凱撒將之作為殖民地，建設城市所殘留下來的遺跡。

亡的命運。

在秦末年的內亂之中，西楚霸王項羽和漢中王劉邦交戰，劉邦取得最後勝利，漢帝國誕生。這場決定中國命運的重要戰役，也因為最終決戰的場面，「四面楚歌」的故事而廣為人知。楚漢相爭發生在西元前二〇二年，巧合的是在同一年，地中海世界則是發生扎馬戰役（Battle of Zama），大西庇阿率領的羅馬軍擊潰了漢尼拔統率的迦太基軍隊。

如此一來，在西元前三世紀末，歐亞大陸的東、西方各自建立起了霸權，東方有漢帝國，西方則有羅馬帝國。不過，雖說是強大的霸權，也還是無法完全抹滅帝國周邊所存在的威脅。漢帝國北方有騎馬遊牧民族匈奴的威脅；義大利半島的周邊，馬其頓與希臘仍舊保有其勢力，迅速復興中的迦太基，對羅馬帝國而言也是不可小覷的隱憂。

儘管如此，到了西元前二世紀後半葉，在歐亞大陸的東、西方，都各自展現出了名符其實的世界帝國。漢武帝驅逐匈奴，擴張霸權；羅馬帝國則是先一步邁向了消滅外敵的前一四六年。

世界史有時就是會有如此精湛的安排。這麼說的話，或許能夠簡單地解釋這樣的現象。然而，這會是碰巧這麼想所以看起來才很相似的發展嗎？其中，應該包含著許多無法當成必然或偶然的因素吧。

由農耕及畜牧起始，經過數千年的歷史，文明也由此生成。從青銅器時代至鐵器時代，古代諸國之間周而復始地重複著爭戰。歐亞大陸東方有春秋戰國之亂世，西方的城邦國家之間則是處於長期戰爭的狀態。在群雄並立的局勢下，總有一股勢力會逐漸嶄露頭角，脫穎而出。

回顧歷史，東方的大秦帝國未能久續，西方的亞歷山大帝國也是轉瞬即逝。不久後，漢朝崛起，羅馬構築霸權，兩者巧合地在西元前二世紀後半葉，各自建立起統一的政權，在廣大的地區統治著不同的民族與國家；毋庸置疑地踏入了世界帝國的時代。

位於歐亞大陸東西方兩個幾乎沒有關係的文明世界，若是將古代史的歷程重疊來看，各自發展的主旋律，竟然驚人地相似。中國文明圈與地中海文明圈不僅發揮出各自的獨創性，對周邊地域以及後世更具有不可漠視的影響力。

如果進一步細看世界史的潮流，漢帝國與羅馬帝國幾乎是在同一時期出現在古代史的最後階段。兩個文明圈以政治權力統合廣大地區，各自實現了一個概括的歷史世界。在這一層意義上，這或許可以稱之為「帝國的古典時代」；在歐亞大陸西邊的地中海世界，於西元前一四六年揭開了此一時代的序幕。

那麼，「世界帝國」是在當時才首次出現的嗎？下一個章節，筆者打算在討論羅馬帝國之前，先來探究在各種意義上都帶來巨大影響的帝國「原始的樣貌」。

1 小西庇阿全名為「普布利烏斯・科爾內利烏斯・西庇阿・埃米利安努斯・非洲征服者・努曼提亞征服者」（Publius Cornelius Scipio Aemilianus Africanus Numanticus）。

2 事實上不只有小西庇阿，之前已經有多個前例可援，而羅馬是尊重前例的國家。

3 「Aemilius」在被收養後保留原名時，會改為「Aemilianus」，正如屋大維「Octavius」在被凱撒收養後，改為「Octavianus」。

4 保盧斯之名中（Macedonicus）即為「馬其頓征服者」之意。

5 本章的「馬其頓王朝」指的是希臘化時代建立的「安提柯王朝」（Antigonid dynasty）。

6 古代羅馬的政務官職之一，主管公共建築、儀式祭典的管理，以及都市、治安的秩序。市政官的職位又分為兩種，分別由平民與貴族所擔任。羅馬國內最高職位的執政官，常經過市政官（貴族階級）的磨練後才出任。

7 「Provincia」，原意為行省總督的統帥權（*imperium*）能有效執行之處。

第二章
世界帝國的原始樣貌

亞歷山大大帝　三十歲時，已經創立歷史上最大的帝國之一，其疆域從愛奧尼亞海一直延伸到印度河流域。

高壓的帝國——亞述

◎高掛樹枝的國王首級

探訪倫敦的一大樂趣，不管怎麼說一定是參觀大英博物館。說一下私事，我大多是利用夏季的休假期間前往，造訪大英博物館的次數，保守估計也有一百多次了，但是卻完全不覺得自己已經看遍所有的東西，反倒是每一次的參觀，都能夠發現新的驚喜。

在大英博物館中，有一處稱為亞述迴廊的展區，展示著許多石板浮雕。這些浮雕作品是亞述帝國過去在尼姆魯德（Nimrud）以及尼尼微（Nineveh）建築宮殿時，裝飾在王宮壁面上的石板。無論是雕刻的勻稱力道，還是構圖的絢爛豪華，其整體的造型設計，無論是誰都會感到震撼。內容不僅止於刻畫遠征及戰鬥的場面，還囊括了王宮的日常生活、儀式祭典、狩獵活動等場景，彷彿精美的畫卷展開一般。稱霸西亞的亞述國王，不只帶走征服地區的金銀財寶，也把身懷美術工藝技術的工匠們聚集到了亞述的首都。

在展示的石板浮雕作品中，有一個場面是描繪在庭園舉辦的慶祝戰勝的宴席，當中亞述國王亞述巴尼拔（Ashurbanipal）與王后，在椰棗與柏木的環繞下一同歇息。兩人舉杯慶賀，背後有侍從們服侍著。當我們進一步細看這幅浮雕，可以發現在這些侍從之間，有顆人頭被吊掛在柏木的樹枝上頭。

首級被悽慘地懸吊在樹上的人物，正是埃蘭（Elam）國王特烏曼（Teumman）。埃蘭國位於亞述的東南方，統一埃蘭國全土的君王正是這位特烏曼。想當然埃蘭的勢力也對亞述造成了威脅，因此，能幹的亞述巴尼拔出兵遠征埃蘭。在浮雕上也清楚記錄著兩軍之間的戰況變化。最後，在西元前六五三年，埃蘭軍被亞述軍逼得走投無路，特烏曼和兒子躲藏在樹叢裡，最後仍被亞述軍捕獲。遭到殺害的父子兩人，首級皆被切下。

◎猶太人遭受的屈辱

望著亞述迴廊的浮雕作品，可以看見亞述人四處接連征戰的模樣，同時也帶給人亞述好戰、殘酷的印象。亞述每每派遣軍隊遠征，都將當地的城鎮、村落毀壞的殘破不堪，並大量殘殺居民，掠奪物資與財產。倖存下來的居民則是成為俘虜，被帶回亞述國內。等待著這些俘虜的，便是作為奴隸被使役的命運——他們的脖頸被繩索套住，雙手被綑綁於背後，嘴唇也被線刺穿相互連結。俘虜們這般無可奈何的悲慘狀況，深深刻畫出亞述人在誇耀勝利時所表現出的殘忍與冷酷。

然而，這些有關亞述人的印象，究竟真實度有多高呢？征服者往往為了歌頌自我的強大，而特別強調被征服者的淒慘狀況。在莊嚴的王宮牆壁的壁面裝飾上，處處皆是描繪強者的光榮與弱者的悲慘。這也讓謁見者每回造訪王宮之際，便不由得想像與亞述作對後可能面臨的後果。

因為「經書民族（People of the Book）」的聖書（《舊約聖經》）所留下的記述，亞述殘酷無比的形象更加深植人心。此處所提的「經書民族」意指猶太教徒、基督教徒與伊斯蘭教徒。尤其是猶太人曾苦於亞述的高壓統治，所以特別憎惡亞述。

猶太人讚美報復敵人的神，並將希望寄託在救贖的神諭之上。預言尼尼微陷落的《那鴻書》，便是冀望的呈現。

亞述王啊！你的牧人睡覺，你的貴冑安歇。
你的人民散在山間，無人招聚。
你的損傷無法醫治，你的傷痕極其嚴重。
凡聽你信息的，必都因此向你拍掌。

你所行的惡，誰沒有時常遭遇呢？

從西元前九世紀中期的「黑色方尖碑（Black Obelisk）」浮雕上，可以看到以色列王耶戶（Jehu）忍辱求全的模樣。在國內稱霸的耶戶，為了保住自己的地位，而向亞述國王朝貢，行跪拜禮。在圖像中，耶戶就像是自己的侍者一般，頭戴尖帽，脫去上衣，穿著帶有流蘇的襯衣並繫上腰帶。

以國王為首，眾人也被強迫必須像是奴隸一般地向亞述表示屈從，導致以色列人對亞述征服者的滿腹怨恨，難以消解。除此之外，許多以色列人被迫離開他們久居的土地，遷徙至其他地區。這些狀況都被記錄在《舊約聖經》之中。

西元前七二二年，亞述軍隊包圍並攻陷以色列首都撒瑪利亞（Samaria）。亞述國王「攻取了撒瑪利亞，將以色列人擄到亞述，把他們安置在哈臘與歌散的哈博河邊，並瑪代人（Mādai，又稱米堤亞 Median）的城邑」（〈列王紀下〉十七．六）。如此強制遷徙的命令，接二連三地反覆發布。

撒瑪利亞成為亞述的領地，留存在當地的居民日漸減少。不過，其中也有人民是亞述從他處強迫遷徙而來的外來居民。「亞述王從巴比倫、古他、亞瓦、哈馬，和西法瓦音遷移人來，安置在撒瑪利亞的城邑，代替以色列人，他們就得了撒瑪利亞，住在其中。」（〈列王紀下〉十七．二十四）。最後，這些從東方移民而來的殖民者們與居住在撒瑪利亞的住民通婚，生下混血的後代。以色列人即使是勉強生存了下來，也可能被迫遷離故鄉；就算是能夠在故鄉生活，還是要擔心來歷不明的外來者的入侵。以色列人惶恐不安的日子無止盡的持續著。

亞述不斷地重複實行強制移民的政策，在這樣的狀況下，過去以色列王國所統一的各部族，如今則面臨了離散、滅亡的命運。可以確定的是，在後世人們的心中，所刻畫出的亞述帝國作為高壓統治者的形象，是來自於《舊約聖經》內豐富的記述。然而，這是否只是從猶太人的視角出發，屬於單方面的告發呢？又或者是，即使我們站在公平的立場來衡量，仍舊無法否定亞述殘忍冷酷的印象呢？

◎與騎馬遊牧民族往來而學習戰術

亞述古城阿舒爾（Assur），是位於底格里斯河中游西岸的都市國家，起初亞述便是以此為據點。西元前三千年左右，人們居住在此地，阿舒爾作為交易的中繼站而繁榮。前二千年後，即使是遭受到巴比倫尼亞（Babylonia）王國、米坦尼（Mitanni）王國等等的壓力，亞述依舊保住了古城的命脈。

西元前十世紀左右，亞述重新嶄露頭角，再顯勢力。當時東地中海的東方世界（Orient）又是何種景況呢？

在許久之前，巴比倫尼亞王國、西臺（Hittites）王國、米坦尼王國等霸權國家皆已滅亡。此外，總稱為「海洋民族」的難民集團出沒在東地中海沿岸附近，雖曾帶來了不小的混亂，卻也已是過往之事。同時，希臘的邁錫尼（Myceanean）文明崩壞，小亞細亞的特洛伊王國、敘利亞的烏加里特（Ugarit）等都市國家也遭到破壞。

各民族與部族陷入了徬徨，再加上入侵者的存在，可以說局勢持續不斷的混亂。阿拉米人（Arameans）進攻敘利亞，接著又出兵美索不達米亞。隸屬於「海洋民族」之一的菲利斯坦人（Philistines）定居於巴勒斯坦地區。希伯來人的統一國家——以色列，往日所羅門王時代的榮光也已逝去，陷入瀕臨分裂的危機。換句話說，東地中海的東方世界，聚集了許多語言、宗教、風俗習慣相異的小國家，反覆上演著這些都市國家及部族王國的興亡。

除此之外，位於美索不達米亞北方的騎馬遊牧民族，其動向愈來愈引人注目。遊牧民族是以家畜為生活之基礎，其中，善用馬匹的遊牧民族便稱為騎馬遊牧民族。在騎馬遊牧民族中，最早登上歷史舞台的是辛梅里安人（Cimmerians），隸屬於印歐語系的民族。

辛梅里安人在美索不達米亞北方逞威，對定居的聚落造成威脅。由於實際狀況只能從斷簡殘篇的二手史料之中得知，因此辛梅里安人的形象十分地曖昧模糊。不過，辛梅里安人與同為騎馬遊牧民族的斯基泰人（Scythians）似乎維持著相當密切的關係。他們自由自在地騎著駿馬，神出鬼沒的迅捷行動，令農耕的定居民感到無限的驚恐。

西元前一千年初的東地中海至東方世界的範圍內，讓人眼花撩亂的各種勢力群雄割據，加上神秘的騎馬遊牧民族的威脅。在此狀況下，亞述蓄養國力，逐漸壯大，成長為一股不容小覷的勢力。

如果我們以宏觀的視角來看世界史，可以發現經過長久的混亂期之後，總是會誕生出強大的霸權。在東亞地區，經過春秋戰國群雄割據的五百年過後，秦帝國一統天下，不久後漢帝國成立。同樣的狀況，在東地中海至東方世界一帶，則是早於中國五百年便已經形成。

就像這樣，當一股新勢力要達到急速的成長，其背後必定隱藏著某些技術上的革新。在亞述的情況下，應當是意識到了因為地理位置上的關係，將會與騎馬遊牧民族有所接觸。當然，亞述不可能坐以待斃，愈是遭受到騎馬遊牧民族的襲擊，亞述人就愈有機會獲得關於馬匹與騎乘技術的知識。

亞述在地理條件上缺乏自然屏障的國界，並坐擁豐饒的土地。是故，對於住在周邊的民眾而言，亞述是易於入侵和移居的地區。亞述人面對外來者的侵入，經過無數次戰鬥的磨練，累積實戰經驗，戰力也提升不少。在這些外敵之中，偶爾會出現騎馬遊牧民族的身影。在東方世界中，亞述的位置十分偏北，想必也會比其他地區的民眾，更早接觸到北方的騎馬遊牧民族。

希伯來人所居住的地區，位於亞述以南，照理來說應該較少有機會與騎馬遊牧民族有所往來。但是，傳說於西元前十世紀帶領希伯來人走上繁榮時代的所羅門王，「有套車的馬四萬，還有馬兵一萬二千」（〈列王紀上〉四・二十六）。若是這個傳說屬實，那麼所羅門王大概是史上擁有最多馬匹的馬主；因此，這個數字應是誇大後的結果。不過，在米吉多（Megiddo）的歷史要塞，還留存著馬廄的遺跡。由此可知，希伯來人王國確實曾經擁有為數驚人的馬匹。所以位於北方的亞述，應該會更大規模地引入馬匹數量與騎乘技術的知識。

實際上，在楔形文字的泥板文書中，有出現關於野生驢子和馬匹、戰車，以及馬的飼育和訓練方法的記錄。其中特別引人注目的是存有記錄戰爭軍備的文書，當中記載著西元前九世紀在北方烏拉爾圖（Urartu）的戰役中，出動了一百零六輛戰車、九千三百七十四名騎兵以及兩萬名步兵。烏拉爾圖位於亞述北方，與亞述之間的戰爭是為了東南方的馬納王國，而該地盛產馬匹。

亞述帝國的初期便擁有近一萬名的騎兵，由此可知亞述十分重視騎兵軍團，將之視為重要戰力。亞述人在接觸到騎馬的風俗之後，便迅速地將騎馬戰術運用在軍事戰略上。在描繪戰爭和狩獵的浮雕作品中，可以看見騎馬者在行進間騎射的模樣，愈顯熟練。如此一來，想必射箭技術也能隨著騎乘技術同時精進。

同時，亞述馬匹健壯精實的骨骼與肌肉，以及厚實龐大的身軀，令人驚豔。特別吸引人的是馬匹能夠伸直頸部奔馳的模樣，很有可能是與其他品種的馬匹混種、改良飼料提升飼養技術後的成果。不用說，強化騎兵軍團背後所需要的條件便是馬匹的培育和訓練技術。如此增強軍事力量的話，自然也就能在與鄰國的戰役中取得輝煌的戰果。

◎東方世界的霸權國家——亞述

在西元前十世紀以前，亞述飽受阿拉米人的侵略與攻擊，喪失了將近半數的統治領地。在西元前十世紀的晚期，亞述勢力逐漸嶄露鋒芒的時刻，便是從收復國土運動作為起始。亞述接二連三地展開遠征，擴大征服領地的範圍，重建聚落，許多亞述人遷入定居。其後，在亞述國內的政治局勢維持平穩，未出現巨大的崩壞，接連發動遠征的軍事行動，也向鄰近的國家展現出霸者的風範。

即便如此，亞述的國勢，要到西元前八世紀中葉之後，才能真正稱得上是一個掌握著霸權的「帝國」。特別是在當時的西方，阿拉米體系各國及西臺體系諸國滅亡，亞述國王甚至兼任巴比倫國王，在南方掌控巴比倫的王權。至此，亞述在西亞的東方世界之中，已然成長為一個史無前例的世界帝國，將巨大的霸權掌握在手中。尤其是自西元前八世紀晚期起，以薩爾貢二世（Sargon II）為首的薩爾貢王朝，延續了一世紀之久（西元前七二二年至六〇九年）。薩爾貢王朝的第四代，正是亞述帝國勢力的巔峰時期。在大英博物館館藏的浮雕作品中所描繪的勇將——亞述巴尼拔正是這王朝第四代的亞述國王。

亞述帝國將首都定於尼尼微，並把征服地列為直接統治的行省，把表示服從的地區列為間接統治的從屬國。後來的波斯帝國以及羅馬帝國也同樣使用此種統治方式。換言之，亞述帝國的政治運作，替往後世界帝國的統治模式樹立了範本。

亞述王宮內設有官僚機構，據說光是職稱就有兩百種之多，位在金字塔式的統治模式頂端的是亞述國王，可說是完全契合東方世界專制政權的典範。只是，亞述帝國在規模上更加龐大。

亞述在一百多個行省內部設有省都，以省長官邸為中心建立官僚組織。在官廳工作的官員們負責蒐集並管理作為稅收的農作物及麥稈，公民則有服固定期間的兵役、勞動之義務。行省必須順應亞述國王的要求，提供士兵、賦役、軍馬、武器、手工業產品及糧食等。宮廷官員與地方廳官員擁有廣大的私有土地，從佃農耕作的土地所收集而來的財富，都往都市的富裕階層集中。

從屬國的義務則是承認亞述的宗主權、進貢，以及配合亞述的方針提供協助。有時，從屬國的王族或是權貴，又或者是他們的子女等也會被派往亞述的宮廷之內。

◎書寫在誓約文書上的詛咒

無論是在哪些地區，凡是關於古代的種種面向，我們可以找到的史料總是極為稀少。若是王宮及官僚所書寫的文書得以留存下來，後世便能夠從中獲取些許情報。其中較為奇特的是「誓約儀式」的召開——為了要求眾人遵守王位繼承的決定，發配誓約文書給每一位起誓的與會者。

亞述巴尼拔的祖父辛那赫里布（Sennacherib）指定么子阿薩爾哈東（Esarhaddon）作為

王位的繼承人，招致其他兒子的不滿，最後被謀殺身亡。為了躲避殺身之禍而逃亡的阿薩爾哈東，最後仍舊成功地擊敗反叛勢力，順利登上王位。後來，阿薩爾哈東在指定亞述巴尼拔（非長男）作為王位繼承人之時，便舉辦誓約儀式，並發配誓約文書。

若是吾人居心不良，企圖反叛亞述國王阿薩爾哈東、王儲亞述巴尼拔、其兄弟手足、王家子弟，使王儲無法登上王位，其他王子受吾人及子孫擁戴的話，願眾神追究吾人及子孫的責任。（收錄於《世界の歷史1・人類の起原と古代オリエント（世界歷史1・人類的起源與古代東方世界）》，由渡邊和子翻譯摘錄。以下同。）

在這則以第一人稱書寫的誓詞前後，緊接著還有以第二人稱書寫的威嚇及詛咒之詞：

萬一，汝對王儲亞述巴尼拔做出陰險邪惡之事，使之被捕捉、殺害、送至敵營，使王儲無法坐上王位，或者，對其他的王、其他的主人立下誓詞……，眾神之王亞述、掌控天命的神啊，請將災難與病痛定為汝之天命。使汝直至年老，皆無福消受充實的人生所帶來的恩惠。

關於這一類的詛咒，據說還存在著許多種類。有些詛咒是來自於巴比倫尼亞文化圈，有些則是可以追溯至西臺文化圈，也有起源於阿拉米文化圈的咒文樣式。亞述甚至細心地想到誓約文書與民族文化之間的效力關係，哪一類的咒文會對哪一支民族較有約束力，也是書寫誓約文書時的考慮項目。這一點很符合世界帝國所應有的行事作風。

關於亞述這個國家，因其傲視群雄的軍事能力，總是容易有被過度強調其軍事霸權的傾向。儘管如此，亞述巴尼拔國王本身對於自己的識字能力引以為傲，並在文書的蒐集上，展露出極高的興趣。為此，亞述巴尼拔廣蒐自古以來的文字記錄並建造「尼尼微圖書館」，而時至今日，仍可見其遺跡。也因為有尼尼微圖書館所出土的大量泥板文書，後世的「亞述學」才得以成立。以亞述為中心的美索不達米亞區域的整體歷史，也是透過這些文書所留下的記錄進行研究。

在這些文書記錄之中，最讓人在意的是幾乎看不到有關商業交易的情報。儘管亞述的統治範圍不斷地擴張，卻絲毫未見長距離交易興盛的跡象，實在很不可思議。或許是因為許多的生活必需品都是以貢品、租稅或是戰利品的形式進入到亞述內部，進而對長距離的交易活動形成了阻礙。舉例來說，當時腓尼基人（Phoenicia）是活躍於東地中海世界的商人，但是他們在港口、都市交易所獲得的利潤，都必須上繳給亞述國王。亞述帝國內部對於徵收體制的擴大與強化，也侷限了商業上自由貿易活動的發展。

◎強制移民政策招致反感

就算是這樣，亞述還是在東方世界構築起了前所未有的大範圍霸權。當時，不管是哪一個國家，都沒有同時統治過各個地區、不同民族的經驗。因此，每一步的統治方針，都必須由亞述親自思慮、擬定，無法借鏡他國。其中，歷史上惡名昭彰的強制移民政策，或許也是在如此的狀況下所催生出的統治手段。

其實，亞述自己從前就實行過強制遷移征服地住民的政策。不只是在美索不達米亞地區，在埃及、西臺地區也可以看見，這在東方世界可算是已形成慣例。不過，像是亞述如此大規模、組織化以及長期間的強制移民，還是他國無法凌駕的案例。

亞述的移民政策，可說是大量捕捉居民的強硬手段。首先，移住他處的目的是為了拔除原本居住在征服地的權勢者在地方上的勢力，摘除反叛活動的任何新芽。同時，在帝國組織營運上所需要的士兵、工匠、勞工等，也因移居政策的施行，而得以確保其活動、居住的場所。此外，為了避免該移出地區的荒廢，亞述帝國則會強制安排其他被征服地之住民遷居至該地。

據說這些被強制移居的征服地住民，數量十分龐大。這也更加強了眾人心中的印象：亞述統治的高壓、強硬姿態。在亞述帝國滅亡後，歷史上眾所周知的「巴比倫之囚」（猶太人被強迫遷徙到巴比倫），其實也不過是承襲著亞述帝國強硬政策的例子罷了。

當亞述帝國愈是採取強硬、高壓的姿態，理所當然地，被征服民眾的反感情緒也就愈加升高。亞述巴尼拔國王逝世後，帝國內外的各股勢力，紛紛表現出反叛、尋求獨立的動向；加上新興勢力的崛起，當時亞述的統治能力已無法阻擋這股新興勢力的發展。於是，在西元前六〇九年，亞述帝國徹底崩壞。

在廣大的統治領域以及多種不同民族的治理上，亞述帝國必須面對並解決許多問題，而這些問題，是在當時不管哪一個國家，都沒有經歷過的難題。所以，難免會出現不少失敗、粗暴且魯莽的決策。在這一層意義上，也可以觀察出亞述作為一個歷史上首度登場的世界帝國，本身所帶有的缺陷——只要它延續著「高壓帝國」的特性，其霸權便無法永久存續。

寬容的帝國——阿契美尼德王朝的波斯

◎教育的核心——馬術、弓箭術、正直

希臘史學家希羅多德（Herodotus）曾言道：「世界上找不到另一個民族，能夠像波斯人如此接納外國的風俗習慣。」（《歷史》）據傳，瑪代人（亦即波斯人）在服裝上，若發現比本國衣裝更加亮麗的穿著，便會選擇該種服飾；在戰爭上則是配戴埃及式的鎧甲。此外，「子嗣的繁盛，被稱譽為男子的美德，僅次於戰場上的勇猛。每年，擁有最多子嗣的男性可以獲得國王的賞賜。波斯人認為人數的眾多，象徵著力量的強大」。

為何要提及波斯人對異國文化的接納以及崇尚子孫繁盛的文化呢？其實，這與波斯之所以能夠躍昇為世界帝國有著密切的關係。因為帶有中亞氣質的波斯人，在東方世界的先進文明地區，原本就是一支姍姍來遲的民族。況且，還是以少數民族的身分，擔任統治者的角色。

波斯人屬於印歐語系（Indo-European languages），而非閃米語系（Semitic languages）民族。最古老的蘇美人當然是不用說，在美索不達米亞文明中累積了閃米語系的

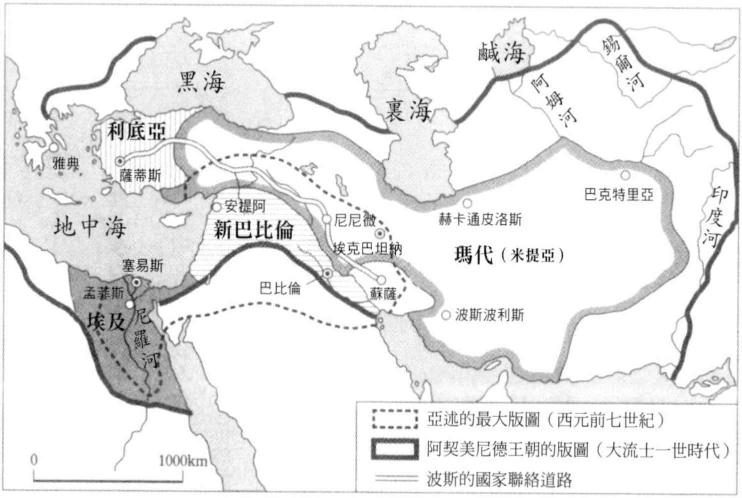

西元前一千年前半期的東方世界

文化要素。波斯人則是居住在美索不達米亞地區以東的伊朗高原，當地被稱呼為法爾斯（Pàrsâ）地區，也是「波斯」這名稱的由來，並且早在西元前八世紀末，便已出現在文書的記錄之中。

在亞述帝國滅亡後，局勢陷入一團混亂，當時波斯人只不過是瑪代王國內部的一股微弱勢力。其後，波斯人或許是向斯基泰人習得了騎兵術，因此在軍事技術及情報傳達方面十分精熟，在瑪代及亞美尼亞地方也培育出了古代最優秀馬種尼西馬（Nisean horse）。正因為是盛產良馬的地區，波斯人想盡千方百計，終於將該地納入統治範圍之下。在居魯士二世（Cyrus II，又有居魯士大帝〔Cyrus the Great〕之美稱）以後，波斯統治瑪代及亞美尼亞地區，建立第一個波斯王朝，被稱呼為阿契美尼德波斯王朝

（Achaemenid Empire）。

根據希羅多德的說法，阿契美尼德王朝的發祥之地法爾斯是「盛產良馬與良人」之處。傳說波斯人將馬術、弓箭術與正直三項，視為孩童教育的核心要素。希臘人色諾芬（Xenophon）也表示，波斯人十分熱衷於馬術的精進。而大流士大帝（Darius the Great）則是對於自己擁有精銳騎兵部隊之事，引以為傲。

◎居魯士大帝戰死與大流士即位

阿契美尼德王朝的始祖——居魯士大帝，被後世譽為眾人心目中理想的君王典範。就連色諾芬這一位異邦者，也驚嘆於居魯士作為統治者的出色表現，在作品中不禁回頭追溯居魯士的生平事蹟與生活態度。家畜能夠輕易地被牧人馴服豢養，但是人類面對意圖掌控、統治自己的對象，則是會表現出反抗的態度。因此，比起控制其他人，控制動物較為簡單。然而，色諾芬說道：「波斯人有一位居魯士，他能夠讓許多人、許多都城、許多種族皆聽命、隸屬於他的統治之下，並且將這件事銘記在心。這不禁讓我們重新思考，若是能夠運用賢明的方式，就算是統治人類，或許也將不再是癡人說夢、難如登天之事了。」（《居魯士的教育》）。

再舉《舊約聖經》的例子來看。居魯士國王釋放了被囚禁在巴比倫的猶太人，因而被讚譽為彌賽亞（Messiah，救世主之意）。除此之外，也流傳著不少關於居魯士身世的傳說，像是生於皇家卻遭棄養的故事等。

然而，當時的實際狀況卻是戰火連綿不絕。居魯士大帝統治生涯的大半時間，都耗費在擊敗各地反抗勢力的軍事活動之中。作為一位君王，想必也曾親臨前線，領軍進攻。最後，居魯士在與騎馬遊牧民族馬薩革太人（Massagetae）的激戰中不幸陣亡。根據希羅多德的記錄，在這場激戰中，居魯士的首級被渴望復仇的敵人親手斬下。兩百年後，亞歷山大大帝雖然曾經造訪居魯士在古都帕薩加德（Parsagadae）的陵墓，親眼目睹居魯士的遺骨，但是並未提及有關遺體的損傷。

居魯士大帝的戰死，並未動搖波斯帝國的霸權，或許是因為國內對於君王的統治並無太大的不滿與反感。居魯士逝世後，由長子岡比西斯（Cambyses II）繼承王位，過程和平順利，未起任何波瀾。

在希羅多德的記述中，岡比西斯是位缺乏理性、窮凶惡極的男人。舉例來說，希羅多德寫道，岡比西斯在遠征埃及孟菲斯（Memphis）期間，用劍斬殺了突然飛奔而來的聖牛阿匹斯（Apis）。不過，當聖牛的墳墓被挖掘出來後，發現死於西元前五二五年八月的聖牛遺體身上，並未留有任何遭受刺殺的痕跡，研判應該是自然死亡。而且，裝納聖牛遺體的棺木，還是岡比西斯國王所贈與的物品。近年來學者們推論的岡比西斯身為國王的形象，認為他作為居魯士大帝的後繼者，也同樣十分尊重不同國家、民族的傳統與宗教。

在岡比西斯之後，接替王位的是大流士一世。關於大流士一世的即位風波，非常地錯綜複雜，在伊朗的貝希斯敦（Behistun）斷崖上所刻下的碑文，即為大流士一世本人的說明。

國王大流士曰，此王國自建國以來，便是吾人一族之國，祭司高墨達（Gaumata）從岡比西斯君王手中竊取王權。不久後，高墨達還將魔爪伸向波斯、瑪代等各國，奪取王權並侵占國家，將之併為自己的領土，僭稱為王。

國王大流士曰，不管是波斯、瑪代還是吾人一族，都不知道究竟有誰能夠從祭司高墨達手中奪回王國。民眾們鎮日提心吊膽，十分懼怕高墨達，許多過去曾經認識巴爾迪亞的民眾，都被高墨達殺害。他殺害民眾的理由是「不能讓他們知道我不是居魯士的兒子巴爾迪亞」。

關於祭司高墨達，在吾人登場以前，無人膽敢多言。因此吾人向神阿胡拉・馬茲達

（Ahura Mazda）祈禱，願祂能賜予神助。

九月十日，吾人與少數有志之士一同，在西卡亞烏卡提什行宮（位於瑪代的尼薩亞地區）斬殺祭司高墨達及其心腹、親信等人。感謝阿胡拉・馬茲達神的庇佑與相助，讓我由高墨達手中奪回王國，登上王位。阿胡拉・馬茲達神將這個王國賜予吾人。

國王大流士曰！吾人斬殺偽稱巴爾迪亞的祭司高墨達之時，在場的人士如下，他們皆為吾人之同志，提供援助：波斯人瓦亞斯帕拉之子印塔費爾涅斯、波斯人杜庫斯內之子歐塔涅斯、波斯人馬爾多尼歐斯之子寇布留爾斯、波斯人巴格比尼亞之子修塔爾涅斯、波斯人塔圖法福亞之子梅格布碩斯、波斯人歐寇斯之子阿爾杜瑪尼。

國王大流士曰！日後登上王位之人，應須善待上述同志一族之子嗣。（引自收錄在P.ブリアン〔P. Briant〕，《ペルシア帝国（波斯帝國）》，小川英雄的「資料篇」）

不過，這終究只是大流士本身的說法，隱含著身為統治者的政治意圖。以希羅多德為首的史料還流傳著許多不同的故事。在此先不追究事件的實際狀況，包含動機和背後的複雜關係等，關於事件的過程，大致敘述如下。

岡比西斯國王在遠征埃及前，暗中殺害了弟弟巴爾迪亞。知曉秘密的祭司高墨達便假冒

同場加映　2018年4月上市

絲路、大唐、粟特人

- 唐朝絕不是狹義的漢族國家！用「拓跋國家」或「唐族」才能理解這個世界帝國
- 安史之亂真是「亂」？——「亂」不過是漢視角的標籤，從中央歐亞視角出發，它是開啟後世「征服王朝」的先驅！
- 用非漢文（藏語、回鶻、突厥）的遊牧民「歷史史料」，展現出和漢籍記載不一樣的唐帝國的面向。

《興亡的世界史》第6卷

《絲路、遊牧民與唐帝國——從中央歐亞出發，騎馬遊牧民眼中的拓跋國家》

森安孝夫（大阪大學名譽教授）——著
林聖智（中研院史語所副研究員）——審訂

下期預告　2018年6月上市

《興亡的世界史》第1卷

人類文明的黎明和黃昏

- 從蘇美文明到羅馬，通觀漫長的演變步伐，著眼於文明．文化的「多樣性」，而非傳統認知的直線發展。
- 現代文明是進步的恩賜嗎？大多數的大文明為何都曾走上自取滅亡之路？借助古代文明檢討我們生活中的現代文明：缺乏整體思考和人類智慧的共享。值得警戒！

《興亡的世界史》第12卷

亦近亦遠的東南亞——夾在中印之間，非線性發展的多文明世界

- 夾在印度和中國之間的東南亞，受到雙方影響而刻畫出多彩的歷史是什麼？
- 扶南、真臘、室利佛逝、夏連特拉王朝、吳哥王朝、阿育陀耶王朝，東南亞史並非線性發展的歷史，而是吸收外來文化、豐富自身內涵的「自我充實的歷史」。
- 本書用新史料說明，吳哥王朝以佛教和印度教宇宙觀為基礎的寺院與王宮建設，並深入分析帝國的政治、經濟和文化藝術。

八旗文化

巴爾迪亞，宣布就任為王。不久後，察覺真相的大流士以及六位同志，一同襲擊祭司高墨達，並將之殺害，大流士自己即位稱王。此時，遠征埃及的岡比西斯早已逝世。

事件的真相或許更為複雜。例如，在岡比西斯國王逝世後，弟弟巴爾迪亞即位，對此不滿的大流士派系因而計畫謀害巴爾迪亞，並且成功達成目的。但是殺害流著王家血脈的繼承者，實在是極為不正當的手段，因此便編造出一套說法：巴爾迪亞其實早就遭到殺害，而祭司高墨達則是假冒巴爾迪亞僭越稱王。

無論如何，事件發生的背景，顯示出王朝內部不滿王權的情緒正逐日高漲。居魯士與岡比西斯在位期間，不到四十年的歲月，波斯的軍事行動只是一味地向外擴張。過去，臣屬於阿契美尼德王朝的臣民，只需要遵守軍役和納貢的義務即可，彼此的關係不過是各諸王之間的聯盟，承認阿契美尼德王朝作為該聯盟的盟主。然而，隨著統治圈的日漸擴大，阿契美尼德王朝站在王權頂端位置的姿態愈來愈露骨。特別是征服了擁有專制王權傳統的巴比倫，是王朝的重大轉戾點。在備受壓迫的波斯貴族內部，出現不少反對王權的聲音。大流士便是集合這些反王權的波斯貴族，借用他們的力量，登上王位。

◎派遣總督至二十個行省，各民族繳納年貢

但是，沒有繼承居魯士大帝血統的大流士坐上王位，所承受的壓力和重擔，幾乎到了動搖政治體制的程度。結果，其實不管是誰即位，都必須面對相同的問題：登上王位之人都會特別受到波斯同胞的檢視。

在前文所述的貝希斯敦碑文中也已明示，大流士對於曾助他一臂之力的波斯貴族同志特別禮遇。他是帝國的「大王、諸王之王、波斯之王、諸國之王」，而帝國的版圖則是「自粟特（Sogdiana）彼岸的塞迦（Saka）至衣索匹亞（Ethiopia），自印度河（Indus）至薩蒂斯（Sardis）」。版圖雖大，大流士仍舊未忘波斯人同胞，理所當然地對帝國內的波斯人採取特別的優待政策。例如，作為統治民族的波斯人可以享受免稅的特權。

要勝任巨大帝國的君王職位，單憑如此優待政策當然是不夠充分。比起圍繞在自己周圍的波斯人同胞，君王本身必須要有高人一等的卓越能力，更重要的是，要讓波斯人以外的各個民族，心悅誠服地尊敬、臣服在帝國君王的權力之下。

一位君王要能夠被民眾尊稱為大帝，就必須要讓他的王權像是燦爛的陽光，照耀著大地萬物。這不是單純藉由軍事活動擴張征服地域，稱霸群雄就可以達到的境界。最重要的是，

必須在征服地區扎下深厚、安定的行政體系根基。

根據希羅多德的記述：「大流士將波斯帝國內部劃分為二十個行省，任命各行省總督（Satrap）後，訂定各民族的年貢。」（《歷史》）以大流士的角度來看，或許他只是想寬鬆地統治帝國內的各個民族罷了。其內容可以從刻畫朝貢隊伍行列的浮雕作品中窺見一二：穿著各式各樣民族服飾的各民族代表，帶著本地特產至宮殿納貢的模樣。該項浮雕作品裝飾於波斯波利斯（Persepolis）王宮的謁見宮殿內。

舉例來看，巴比倫人帶著聖牛、布匹和杯具；騎馬遊牧民族的塞迦人（斯基泰人）則是以種馬、布匹和飾品作為貢品。此外，還有埃及人、利底亞人（Lydia）、帕提亞人（Parthia）、亞美尼亞人，甚至連巴克特里亞人（Bactria）、犍陀羅人（Gandhara）、印度人等也都獻上自己國家的特產。

當然，在浮雕作品中所看見的朝貢隊伍，對照一年的貢品數量，只不過是九牛一毛。畢竟當時在波斯帝國的統治範圍下，約有五千萬居民，其中只有波斯人擁有免稅的特權，其貢品收入的驚人程度，可想而知。例如，位於小亞細亞半島東南方的奇里基亞（Cilicia）地區，希羅多德的敘述如下：

1 奇里基亞人以一日一匹馬的比例，繳納了三百六十四的白馬以及五百塔蘭（talentum）的白銀。其中，一百四十塔蘭的白銀，用於防衛奇里基亞地區的騎兵部隊費用，剩餘的三百六十塔蘭則是送至大流士之處。此處是第四徵收區域。（《歷史》）

◎君王之眼、君王之耳的監視

其實，各行省年貢的徵收，只要未超出王宮所要求的額度，基本上並不會出現太大的問題。這也是大流士大帝所希望的寬鬆統治方式。然而，現實的狀況卻是各行省徵收的數字遠遠超過王宮所要求的規定。換言之，有不少總督會徵收龐大金額的年貢，中飽私囊。偶爾在地方上發生的叛亂事件背後，隱藏著各個民族的敵意，其緣由便是來自於賦稅的沉重負擔。

各行省的民眾，只需要負擔固定的賦稅、勞役與軍役之義務。一旦完成這些義務，他們的文化、習慣、語言、宗教等舊有風俗，都不會受到統治當局任何的干涉與限制。如此的統治理念可說是十分寬大、包容的帝國統治方式。

例如，居魯士大帝的時代解放了被俘虜到巴比倫的猶太人，允許猶太人在耶路撒冷重建耶和華神殿（第二聖殿）。但是，神殿建造的規模過於龐大，導致工程遲遲無法順利推展，並且引來周邊其他民族的不安及懷疑。因此，直接隸屬於國王的行政長官前往視察。據說當時，在建造神殿的許可證明上，猶太人由於無法提出居魯士大帝的敕令，暗自憂慮著難道工程就要因此被迫中止的時候，王宮的記錄處內發現了敕令的抄本。其後，大流士大帝不僅向「行政長官及其同僚」下達允許猶太人繼續重建神殿的命令，甚至還贈與白銀和建材，嘉勉猶太人。

像這樣帝王的寬容施政並不少見。但是，一旦到了徵收賦稅之時，地方行省卻不一定會遵照帝國的政策施行。

因為年貢的不當徵收等問題，地方行政將過於沉重的負擔加至民眾身上，所以想當然爾，會激起民眾心中對於帝國統治的不滿情緒。因此，帝王必須要有持續運作的監察制度。於是，直接隸屬於君王，擁有監察全權，被稱為「君王之眼」的監察官被派遣至帝國各處。若是有作為自私、態度傲慢的總督，「君王之眼」便會提出勸諭，導正總督回歸正軌。舉凡是在國家稅收、居民治安維護、土地耕作等事務上漫不經心，或是無視君王命令的總督，將會被迅速調回，以確保社會秩序的公正。如果總督不願遵從監察官的命令，監察官得以直接向君王稟告。

儘管制定了監察官的制度，還是有視線不及之處，因此，被稱呼為「君王之耳」的密探也活躍於檯面之下。他們的工作，不僅僅是打探行省地區民眾內心的不平、不滿情緒，或是任何會危害帝國統治的危險分子動向，還會仔細關注總督及監察官的行動。因為總督與監察官私下聯手、狼狽為奸的狀況，也絕非不可能發生。無論如何，這些都是統治帝國的君王關心地方行政，為了不讓行省居民苦於過重的苛稅負擔，所做出的應對措施。

◎壯觀之儀式、絢爛之饗宴

當我們將目光轉移至王宮的內部，彷彿是一幅極其豪華絢爛的繪卷，平攤在眼前。王宮也不只有一座，在蘇薩（Susa）、巴比倫、埃克巴坦納（Ecbatana）、波斯波利斯都有。

波斯波利斯宮殿建設之時，現場聚集了由帝國內各地所召集而來的工匠，其中包含了從敘利亞、埃及、愛奧尼亞（Ionia）到卡里亞（Caria）地區的石匠、木匠、雕刻工匠、鏤金工匠等專業工匠，他們都在宮殿建設的工程上發揮所長。不僅如此，據說他們還在城鎮的工廠中從事羊皮紙與紡織的工作。此外，依據王宮的決定，這些專業工匠還會被不定期地轉派到帝國各地工作。

波斯波利斯宮殿是君王親信、高級官吏以及外國使節等人謁見君王之處。據說這類的謁見典禮是在足以容納一萬人的場所舉行。能夠親眼看見波斯國王，可說是無上的榮耀，要經過數個月的等待，才有機會來到國王的跟前，一睹君王之風采。謁見時必須遵從王宮禮儀，行跪拜禮（Proskunesis）——彎曲上半身叩首、俯臥、朝著國王的方向獻上飛吻。國王則是以威風凜凜的態度凝視這一切，整場儀式的壯麗場景，令人讚嘆不已。

每舉辦一次宴會，王宮就必須準備一萬五千人份的飲食。金、銀製的餐具整齊羅列，極盡奢侈的料理一盤盤的送上餐桌。國王用餐的處所另有安排，餐會上的用餐者無法看見王的身影，不過國王在用餐時刻，倒是可以綜觀宴會進行的模樣。除此之外，王宮還會將糧食和餐具贈送給餐會賓客。如此絢爛豪華的饗宴，不僅可以誇耀王的權力，同時也是分配君王財富的機會。據說獲得宴會的招待，擁有同享君王財富的機會，是一項值得炫耀之榮譽。但是，在另一方面，過度的豪奢，看在希臘人的眼裡，反而成為他們得以不斷批評的口實，認為這就是「波斯人的頹廢」。

◎透過「皇家大道」，執行命令不問晝夜

要支撐起一個廣大領土的帝國，最重要的便是要將連結中央與地方的交通方式整備完

善。交通聯繫的建立，不僅可以讓軍隊迅速、靈活地移動，在情報的搜集上也能達到迅速傳遞的效果，完成維持治安的目的。這些都是當政者需要一肩擔負起的責任。中央權力的混亂也會導致地方叛亂的興起，大流士大帝在即位後，便因為一連串的鎮壓活動而忙得席不暇暖。正因為有過如此艱苦的經驗，大流士大帝比任何人都清楚，對於成為波斯帝國國王的人來說，交通網絡的建立是多麼重大且必要之事。因此，他下令鋪設幹線道路，希望在各交通站之間能夠形成情報流通的交通網路。

其中為人所知的便是「皇家大道」（The Royal Road）之幹線。這是從小亞細亞西部薩蒂斯，直通至波斯灣附近的帝國都城蘇薩之間的有名道路。帝國在幹線道路上設置驛站，原本步行需要花費一百一十一天的行程，騎乘快馬只需要花上一週的時間。驛站有提供住宿設施以供歇息，穀物倉庫供應食糧與馬糧，另有驛馬和馬廄，設備十分完善。此外，在重要的處所則是設有通關的閘門及哨站，街道警備森嚴，治安狀況非常良好。同樣的幹線道路也鋪設在帝國的兩個都城（蘇薩與波斯波利斯）之間，根據目前的研究得知，這段道路中至少設置了十個驛站。

在所有事物都以平緩速度進行的古代，這條道路網的完備，在情報傳遞方面帶來了飛躍性的進步。希羅多德曾言道：「凡此世上所生之物，沒有比波斯的使者能更快抵達目的地的了。」雖然說也是有狼煙等方式可以縮短消息傳遞的時間，但是狼煙卻無法傳遞複雜且正確的情報內容。因此，大流士大帝才會誇下豪語表示：「不問晝夜，吾之命令都能確實執行。」

◎阿拉米語也納入官方用語的廣大文化圈

在商業交易上，為了跨越狹隘的地域經濟，必須統一貨幣以及度量衡制度。大流士大帝發行了金幣與銀幣作為帝國貨幣，而其純度高的驚人，金幣為百分之九十八、銀幣為百分之九十，實為鑄造優良的貨幣。雖然這是一項劃時代的政策，但是卻出乎意料地帶來諷刺的結果。民眾們紛紛囤積貴重金屬，作為儲蓄財富的方式。依照貨幣的出土狀況看來，貨幣的流通區域，大約只在有使用貨幣的小亞細亞西部等一小部分的先進地區。

另外，關於各個地區日常生活所使用的語言，波斯帝國並不會加以干涉。在行政上會使用到的官方語言，也不僅限於單一語種的波斯語。自古以來，說閃語系的阿拉米商人就活躍於帝國內部。因應商業交易的實際狀況，波斯帝國將阿拉米語（Aramaic）和文字以國際共通語言的形式，採納為帝國的官方語言。雖然算不上是現今國際語言英文的程度，但是至少在各個民族之間，原本難以相互傳達的情報、語意的溝通，因為多元語言的接納，而加深了彼此在文化上的理解與交流。

如此，波斯帝國維持了大約兩百年的平穩狀態。當然，之後宮廷政治的弊害浮現，導致中央統治力量漸趨衰弱也是不可否認的事實。但是，在廣大的帝國領域內部採取寬容的統治體制，也造就出一個新的世界秩序。其中最典型的就是除了波斯語之外，還採用阿拉米語作為公用語言，讓不同的民族之間也能溝通交流。波斯帝國勾勒出了嶄新世界文化的輪廓，為廣大的文化圈奠定了國際交流的基礎。至少在歐亞大陸的西部，波斯帝國創造出世界秩序，並在這個新世界中，開出了新文明的美麗花朵。

因為波斯帝國的統治體制，古代人不再認為治理廣大地區是不可能的。後世的羅馬帝國想必也從波斯的種種嘗試中，學到許多治理之道。假若在西元前四世紀後半葉，野心勃勃的亞歷山大大帝沒有東征的話，波斯帝國是否就能繼續興盛下去呢？或許，還是會蘊藏分裂的危機，但頂多是經歷王朝的更迭，帝國本身還是可以繼續殘存下去的吧。這一點可以算是「寬容的世界帝國」所具備的長處，但同時也是短處。

亞歷山大大帝充滿野心的帝國

◎藉軍事力與外交戰略統一希臘

古代義大利的城市——龐貝城的「農牧神之家（*Casa del Fauno*）」是在該城遺址中所發現最大規模的宅院。走過玄關後，在一個低淺水槽的中央，可以看見牧神（Fauno）舉起雙手舞動的青銅雕像。繼續往裡頭走去則是迴廊包圍的中庭，中庭的另一頭是會客廳，此處的房間地板鋪滿了一百萬顆小石磚，組成一幅馬賽克的鑲嵌畫。描繪的是「伊蘇斯戰役（Battle of Issus）」，即亞歷山大大帝遠征東方的場景之一。騎乘在駿馬上的亞歷山大大帝，與乘坐在戰車上的波斯國王大流士三世相互對決的戰鬥場面，栩栩如生地浮現在眼前。

以現在的角度來看，彼此率領著數萬名士兵的統帥，會這樣面對面地在戰場上對決，感覺並不像是現實上會發生的事情。然而，古代人卻不這麼認為。亞歷山大大帝的事蹟與傳說，即使經過了數百年，在身為異邦人的羅馬人口中，依舊是宛如神話般流傳後世。

關於亞歷山大，他自己曾經如此說道：「賦予我生命的是父親，傳予我生存之道的是亞里斯多德（Aristotle）。」亞歷山大的父親是馬其頓國王菲利浦二世（Philip II of

Macedon），亞里斯多德當然就是現今我們所熟知的哲學家。

馬其頓人原本應該是希臘民族的一部分。不過，在一般希臘人的眼裡，相對於以城邦國家榮耀為傲的希臘，生活於遙遠北方的馬其頓人無異是支野蠻民族。的確，若是將古典雅典（Classical Athens）、斯巴達以及科林斯視為希臘文明世界的中心，那麼馬其頓人就像是一支完全相異的民族。在馬其頓人生活的地區，並非是以城邦形式整合為一個國家，而是以各個部落相互聯合的方式，構成國家的樣貌。

希臘人所謂的城邦，原本的構想是，平時從事農耕活動的市民，在有作戰必要時，便成為士兵投入戰場，成為結合農耕與軍事力的共同體。但是，城邦市民的共同體卻逐漸失去最初所追求的團結力，反而日漸分裂，各派勢力角逐爭霸，就連希臘聯盟的合作關係也開始步上破滅的道路。如此一來，就算周邊強大的霸權國家將擴張的觸角伸進希臘城邦的城市之中，也不會是什麼奇怪的事情。

馬其頓國王將國內的團結視為首要之務，因此極盡全力地加強馬其頓的向心力。人們曾說：「馬其頓人欠缺的不是勇氣，而是一位賢王。」如今，一位名符其實的王者終於登場了。菲利浦二世接連地吞併鄰近地區，其中也包括富含金銀礦產的地區。不久，馬其頓王國以強國之姿，躍上歷史舞台。

菲利浦二世認為，想要增強國力，就必須先強化軍事力。他整備了騎兵軍團，並且編制使用薩里沙長槍（Sarissa）[2]的密集方陣（Phalanx）部隊，在戰場上攻無不克、所向披靡。不僅如此，菲利浦二世的外交戰略手段十分巧妙，甚至介入了希臘世界的政治問題。一方面維持著馬其頓為希臘和平祈願的謙虛態度，另一方面卻也誇耀著馬其頓的存在感。但是，西元前三三八年，當和平交涉的談判破裂後，馬其頓便在凱羅尼亞（Chaeronea）迎戰雅典與底比斯（Thebes）聯軍。

當時才十八歲的亞歷山大參與了這場戰役，率領馬其頓軍的左翼騎兵部隊。另一方面，希臘聯軍也十分驍勇善戰。只是，財力雄厚又訓練有素的馬其頓軍隊還是更勝一籌。最後，菲利浦二世擊退希臘聯軍，在希臘世界確立了他的霸權地位。菲利浦二世將各城邦的代表者聚集在科林斯，成立希臘聯盟（Hellenic League，又稱科林斯聯盟），自己則為聯盟盟主。應該就是在此時，他萌生了遠征波斯的野心。因為，沒有其他的目標可以比得上征討共同的敵人波斯，還要適合讓希臘人結成同盟。想當然爾，接著便開始計畫率領希臘盟軍與馬其頓軍隊一同征討波斯。然而，不幸的是，就在籌備軍事行動的過程中，菲利浦二世便在前三三六年遭到暗殺身亡。

◎從馬其頓到阿富汗的霸權

菲利浦二世的兒子亞歷山大三世，在心思敏感的少年時期，便受到父王所請來的哲學家亞里斯多德的薰陶，從十三歲開始持續了三年之久。亞歷山大將亞里斯多德這位哲人當作教師，勤勉向學，習得了希臘文化的精髓。據說他終生喜愛閱讀，就是因為受到亞里斯多德的影響。

西元前三三六年，弱冠之年的亞歷山大登上了王位。但是在治國初期，他忙於鎮壓父王逝世後在各地蜂起的反抗勢力。

即位後兩年，亞歷山大繼承父王的遺志，踏上遠征東方的路途。把馬其頓軍與希臘軍聯合起來，便是一支超過四萬兵力的軍隊。亞歷山大率領這支聯合軍隊，渡海進入小亞細亞，展開與波斯之間的首戰：格拉尼庫斯河戰役（Battle of the Granicus）。接著，在伊蘇斯戰役中，擊敗波斯國王大流士三世。波斯方面雖然提出議和的請求，卻遭到亞歷山大的拒絕。亞歷山大因為此戰的大勝，加深了自信，並立下了要稱霸波斯帝國全土的目標。

其後，亞歷山大揮軍南下，征服腓尼基的各個都市，將埃及也收入掌中，並在當地創設城市亞歷山卓（Alexandria）。不久後，他往波斯帝國的中心地區前進。在高加米拉戰役

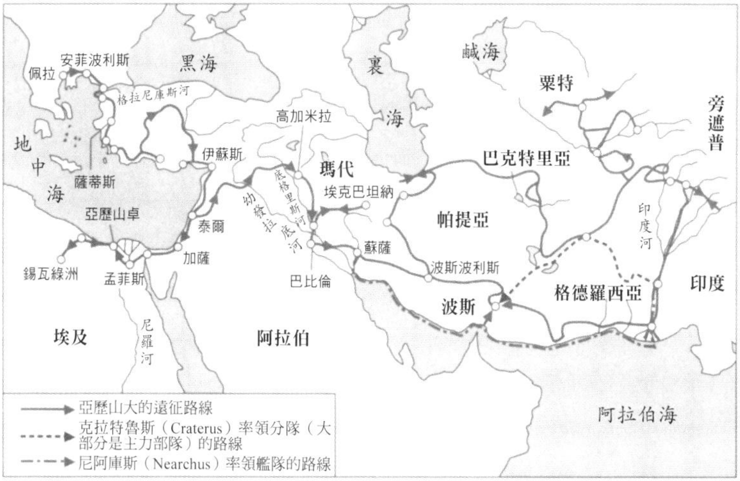

亞歷山大的遠征路線

（Battle of Gaugamela）中大勝波斯軍隊；到了西元前三三〇年，阿契美尼德王朝崩解。亞歷山大大帝乘勝追擊，占領蘇薩與波斯波利斯。

提到亞歷山大占領波斯波利斯，應該有許多讀者會想起那座極為豪奢的宮殿付之一炬的故事吧。根據古代的傳說，在慶祝戰勝的宴會上，喝得酩酊大醉的亞歷山大，在一位名妓的慫恿下放火燒毀了宮殿。另外，在另一種說法中，亞歷山大大帝是為了報復歷史的仇恨——在一百五十年前的波斯戰爭之時，波斯人掠奪古雅典，並燒掉了神殿。究竟亞歷山大是在一時衝動之下才放火，還是早已有所計畫，讓現代的研究人員傷透了腦筋。其中，也有學者解釋道，在妓女慫恿之下的放火行為實在是有損亞歷山大的形象，因此才會出現懷有復仇信念的傳說。

除此之外，自古以來還流傳著一些傳說——像是亞歷山大本來就嗜酒，或是他與部下的關係過從甚密等等。將傳說與研究資料一同閱讀，焚毀波斯波利斯王宮之事，似乎成為了探索亞歷山大人物形象的絕佳材料。

接下來，亞歷山大大帝的軍隊從中亞向印度西北部進攻。在東征途中，各地創建了以亞歷山大為名的城市，並讓希臘人移往當地居住。然而，長年累月的遠征，士兵的身心疲弊不堪，士氣也低靡不振。亞歷山大大帝察覺到士兵們的疲憊，放棄入侵印度恆河平原的念頭，踏上歸國的路途。

西元前三二三年，亞歷山大大帝回到巴比倫。但是，厄運卻太快找上門來。半年後他即因罹患熱病而驟逝，享年三十二歲。關於亞歷山大大帝的逝世，還有另一種傳說，不是因為熱病，而是前一晚飲酒過度所導致的猝死。亞歷山大的霸權從馬其頓擴展至阿富汗，能夠將如此廣大版圖納入手中的青年，其「大帝」之名號，實至名歸。

◎波斯帝國的後繼者——亞歷山大

在亞歷山大帝國這個巨大的強權之中，大部分是屬於過去波斯帝國的版圖。換句話說，亞歷山大也算是阿契美尼德王朝的繼承者。即使他燒毀了波斯波利斯的王宮，但他還是十分尊重波斯的禮儀和風俗習慣，並且讓波斯人也能在公職上發揮所長。不過，帝國中樞官職仍是由馬其頓人和希臘人擔任。

亞歷山大大帝常常被讚譽為是融合希臘世界與東方世界的英雄。確實，他獎勵希臘人與波斯人通婚，自己也與波斯貴族女性蘿克珊娜（Roxana）結為夫妻。此外，維持波斯專制君主政權的官僚統治機關，亞歷山大也依照原樣地沿用下去。他讓希臘人在行政機構的中樞，其管轄之下則是波斯人的官僚，負責行政工作的實務。軍隊則是由馬其頓人與波斯人混合組成的部隊。如此，在亞歷山大承繼舊有的統治體制的同時，新的國際關係也正在成形。

話說回來，為何亞歷山大會想要在如此廣大的世界建立起霸權呢？「遠征波斯」是他父王菲利浦二世的遺志。在全希臘的聯盟成立後，過去受苦於波斯帝國的希臘終於可以報一箭之仇，這應該是亞歷山大這位王者的夢想吧。然而，他並沒有在波斯就停下腳步，反而像是走火入魔一般地朝著東方進軍。而且還必須越過沙漠，與神出鬼沒的騎馬遊牧民族進行一番苦戰才能繼續向前。

如果我們可以將亞歷山大大帝的霸權稱之為世界帝國，那麼應該也只能說這是一個「野心的帝國」吧。亞歷山大之所以會懷抱著如此的野心，想必也是受到了老師亞里斯多德的影響。雖說如此，亞里斯多德並非是直接點燃了他的野心之火。只是，老師毫無疑問是古代最有名望的知識分子。關於如何將希臘文化的知識運用在當時的世界上，亞里斯多德必定把自身的經驗傳授給了亞歷山大。據說亞歷山大大帝就連在出征的途中，也隨身攜帶著亞里斯多德所校訂、贈與的敘事史詩《伊里亞德》，愛不釋手，並且特別鍾情於書中毀滅特洛伊的希臘英雄阿基里斯。

年輕有為的亞歷山大，可說是與生俱來的君王——人品高潔、不畏危險的勇氣、實行計畫的迅速、面對臣服者的誠實、對待俘虜的寬容、對享樂的自制等，無論是什麼特質都不欠缺。然而，在焚毀波斯波利斯王宮的事件過後，一切似乎都開始偏離了軌道。亞歷山大不僅殺死了心腹的重臣父子，還因為酒宴上的口角，親手刺殺了曾救他一命的好友。

確實，在馬其頓人的親信眼中看來，對於企圖融合希臘與東方世界的亞歷山大大帝，只能看見「受波斯帶壞」的一面。但是，或許是這些人已經變得無法理解，亞歷山大那超越一切藩籬、永無止盡的野心。

此外，要治理領土如此廣大的帝國，亞歷山大的壽命未免過於短暫。因此，該如何維持統治領域內的秩序與安定，就成為後繼者們必須處理的重要課題。然而另一方面，以商人為首的人們往來逐漸熱絡，商業上的交易也刺激了帝國的經濟活動，開拓出繁榮發展的道路，東西之間的文化交流亦日漸興盛。在這些變化之中，產生出了在如此廣大的領土範圍內，使用希臘語成為共通語言（Koinē）的基礎，這在世界史上可說是具有重大意義的一件事。

從亞歷山大大帝所征服的世界來看，阿富汗位在帝國的東緣。在阿富汗的古代遺跡中，出土了以希臘語撰寫的箴言石碑。由此可見，在亞歷山大大帝逝世後兩、三百年，希臘語依然在帝國的邊陲之地穩固地扎下根基。

古聖先賢的箴言，被鐫刻在神聖的皮托（Pytho）聖所之內，由科雷爾克斯（Klearchos）謹慎地謄寫下來，準備在遙遠的基內亞斯（Kineas）神殿之中閃耀。

少年時，舉止得當。
青年時，存自制之心。
中年時，持正義之心。
老年時，為良言善導者。
臨終時，願無悲痛。

（田村孝譯，《西洋古代史料集》）

引文中皮托的聖所，指的就是希臘中部的德爾菲神殿不會錯。（皮托為德爾菲〔Delphi〕的舊名）只要是身為希臘人，無論是誰都會尊崇「德爾菲的神諭」（Oracle of Delphi）。

如同前述，筆者已經講述了關於「高壓的帝國」亞述、「寬容的帝國」波斯以及亞歷山大「野心的帝國」。當然，提及世界帝國的統治，其中包含了各式各樣複雜的權力與利害關係，無法從單一面向來解釋清楚。但是，羅馬人的統治卻超越了這些帝國，構築出一個廣大、長久且安定的世界帝國。究竟羅馬人從這些帝國的歷史中學習到了什麼？又是經歷了多少挑戰與試煉，才得以樹立起地中海世界的帝國呢？接著就針對這一點來展開敘述吧。

---

1 古代希臘、羅馬所使用的計量單位，一塔蘭約等於兩萬六千公克。

2 薩里沙長槍重且長，組成方陣後，可以利用長槍在長度上的優勢攻擊敵兵，也可以插在地上抵擋敵軍的騎兵衝鋒。

第三章

義大利的霸者——羅馬的元老院與人民

餵養羅慕勒斯與瑞慕斯的母狼像　在羅馬建國神話中登場的兄弟與母狼。

解讀建國神話

◎被狼養大的雙胞胎兄弟

羅馬是如何建國的呢？只要被問到這個問題，歷史學家就會露出陰鬱的神情。因為幾乎沒有確信的史實可以作為回答。當然，如果是神話般的傳說，倒是有說不完的故事。因為在羅馬建國的七百年後，歷史學家李維（Titus Livius）將大量的傳說故事書寫下來，流傳於後世。只是，李維當時對於這些傳說，也是抱持著慎重、甚至懷疑的態度。雖說如此，他還是沒有忘記自己作為一位羅馬人的驕傲。

關於羅馬建城以前，或是萌生建城意圖以前的歷史，比起單純把發生的事情記錄下來，倒不如用充滿詩意的傳說來綴飾。因此，對於這段歷史我並不想作出肯定或是否定。因為透過夾雜人類的行為與眾神的行為，使各個城市的起源故事能更為莊嚴，是上古的人們所允許的。更有甚者，民眾理應都可以接受將自身的起源神聖化、創建者神格化之事。如此一來，戰鬥的榮譽才是屬於羅馬民眾的，所以將戰神馬爾斯（Mars）視為

羅馬奠基傳說　在奧斯蒂亞發現的一座神壇，上面顯示著羅慕勒斯和瑞慕斯被發現的過程。今天這個神壇保存在瑪西摩宮。

羅馬創建者之父，同時也是所有羅馬人之父，也很合適吧。像這樣的傳說會受到人類各民族心甘情願的認可，也因此才會服從於偉大的統治之下。

（《羅馬史》）

充滿幻想傳說的建國神話，並不只見於羅馬。李維似乎是抱持著這樣的態度：因為不管是哪一個國家，大概都存在著曖昧不明之處，所以如果是偉大的統治者羅馬的話，將戰神馬爾斯視為祖先，不也是十分恰當的嗎？

眾所周知，羅馬建國神話的起始，可以從羅慕勒斯（Romulus）和瑞慕斯（Remus）這對雙胞胎兄弟談起。這段故事可以追溯至阿爾巴．隆嘎（Alba Longa）這座鄰近的城市。城市的國王努米托（Numitor）的王位被弟弟阿姆里亞斯（Amulius）所奪取，兒子也被他所殺害，女兒則是被迫成為服侍灶神菲斯塔（Vesta，希臘名為Hestia）的祭司，必須終生保持處女之身。[1]但是，努米托的女兒在森林中的溪邊打盹之時，吸引了戰神馬爾斯的注意，遭到侵犯，不久後便產下這對雙胞胎兄弟。阿姆里亞斯得知後大為震怒，下令將這對雙胞胎嬰孩棄置於台伯河（Tiber）。雙胞胎在河上漂流，被沖刷至岸邊時，一匹母狼靠近他們並讓他們吸吮乳汁。雙胞胎後來被一對牧羊人夫婦發現，將他們取名為羅慕勒斯和瑞慕斯。兩人長大成人後得知自己的身世由來，便率領青年們攻陷阿爾巴．隆嘎，擊敗阿姆里亞斯，並讓祖父努米托復位。

然而，攻陷阿爾巴．隆嘎並讓祖父成功復位，並未澆熄雙胞胎兄弟的野心，他們決定在被牧羊人夫婦抱養之處，建立新的國家。羅慕勒斯選擇帕拉丁山丘（Palatine Hill），瑞慕斯則是選擇阿凡廷山丘（Aventine Hill）。而究竟應該由誰來擔任新國家的領導者，則是仰賴可透露神意的鳥卜來決定。在曙光乍現之時，飛鷹出現，在阿凡廷山丘上空先有六隻出現，但稍後帕拉丁山丘則有十二隻，這意味著神意指示羅慕勒斯能夠擔任新國家的統治者。羅慕勒斯因而定下聖域（*Pomerium*），並在周圍建造城牆。不服神意的瑞慕斯毀壞城牆，逕自越過聖界。憤怒的羅慕勒斯殺害了瑞慕斯，並宣告凡是侵犯聖域者將處以死刑。由於羅慕勒斯成為該地的王，因此取用羅慕勒斯之名，將新城命名為羅馬。這則傳說的日期是西元前七五三年四月二十一日，直至今日，這天依舊被視為是慶祝永恆之城的誕生之日。

◎圍繞「擄掠女性」所起的戰爭

在另一個建國神話中，則有「擄掠薩賓（Sabine）女性」的傳說。羅慕勒斯成為國王後，在他的城市中聚集著大批的青年。但街景卻十分地乏味，毫無美麗動人的色彩可言，因為城市中都是單身的男性，沒有任何女性。為此，羅慕勒斯想出了一套辦法，招待鄰近的薩賓族人前來參加歡樂的祭典活動。當薩賓族人正在觀賞市集上豪華的奇珍異寶之際，羅馬的青年們突然拔劍襲擊，擄走薩賓人的年輕女性。薩賓人的男性們受到武力的威嚇，也只能爭先恐後的逃離現場。被擄掠的薩賓女性們，起先也是悲痛欲絕，但不久後，在羅馬青年們溫柔體貼的對待與高貴禮物的攻勢下，她們也止住了眼淚。

不管是在哪一個時代，一旦牽扯到女性，男性們便會神情大變。就連著名的特洛伊戰爭，也是因為斯巴達的公主海倫（Helen）遭到一位青年的誘拐而致。更何況是如此多人的年輕少女受到他族的擄掠，薩賓族男性們當然是怒不可抑。不久，全副武裝的薩賓族進攻羅馬人在卡比托山丘（Capitoline Hill）上所建造的堡壘，兩軍重複激烈的攻防戰，一進一退，戰況陷入膠著。這時介入兩軍之間進行仲裁的竟是被擄掠的薩賓女性，她們表示：「無論哪一方勝利，都會使我們不幸。若是薩賓人取得勝利，我們便會失去丈夫；若是羅馬人獲勝，我們便會失去父兄。」果然，不管是在哪一個時代，男性對女性的淚水總是沒有抵抗力。兩軍聽進了薩賓女性的請求，達成和平協議。

這兩則傳說是否完全是捏造出來的故事？關於這個問題的答案，無論是古代還是現代的歷史學家，都無法提出肯定或是否定的答案。但是，如果將這兩則傳說完全定論成人為捏造的故事，未免也過於可惜。不如看作是在形形色色的材料與花絮的包裝之中，存在著一小部分的事實。

如此的推測是很有可能的：將這些故事的時間訂在西元前八世紀左右吧。在台伯河的周邊散居著許多拉丁人的部族聚落。在這些聚落之中，有些青年無法獲得家族資金的支持，也有些青年是家境貧寒或是無業的身分，其中或許也有不少人是犯罪者，以及讓家族蒙羞而被趕出部族之人。

先不管這些青年們是從何處而來，總之他們日漸聚集，形成一個團體，並隨著團體勢力的增長，少數有才能的年輕領導者逐漸躍上檯面。其後，這個團體在台伯河畔有七座山丘的地區聚集，特別是以帕拉丁山丘為中心定居了下來。在這些領導者之中，有一位像是羅慕勒斯的青年擊敗了其他競爭對象，成為團體的統治者。

因此，像這樣的青年們結成的團體，理所當然的女性數量非常稀少。年輕氣盛、血氣方剛的青年們，挾持鄰近部落女性的事件經常發生。其中應該有個人的、也有集體的行為，並以花言巧語誘騙，或是使用暴力強行擄走。特別是薩賓族的女性，或許就是被綁架帶走的例子。如此的擄人事件，一旦頻繁地發生在同一個部落，便會成為薩賓人與羅馬人爭執的原因。不過，在接連的紛爭過後，兩方終於找到和平相處的方式。

實際上，考古學家在帕拉丁山丘發現了建築物的遺跡，並認定時間是在西元前八世紀。關於羅慕勒斯這號人物究竟是否真實存在的問題，歷史學家雖存有疑義，但至少在前八世紀左右，於羅馬領土內的山丘地區上，大規模的村落集團已經成形。此外，考古學家也發現了大型的墓地（Necropolis，在古希臘文中意為「死者之城（city of the dead）」）。傳說上羅馬的建國時間是在西元前七五三年，與考古挖掘調查的結果並無太大的差異。

◎被放逐的伊特拉斯坎人國王

根據傳說，後來羅馬是由羅馬人與薩賓人共同統治的國家。建國的國王羅慕勒斯治理國家長達三十七年，而後在戰神廣場（Campus Martius）離世升天。依據約定，他們接著選出薩賓人的賢者努瑪（Numa Pompilius）繼承王位。太平治世繼續延續了四十年，國王受到民眾仰慕與愛戴。第三任國王是羅馬人塔勒斯．賀斯底里亞斯（Tullus Hostilius），在一時衝動之下，他襲擊了母國阿爾巴．隆嘎並加以毀壞。據說塔勒斯．賀斯底里亞斯在被燒死之時，民眾認為這是因為他觸怒了眾神的緣故。第四任國王是薩賓人安克斯．馬奇斯（Ancus Marcius），他十分敬神，但是和前任國王相同，採取侵略主義，導致周邊的各城市國家總是備感威脅。

提到西元前六世紀的義大利，可說是伊特拉斯坎人的時代。托斯卡尼（Tuscany）地區氣候溫暖，擁有豐饒的自然環境，是義大利最適合居住的地方。因此，早期定居在義大利半島上的人們，會選擇在托斯卡尼這塊土地上生活。以此地區為中心，伊特拉斯坎人在義大利中部一帶擴展其勢力，他們擁有出色的工藝技術，特別是在土木建築方面特別突出。伊特拉斯坎人前進各地到處發展，其中也有人偷偷地潛入羅馬境內。

在這些人之中，有位大富商——塔克文．普利斯克斯（Lucius Tarquinius Priscus）想方設法地爬上了羅馬的王位。他的母親應該是伊特拉斯坎人，妻子亦同。據說塔克文面對貧困的民眾，總是能夠慷慨解囊。在建設上，他開拓濕地地帶，整頓街道衛生，也鋪設廣場及道路，設置戰車競技場，讓民眾享受娛樂生活。在塔克文的建設之下，羅馬的外觀和生活變得煥然一新。他雖然受到平民的愛戴，最後卻因為貴族的妒忌而遭到殺害。

至此為止，羅馬國王皆是由民眾所選舉出來的人選。但是，前任國王的王后將一位機靈的少年——塞爾維烏斯（Servius Tullius）當作後繼者來養育，為此，王妃死守著王位。塞爾維烏斯的名字，有女奴（*Serva*）之子之意，關於他的身世、性格等，並未留下記錄。

即便如此，塞爾維烏斯．圖利烏斯統治國家的成績非常亮眼。他與鄰近國家的戰鬥總是獲得壓倒性的勝利。由於優異的戰績，在塞爾維烏斯統治的四十四年期間，羅馬未曾受到外敵的威脅，國王也就更能專心於內政。在羅馬都市周邊建造了堅固的城牆，並基於都市計畫來興造各項土木工程。實際上，經過考古學家的考證，羅馬堅固的道路、廣場、神殿、要塞、排水系統以及都市城牆等公共建設所留下的痕跡，都顯示是在此一時期建造完成。

除此之外，塞爾維烏斯還推進了公民團體的組織，穩固國政與軍事體制的基礎。他十分照顧貧困階級的民眾，受到大眾的愛戴。然而，無論是在哪一個社會，總是會有對此心存妒忌的貴族存在。在這些貴族的從旁慫恿之下，國王的女婿傲慢塔克文（Lucius Tarquinius Superbus）殺害了岳父塞爾維烏斯。

接著，這位暗殺者居然坐上了國王的寶座。因為他的傲慢與粗暴，而有「傲慢塔克文

（Tarquin the Proud）」之稱。為了博取大眾的愛戴，傲慢塔克文不斷地推動征服戰爭，在建築工程方面也是連夜大興土木，沒想到卻反而招來民眾的反感。最後，他的兒子強暴了某貴族美麗的妻子。在高壓統治下的羅馬市民終於忍無可忍，憤而起身反抗。西元前五〇九年，羅馬人將伊特拉斯坎人的傲慢塔克文逐出羅馬，由自己來建立國家。

◎元老院與共和政體國家的誕生

當然，上述這些故事只不過是長久流傳下來的傳說。但是，在這些傳說故事的背後，可以確定的是羅馬曾經受到伊特拉斯坎人的影響。不僅如此，甚至有學者認為，羅馬人曾受到伊特拉斯坎人的統治，臣服於其勢力範圍之下。因此，在羅馬人將伊特拉斯坎人的國王驅逐出境後，他們打從心底憎惡王政體制。因為國王不僅傲慢、專橫，而且還是一位外來者。

要想激起他人的敵意，沒有什麼比傷害對方的自尊心更加適合的行為。臣服在伊特拉斯坎人統治之下的羅馬人，對於王政的制度，或許真的是恨之入骨般地無法容忍。無論如何，至少對羅馬人的貴族而言，王政也是絕對無法再次接受的體制。

可惜的是，羅馬人願意認真且詳細記述歷史的時間，要等到西元前三世紀晚期左右才真正開始。在此之前，留下記錄的大多是關於宗教祭典等內容的刻板、碑文等，除此之外，幾乎都只是以口傳的方式留存。

後來，許多作家將建國以來口傳的故事書寫成文字，不幸的是，時至今日，這些作家的作品多已散佚。幸好有一部內容豐富的史書，是參考這些傳說故事和作家的作品寫作而成，即前文所述的史家李維之大作。李維生活在奧古斯都的時代，編寫出一百四十二卷的史書，至今只留下大約四分之一的內容。對李維本身來說，他書寫的是建國以來的古代歷史，因此，王政時期就不用說，連對之後的三百年左右的時間，就如實記載史實的作法，還是心有顧忌。

然而，究竟是否為史實，難道真的如此重要嗎？如果是對考證嚴謹的史學家來說，這或許是個讓人眉頭一皺的提問也說不定。在深知這一點的情況之下，筆者還是想冒險讓自己站在不拘泥於史實與否的立場。因為筆者關注的，

蒂托・李維（Titus Livius） 古羅馬著名的歷史學家，花費四十年的歲月，編寫出長達一百四十二卷的《羅馬史》。

是能夠把「羅馬人的故事」持續傳誦下去這件事。

自小便反覆從長輩口中聽聞的祖先傳說，深深地刻畫在羅馬人的心中，成為支撐、磨練他們心智的養分。在「羅馬人」身分認同形成的同時，羅馬帝國才得以成立。這麼一想的話，「羅馬人的故事」不也是組成他們精神上血與肉的經驗嗎？

羅馬的長老們被稱呼為元老（*Patres*），由元老所聚集而成的集會便是元老院。在國王被驅逐出境後，元老院的人數隨即有所增加，並重新選出新成員（*Conscripti*，原譯為「徵召的人」）。當然，這些新選出的元老院議員出身平民階級。因此，在元老席位繼承時便會區別為門閥派和平民派。

羅馬元老院的遺址

先撇開這些不談，羅馬人將自己的國家標記為「S・P・Q・R」，亦即「*Senatus Populusque Romanus*」之略稱，為「羅馬的元老院與人民」之意。即便是到了今日，還是可以在羅馬的街角各處，看見S・P・Q・R的略稱。在公告欄上可能會看見「不可亂丟垃圾S・P・Q・R」，或者是在水溝蓋上頭刻著S・P・Q・R的字樣。如果是在一板一眼的日本，在京都市的公告欄上寫著「廚餘回收只限週一　大和朝廷」，或是在東京的水溝蓋刻上「大日本帝國」的字樣，應該會讓觀者皺眉不悅吧。不過，生性開朗的義大利人，想必至今仍對偉大的羅馬帝國感到驕傲。

在當時的羅馬，所謂的國家，就是「*res publica*」（公事、眾人之事）。畢竟他們是費盡了一番力氣，才將獨裁者趕走。對羅馬人而言，國家除了是由有權勢者的團體來決定所有事務的體制之外，別無他法。因此，所謂「*res publica*」的眾人之事所指的便是共和制的政體本身。「*res publica*」同時也是英文單詞 republic（共和政體）與 republican（共和黨）的語源。

共和政體的國家正是羅馬人的「S・P・Q・R」。從「羅馬的元老院與人民」這一個國名來看，可以察覺到國家中存在著身分階級的差別。如果是希臘人的城邦國家，至少在表面上不會將市民的身分作出區別。但是，羅馬人則是光明正大地向世人宣告，元老院與人民之間有著身分階級上的差異。因此，凱撒（Gaius Julius Caesar）時代（約西元前一世紀中葉）的一位史家作出如此的記述：

> 我深信，正如從祖先所聽聞到的傳說，國家將人民分為貴族與平民兩種。在古時候，

貴族擁有最高的權威，平民則是在人數上擁有壓倒性的優勢。在國家中，經常發生平民退出國外，貴族的勢力受挫，而民眾的權利獲得擴張。儘管有著階級的區別，平民基於以下的理由，能夠在國家內自由的生活。亦即，不管是誰的權力，都無法凌駕於法律之上。因為顯貴人士並非是藉由財力與傲慢來提升自己的身分地位，而是因為他們的名聲以及勇敢行為，才會勝過無名的市井小卒。無論原來的身分是多麼的卑微低賤，只要他能在農耕或是戰場上獲得榮譽，不管是在自己的心裡或是看在祖國的眼裡，都能夠因此而感到心滿意足。（撒路斯提烏斯，《致凱撒書簡》）

正如引文所述，當平民心懷不滿之時，他們會集體撤離、躲進羅馬近郊的聖山，拒絕參與勞動、軍務和國事。平民就是以此種方式，讓貴族同意設置護民官，成為平民大眾的發言人。同樣的，最初的成文法「十二表法（英文為 Twelve Tables，拉丁文為 *Leges Duodecim Tabularum* 或 *Duodecim Tabulae*）」也是以此種方式而獲得成功。

◎派遣至先進國的國家要人

在此，讓我們先把視野轉到兩千三百年後的日本。完成維新的明治政府，與歐美列強並駕齊驅，一躍而起，擠進近代國家的行列。因此，日本不得不學習歐美的憲法，堪稱為國之重臣的伊藤博文也前往歐洲訪問，他向維也納大學國家學教授勞倫斯・馮・施泰因（Lorenz von Stein）學習憲法。這位施泰因大師說道：

> 現在，從遠東的島國，不只是年輕的學生，甚至連重要的人物們也遠赴歐洲，來學習這塊土地的事物以及法律。究竟，在我們的國家及文化中，有哪些要素足以讓他們遠道而來學習呢？在世界史上能與此相提並論的狀況，幾乎也只有那一個例子了。（瀧井一博，《文明史のなかの明治憲法（文明史當中的明治憲法）》）

在明治中期，有一波稱為「施泰因朝聖」的風潮。引文中施泰因教授所提出作為參照的「例子」，便是西元前五世紀中葉的「羅馬人的故事」。

確實，根據傳說，羅馬為了成文法的公布，派遣了三位優秀的羅馬人才前往希臘古雅典，學習立法者梭倫（Solon）所制定的法律以及其他城邦法律。當時正好是推動民主政治的重要人物伯里克里斯（Pericles）執政的黃金時代，同時也是希臘古典文明散發出耀眼光芒的時期。據說施泰因本人也察覺到了，傳說的史實存在著可疑之處。

儘管如此，重要的是這一項傳說被長久流傳下來的事實。正如同明治日本這一個新生國家向歐美學習一般，當時的羅馬人也是企圖向希臘學習先進文明與法制。如果把這項事實放在世界史宏觀的畫面之中來眺望，文明的燈火，是有意識地被傳至後世而浮現。看在大師施泰因的眼底，十二表法與明治憲法都同樣是文明史上的特例。

◎孩童也能熟記的第一部成文法

就讓我們繼續來看看傳誦多年的故事。羅馬派往古雅典的使節團在三年後歸國。與此同時，羅馬組織了十人委員會（*decemviri*）[2]，負責制定法律。一年後，公布了十項法令，並經由平民會議審核通過。後來，十人委員會為了制定額外的兩項法令，另籌組新的十人委員會。

雖然首任的十人委員會成員已經全數卸任，但是其中只有阿庇烏斯・克勞迪（Appius

Claudius Crassinus）打算再次參選，進入十人委員會。他從中操作選舉，封鎖反對派，將委員會操弄於股掌之上。不過，克勞迪天性風流，雖然已經年近六十，卻還是迷戀於一位百夫長（Centurion）的掌上明珠，維吉尼雅（Verginia）。如果僅止於此，也不過就是一場遲暮之戀，但是克勞迪的手段卻非常卑鄙。他滿口謊言，表示維吉尼雅是奴隸之女，在她還是小女孩的時候便被擄走云云。[3]

身為百夫長的維吉尼雅的父親再也無法忍受克勞迪編織的謊言，為了守護女兒的貞節，親手斷送了維吉尼雅的生命。此舉引來民眾們同情的眼淚，在群情激憤下，眾人高聲抗議。最後，克勞迪被捕，十人委員會也遭到解散。不過，新訂定的二項條文已經完成，就這樣，最早的一部成文法登上了歷史的舞台。因為各項條文分別刻在十二塊銅板之上，被稱呼為「十二表法」，成為羅馬法的基礎。[4]

這部「十二表法」，也被羅馬人視為教養的根基。雄辯家西塞羅（Marcus Tullius Cicero）曾如此主張：「就算會在世界上被大聲地提出異議，我仍然想要陳述自己的意見。我認為，如果想要對法律的起源和依據有所認識，那麼記錄著十二表法的一本小冊子，比起所有哲學家的萬卷藏書，不管是在權威或是實用性上，都還要有用處。」（《論演說家（*De Oratore*）》）或許因為羅馬人認為十二表法是羅馬人智慧的代表，據說他們從孩提時期便被要求必須背誦十二表法的內容。實際上，生活在十二表法制定過後四百年的西塞羅，也想起小時候還存在著背誦十二表法的習慣。

多虧了羅馬人多年傳誦十二表法的內容，其片段文字經常被引用在後世的著作之中。因此，即便到了今日，雖然最初的原文早已散佚，後人依舊能夠修復出大致的內容。就讓我們來看看其中的幾項條例吧。

第一表　一　原告要求法庭傳喚被告，被告人應出庭。如被告不願出庭，原告應先傳喚證人上庭。其後，原告即可抓捕被告。

第一表　六　如雙方對事件達成和解，應公告於眾。

第三表　一　對於自己所承認的債務，或是經法院判決所產生的債務，應給予三十日的法定寬限期間。

從這幾項條例看來，公權力似乎是站在仲裁和解的立場。若是被告或債務人不願履行判決結果，債權人得以帶走債務人。

第三表　三　可使用最小十五里布拉[5]的鎖鏈或是腳鐐囚禁債務人。

然而，此處的囚禁場所為債權人的家中。公權力的介入，為的是解決當事者之間的問題，但是有時也會出現無法達成和解的狀況，只能將債務人以鎖鏈或是腳鐐囚禁起來，並在囚禁期間的六十天內，等待是否有第三者願意出面履行債務的償還。

假如經過了六十天，還是沒有第三者願意出面解決的話，也會將債務人帶至廣場，看看是否有人願意挺身而出，替債務人清償借款。如果這樣還是沒有人願意出面的話，又該怎麼辦呢？

第三表　五　行刑，或是將債務人賣至台伯河對岸的國外去。

即便是這樣，也只能說國家的公權力同意債權人有權力殺害債務人，或是將債務人以奴隸的身分賣至他國的行為。到頭來，公權力並未親手直接作出像殺害或是人身買賣之事。雖說如此，對於公權力來說，這麼做只是希望紛爭皆能由當事人雙方透過協商而化解。

如果是民事案件當然是希望大事化小，小事化無，但是換成刑事案件的話，就沒有那麼簡單了。不過，公權力的立場，並沒有太大的改變。

> 第八表 二 毀傷他人肢體而無法和解之時，他人得以採取同態報復，毀傷其肢體。

所謂的「同態報復」，也就是漢摩拉比法典中著名的「以牙還牙、以眼還眼」的原則。只是，在十二表法的規定之中，首先被害者與加害者雙方必須要經過溝通的步驟。換句話說，當事者雙方如果能夠以賠償金的方式達成和解，公權力也是樂見其成。國家的公權力並不親自執行處罰，而是端看被害者方面的要求與態度。

這一點在發生家庭內部紛爭的時候，就能更清楚地看出來。

> 第四表 二 父親對兒子具有生殺予奪之權力。

這項法條顯示，國家公權力對於家庭內的問題，一概不予過問。面對自己親生的兒子，要讓他活還是死，全憑父親的決定。家父長權非常之高，正是羅馬法特別明顯之處。

共和政體的法西斯主義國家

◎攻略固若金湯的城市

羅馬設置護民官，公布十二表法，在如此願意傾聽民意的潮流下，貴族與平民之間的緊張關係也趨向緩和。然而，羅馬依舊深受外患所擾。特別是沃爾斯基族（Volsci）與阿艾奎族（Aequi）等外來民族接二連三的入侵行動，對羅馬造成威脅。阻擋這些外來民族的入侵行為，正是偉大的祖國防衛。但是，光是擊退入侵的外敵，並不能讓民眾感到滿意。當戰爭的時間拉長，結果只會留下疲憊與窮困。假如這種看不見成果的防衛戰爭一而再、再而三的發生，也只會招來從軍的平民們的不滿情緒。

換個角度來看，要是能夠在戰爭中取得勝利，獲得戰利品，領土也有可能擴張。過去始終採取防守態勢的羅馬，終會迎來轉守為攻的大好時機。只要看透了這一點，總有一日，需要刀劍相向的敵人面目便會清楚浮現。

在伊特拉斯坎人的勢力之中，維依（Veii）城是最靠近羅馬的都市。它除了以街景美麗著名之外，同時也是一座堅如磐石、難以攻略的城市。伊特拉斯坎人精於土木建築的技術，並且擁有比當時羅馬更為先進的文化。更為重要的是，維依城的土壤肥美豐沃，商業貿易亦非常興盛。

羅馬打算發動攻擊的對象，正是這座維依城。雖然羅馬派出了遠征大軍，卻沒有十足的勝算。如果戰爭發展成為長期戰，民眾的不滿將會以不同的形式爆發出來。下定決心遠征、占領他處的羅馬，面臨到如此進退兩難的情境。因此，出現了一項提案：由國家支付報酬給服兵役的平民。這對羅馬來說，可說是一項重大的改革。比起遠在他方，且不一定會入手的戰利品，不如由國家直接提供保證，給民眾近在眼前、確實能夠得到的利益。這項改革，也被認為是足以說服民眾的最好手段。

西元前五世紀晚期，在激烈競爭生存的義大利半島之內，或許攻擊才是最好的防禦。至少當時羅馬的元老院貴族們是這麼認為的。

總之，遠征維依城的計畫正式啟動，羅馬軍祭出包圍戰的作戰方式。然而，維依城固若金湯的傳言並非虛名，事態如預期般地陷入停滯，包圍作戰的日程持續延長。既然已經包圍了維依城，當然就不能輕易解除，羅馬軍的戰士們在戰壕中飽受嚴寒冬日的低溫侵襲。

羅馬的共和體制是由兩位執政官負責掌理國政，任期一年。一旦面臨重大危機之時，將會指名任期半年的獨裁官，由一人領導國政。維依城的要塞堅固，住民也十分勇敢，在經過十年攻防的苦戰後，戰局陷入了意想不到的困境。前三九六年，幾乎已是需要仰賴德爾菲神諭的緊急狀態，此外，卡米盧斯（Marcus Furius Camillus）被指名為獨裁官。

卡米盧斯這位領導者，擁有不屈不撓的氣魄和明晰的頭腦。根據傳說，他下令挖掘地道，直通維依城的中心，朱諾（Juno）神殿的正下方。不久，羅馬軍隊從城牆外側展開攻擊，同時，朱諾神殿的地板也開始碎裂崩塌，羅馬士兵從地底下竄出，勝敗已分。維依城被攻陷，殘存的俘虜以奴隸身分被轉賣至各地。進攻維依城戰役的勝利，讓羅馬取得了豐碩的戰利品，領土更是擴張為原來的四倍。因為這場戰役，羅馬的威望與勢力水漲船高，足以傲視鄰近諸國。

◎令敵人感佩，品格崇高的將軍

前四世紀初，維依城陷落後，伊特魯里亞（Etruria）的南部地區陷入了不安的情緒。特別是法樂利（Falerii），向來與羅馬關係不睦，派出了軍隊。[6]對此，羅馬也出動軍隊回應，而且還是由凱旋將軍卡米盧斯統率。面對這位著名的戰略家，法樂利可說是毫無勝算。法樂利軍隊匆忙地撤退至城牆之內，羅馬軍隊則是照例展開包圍戰。

在法樂利城中，有一位專門教育貴族子弟的教師。當教師與他的學生在城外的草地上遊玩、運動之時，羅馬士兵並未有所刁難。教師認為這是一個好現象，便走向羅馬士兵的跟前，懇求讓自己見卡米盧斯將軍一面。教師來到將軍的面前時，他向卡米盧斯提出建議，表示只要挾持這些貴族子弟作為人質，相信法樂利必定會投降並臣服於羅馬。沒想到卡米盧斯喝斥道：「羅馬的武士都是堂堂正正地戰鬥，怎會對手無縛雞之力的小孩出手！」並將教師趕回。據說，得知這段插曲的法樂利民眾，感佩道：「真是品格崇高的人物啊！」原先憎惡的情緒也轉變成為讚美與敬畏，毫無異議地接受投降的要求。

然而，羅馬士兵們原本打算在征服法樂利之後進行掠奪，但是卻因為嚴格的軍紀，使他們的期望落空了。再加上，卡米盧斯將軍的軍功過於輝煌，招引他人妒忌，士兵們也四處吐露不滿的情緒。譴責卡米盧斯的言論接二連三地發酵、膨脹，最後演變成對他的誹謗中傷——卡米盧斯藉由戰利品取得不當獲利。對於品行高潔的卡米盧斯而言，這些只不過是毫無根據的蜚短流長，根本就無意反駁。

後來，經過被告缺席的法庭判決，卡米盧斯被要求支付賠償金。事已至此，卡米盧斯的內心感到萬分地悲痛，下定決心將拋棄祖國而去。當他踏出城門，回首凝望的那一刻，他向眾神祈願：「請讓吾國之民悔恨他們的忘恩負義。願羅馬將再次迎來需要卡米盧斯的時刻。」

◎高盧人的掠奪與羅馬的重建

卡米盧斯所祈願的這一刻，終於到來。在這之前，羅馬遭遇了未曾預期的大災難。高盧人（Gauls）從北方入侵義大利半島，直逼羅馬。在距離羅馬十多公里處有一條阿里亞河（Allia），前三八七年，在阿里亞河畔，羅馬與高盧兩軍發生激烈的衝突。高盧人是羅馬人前所未見的陌生人種——巨大的身軀、炯炯有神般的雙眼、一頭蓬亂的長髮，以及宛如發狂般的吼叫聲。如此特殊、驚人的外貌削弱了羅馬軍隊的戰意。一不留神，不按牌理出牌的高盧人便能繞到身後，攪亂羅馬軍隊的作戰。這場戰役，羅馬輸得一敗塗地、慘不忍睹，最後就連除了卡匹拖山丘外的羅馬城，也落入了高盧人的手中。自建國起的第三百六十六年、創建共和體制國家以來第一百二十二年，羅馬都城首次落在敵方之手，任由高盧人蹂躪。

這場辱國的戰敗之日為七月十八日，羅馬人對這一天有所忌諱，因而在曆法上標記為不祥之日。羅馬人被逼得走投無路，最後決定召回早已離開故國的卡米盧斯。卡米盧斯將四處離散的羅馬士兵召集起來，編制軍隊，隨後便朝著羅馬前進。

在羅馬城中，還有一些民眾留在城內，其中有些人心懷期待，認為只要交給高盧人大量的金塊，就能讓他們撤退。他們與高盧人談判成功，當高盧人正在測量金塊的重量之時，有人發現秤子被動了手腳。羅馬民眾因而提出抗議，高盧人卻以粗暴的言詞大吼：「你們要遭殃了！戰敗者們！」

此時，卡米盧斯抵達羅馬，憤怒地大喊：「羅馬人要以刀劍，而不是以黃金回敬啊！」羅馬軍隊在英勇的將軍率領之下，已然勝券在握。高盧人被四處追趕，最後只能倉皇逃出羅馬城外。羅馬民眾熱烈地向卡米盧斯表達感謝之意，並將他讚譽為救國英雄。不久之後，羅馬城重建完成，卡米盧斯被稱為羅慕勒斯第二。

關於卡米盧斯一連串的傳說，究竟哪些部分是事實，哪些部分是杜撰，我們已經無從得知真偽。不過，高盧人曾經征服、入侵羅馬城之事，則是無需懷疑的史實。根據考古學的調查，羅馬城在不到三十年的時間便重新復甦。羅馬人因祖國遭到踐踏而悲傷哭泣，因首都的復興而欣喜雀躍，這些記憶也同時造就了卡米盧斯的傳說。而羅馬人永遠不會忘懷敗戰之歷史。

◎第一次薩姆尼特戰爭的勝利

坎帕尼亞（Campania）地區，環繞著那不勒斯灣，向北延展，在古代就是日照充沛、風光明媚的豐饒之地。如此優渥的條件，理所當然地，成為眾所矚目的土地。在海岸地帶居住著許多希臘人，而那不勒斯正是名為尼亞波利斯（意為「新都市」，拉丁文*Neapolis*）的希臘人殖民城市。從古時候開始奧斯坎人（Oscan）便居住在內陸地方，建造龐貝城等城市。不久後，伊特拉斯坎人也逐漸將勢力擴張至此地。

西元前三世紀中期為止的南義大利

在坎帕尼亞地區更為北方的地帶，則是拉丁姆（Latium）地區。住在這個地區的民族被稱呼為拉丁人，羅馬人便是拉丁人的支系。自古以來，拉丁人所建造的各個城市結為了同盟，唯獨與羅馬之間的關係並不和睦。即便是這樣，早在前五世紀初葉，各個城市也與羅馬締結了友好及攻守同盟的條約。然而，羅馬還是肆無忌憚地擴張其領土範圍，這看在拉丁同盟的人們眼中，當然十分不是滋味。不過就算事情是如此，對羅馬人而言，拉丁同盟的協力合作還是必要的，特別是在高盧人侵略羅馬城之後，更突顯出拉丁同盟的重要性。因為高盧人的威脅，並未完全消退。

除此之外，又出現了新的威脅。住在山岳上的薩姆尼特人（Sammite），下山入侵了平地區域。山岳居民下山侵襲，並不算稀有之事。實際上，薩姆尼特人早在前五世紀後半葉便曾經入侵坎帕尼亞地區，擴張勢力範圍。只是到了前四世紀中葉，薩姆尼特人展開了大規模的侵略行動，而再次被鎖定為目標的地區，正是坎帕尼亞的平原。

根據傳說，坎帕尼亞的大都市卡普阿（Capua）曾向羅馬請求援助，希望羅馬派出援軍相助。起初，羅馬人有些躊躇不決，但面對豐饒的坎帕尼亞地區陷入混亂的情況，又無法袖手旁觀。其實，或許應該說羅馬是無法抵抗誘惑，因為這是在坎帕尼亞這塊土地上立下根基的大好機會。

於是，羅馬派遣軍隊，與薩姆尼特人展開戰鬥（第一次薩姆尼特戰爭，西元前三四三年～前三四一年）。然而，戰爭並未造成重要的結果；在戰鬥中羅馬雖然居於上風，但是最後卻輕易達成和解。或許是因為雙方都不希望投入過多資源在這場戰役上。儘管如此，羅馬依舊在坎帕尼亞地區擴張了自身的勢力。

氣勢如虹的羅馬，其蠻橫粗暴的姿態，實在是讓拉丁同盟的盟友們無法默不作聲。最後，累積的怨氣終於爆發，同盟起兵反抗。當時在坎帕尼亞的羅馬軍隊前往鎮壓，輕易擊潰了拉丁同盟軍。拉丁同盟被迫解散，各個城市只被允許個別與羅馬締結友好關係，彼此之間無法再結成任何形式的同盟。不只如此，羅馬也禁止原拉丁同盟內各城市人民之間的通商與通婚關係，並且要求他們必須遵守提供羅馬軍隊士兵的義務。這正是「分而治之」（*Divide et impera*）這句必勝之格言，以及為何羅馬人之所以被稱為統治天才的原因。羅馬在拉丁姆地區奠立霸權的根基後，使之成為稱霸義大利全境的重要據點。

◎從忍辱偷生到暴風雨般的反擊

即便是百戰百勝的羅馬人，也需再次面對上天給予的嚴酷試煉。這場賭上義大利南部霸權的戰役，並不需要什麼充分的理由。特別是一直在擴張霸權的羅馬，從外人眼中看來，不過就是對於領土擴張執念太深罷了。前三二七年，羅馬人與薩姆尼特人再次開戰（第二次薩姆尼特戰爭，西元前三二七～前三〇五年）。這可以說是一場不知何時才能結束的奇妙戰役。

山岳戰士擅長於游擊戰術，被羅馬軍視為勇猛果敢、難以對付的勁敵。更糟的是，羅馬軍隊遠征敵營，薩姆尼特人顯然占有地利之便。可想而知羅馬軍將面臨苦戰。

前三二一年，卡維努斯（Decimus Caelius Calvinus）與波斯圖米烏斯（Aulus Postumius Tubertus）被選為羅馬執政官。兩人以激動的語氣，重申遠征敵營攻擊的強硬政策。最後決議，戰爭將堅持到薩姆尼特崩壞毀滅為止。這一年，四支軍團經由坎帕尼亞東部的邊境地區，入侵敵方領土。當時還沒有亞壁古道（*Via Appia*）[7]，行軍的狀況極為嚴峻。加上作戰計畫的訂定過於急迫，關於敵方陣營的情報也掌握的太少。這大概是因為兩位統帥的無能所致。

薩姆尼特軍隊的首領是位名為朋提烏斯（Gaius Pontius）的男子。對羅馬而言不幸的是，他是位遠勝羅馬統帥足智多謀的勇將。朋提烏斯選了十位士兵，命令他們喬裝成牧羊人的模樣，送至羅馬陣營。這些牧羊人四處散播風聲，表示羅馬的同盟國已被薩姆尼特軍所包圍，危在旦夕。於此同時，朋提烏斯則是悄悄地將薩姆尼特的軍隊，安排在考丁峽谷（Caudine Forks）的森林之中潛伏。

羅馬統帥當初應該好好地確認這項情報的真偽。不，或許是他們也想過辦法要打探，但在最後還是選擇了相信。因為對於堅持主戰論的統帥二人來說，這項情報簡直是正中下懷，是羅馬軍隊能夠繼續進軍的絕佳藉口。於是羅馬軍隊得意地深入荒山野谷的森林地帶，這對背負著沈重行李的羅馬士兵而言，實在是一場非常艱難的行軍。然而，羅馬戰士們仍舊咬緊牙關，奮力向前。不久，彷彿是被誘騙一般，羅馬軍毫無遲疑地進入了考丁峽谷內的隘道。

更確切地說，羅馬軍的確是被誘導掉入敵軍的陷阱之中。等到回過神來，他們才驚覺四周早已被為數眾多的薩姆尼特軍完全包圍，進退維谷，如甕中之鱉。面對如此困境，羅馬士兵並未束手就擒，反而是抱著必死的決心試圖突破重圍。可惜的是，這番努力也只是徒勞。逼近眼前的死亡的恐懼感，已纏住了羅馬的士兵。

然而，就在此時，發生了不可思議的奇妙狀況。薩姆尼特軍的士兵們居然只是在樹木與岩石之間移動，展現出他們令人眼花撩亂的行動力，卻遲遲未見要下定決心攻擊的跡象。這樣的狀況不分晝夜，持續數日。據傳，是因為薩姆尼特人的內心持有恐懼。因為要是決定殺光所有的羅馬人，恐怕會招來羅馬的報復。

最後，薩姆尼特軍釋放羅馬士兵，恢復與羅馬之間的和平關係，而這也是薩姆尼特人所希望的。朋提烏斯不只是一位「勇將」，還是一名「智將」，他邀請了羅馬執政官前來談判。朋提烏斯想當然地要求羅馬必須停止敵對行為，歸還過往所占領的地區。除此之外，戰敗者也必須對戰勝的一方宣示忠誠。若是羅馬無法做到這一點，那麼釋放羅馬士兵歸國的條件，便是要接受屈辱之刑——從長槍搭成的頸木之下鑽過去。

鑽過頸木之下的動作是隸屬、服從的象徵，對於士兵而言，可是天大的屈辱。羅馬士兵們疾呼：假若要承受這般屈辱才能苟活，還不如當初就在戰場上光榮戰死。但是，執政官的決定是要羅馬士兵們活著回到祖國。於是，立起了兩根柱子，在上頭架上長槍的橫木，讓羅馬士兵一個接著一個從下方鑽過去。士兵們被脫下內衣，士官的勳章與位階標誌也被拔下，周圍則是充斥著薩姆尼特士兵們的咒罵與咆哮聲。屈辱的儀式就在這樣的狀況下持續進行著。

歸國途中的羅馬士兵們，宛如一群步履踉蹌的不良分子或是流浪漢集團，他們的身心都遭受到嚴重的打擊，過往的勇者之姿已不復在，簡直是行屍走肉的亡靈隊伍，令人不忍目睹。某位青年貴族眼見此景，悲嘆道：「敵人不只是將武器奪去，甚至連羅馬人的勇氣也一同奪走了。羅馬人過往所引以為傲的高尚英雄精神，已煙消雲散。」不過，人生閱歷豐富的元老院元老聽聞此言，則是答道：

「羅馬士兵雖受到慘烈的打擊，以致於無法言語，但是他們的心中，卻充滿著屈辱與懊惱的悲憤情感。正是基於這份情感，才能夠喚醒羅馬人的榮譽心與復仇心。這份鬱悶的沉默，不久後將會化為狂風暴雨，襲向薩姆尼特人，摧毀敵人的城牆，讓敵人鑽過頸木之下。」

實際上，正如這位元老所言。羅馬在新任執政官的帶領下，重新編制軍隊後，進攻薩姆尼特。並且在得知正確情報的當下，突襲敵方陣營。戰場不是險峻的峽谷，也不是茂密的森林。羅馬士兵群情激憤的高聲吼道：「在這裡需要發揮的只有勇氣！」薩姆尼特士兵屍橫遍野，倖存的士兵則是逃進城內。不久，放棄抗戰的薩姆尼特軍隊向羅馬軍投降。七千名薩姆尼特士兵在首領朋提烏斯的帶領下，一一鑽過長槍製成的頸木之下。

這則故事也是來自李維的書寫。的確，羅馬與山岳住民薩姆尼特之間的戰鬥出現長期化的趨勢。戰爭不斷反覆地出現突襲、包圍、奇襲等進攻方式，呈現無止盡的循環狀態。也有學者指出，戰爭所帶來的損害甚大，甚至對義大利的農業帶來重大的危機。不過，在此並不打算深入討論戰爭損害的議題。

相較之下，筆者認為以下這點也值得注目：羅馬人聽聞祖先流傳下來的故事後，將這些傳說作為滋養精神的糧食。羅馬人雖然在一連串的戰爭中屢屢取得勝利，但是他們並不會沉浸在戰勝的喜悅之中。或者應該這麼說，正因為是勝者，反而更要留心自己的傲慢之處。或許羅馬人也察覺到了這個心態上的陷阱，所以才絕對不會忘卻敗戰的經驗。在戰敗時所承受的屈辱，總有一日必定要讓對方也嚐到相同的滋味。也因為如此，羅馬才能再度以勇猛高尚的霸者之姿，君臨天下。究竟該如何獲得勇氣與名譽？無數個祖先代代相傳的故事，便已反覆呈現出了該有的姿態，並且深深地刻畫在後世羅馬人的心中。

◎推翻和平方案的古老演說

這場與薩姆尼特人的戰爭是十分艱難的戰役，耗費了二十年以上的時間。在戰況最為激烈的西元前三一二年，羅馬朝著坎帕尼亞地區卡普阿的方向，鋪設了亞壁古道。古道的鋪設工作是由羅馬市民總動員所完成的，可見羅馬與山岳住民的戰爭，是如何加速了建設。羅馬的街道最初都是以軍需道路為首要目的。

羅馬在戰爭勝利後便吞併領土，並分別與各個城市締結同盟關係。除此之外，還要在各個要地設置軍事據點，絲毫不馬虎。羅馬勢力的擴張，對於居住在義大利半島上的各民族，造成了巨大的威脅。但薩姆尼特人是非常難纏的勁敵。加上有其他部族再次揭竿起義，抵抗羅馬。於是，薩姆尼特人聯合周邊部族，擴大戰局（第三次薩姆尼特戰爭，西元前二九八年～前二九〇年）。後來，甚至連伊特拉斯坎人和高盧人也對薩姆尼特人提供支援。然而，即便面臨如此的困境，羅馬依舊展現了名不虛傳的實力。前二九〇年，薩姆尼特人完全臣服於羅馬。羅馬在義大利半島上建立起難以撼動的霸權。

在義大利半島的南岸，自古以來便有希臘人居住於此，有大希臘（*Magna Graecia*）地區之稱。此地的希臘人，也終究難逃與羅馬發生衝突的宿命。不過，光憑義大利半島南部的希臘勢力，不可能與羅馬對抗。

觀看地圖，義大利半島南部與希臘本土在地理位置上十分接近。伊庇魯斯（Epirus）王國位於義大利半島南端的對岸，其國王皮洛士（Pyrrhus）自詡為另個亞歷山大大帝，是位野心勃勃的統治者。皮洛士接收到來自大希臘請求援助後，隨即率領二萬五千名士兵和二十頭戰象前往義大利。皮洛士並未愧對為另個亞歷山大的自詡，在戰術的運作上十分地高明。戰況逐漸朝著有利於皮洛士國王的方向發展。義大利居民的內心開始出現動搖，對於究竟是否該繼續支持羅馬產生了懷疑。在羅馬國內傾向和平的聲浪也日漸高漲。

阿庇烏斯．克勞迪．盲者（Appius Claudius Caecus）以亞壁古道的創建者身分而名聞遐邇。據傳他經常說道：「比起平穩的時期，羅馬人在遭遇困難之際較值得信賴。」應該是因為他察覺到，強大的國家遭遇到愈為艱難的狀況，便愈能發揮力量，若是平穩的狀態持續了太久，氣力便會逐漸萎靡。

亞壁古道　西元前三一二年，動員羅馬全體市民所建造而成的軍需道路，其目的地是通往坎帕尼亞的紛爭地帶。

當時克勞迪已是位目盲的老人，並退居於政治圈外。不過，入侵義大利的皮洛士國王提出和平方案的風聲，也傳到了克勞迪的耳中。而羅馬的元老院因擔心義大利盟友倒戈，正打算應允皮洛士的和平提案。面對如此狀況，克勞迪坐立不安，要求在兒子們同行照料之下，前往元老院議場發表意見：

吾人早已目盲，豈能聾聵。假若應許皮洛士之輩所提案之和平，豈非重創羅馬之名！昔日，諸君屢向世人所宣言之語句，如今何在？「若是昔日那位偉大的亞歷山大大帝進入義大利，吾輩等人年輕氣壯，與父兄一同並肩作戰的話，今日恐怕已不見亞歷山大所向無敵之讚譽言語，亞歷山大將敗走逃竄，甚至於激戰中命喪黃泉也不無可能。如此一來，羅馬之名聲就更能遠播於世了」，當時口出此言的氣壯山河，而今又是如何？（普魯塔克，《英雄傳》，〈皮洛士傳〉）

文中所指稱的時刻，約為西元前三世紀初。羅馬已將入侵城內的高盧人擊退，並使鄰近的各個部族臣服。特別是在收服了勁敵薩姆尼特人後，勢如破竹的羅馬在義大利半島上建立起無可匹敵的霸權。

耆老的一番話語和氣概，重新喚起了羅馬人對戰爭的熱情。皮洛士國王所派遣的和平使者被送回國內，並報告道：

吾人所見之元老院，彷彿是多位王者的集會。

此外，說到羅馬的民眾，就像是多頭怪獸海卓拉

「進入元老院的盲人阿庇烏斯．克勞迪」 為了反對皮洛士國王的和平提案，要求進入元老院發言的克勞迪（在中央被攙扶著手臂的人物）。馬克立（Cesare Maccari）作品。

（Hydra）[8]，就算砍斷頭顱也會馬上再生出新的頭顱一般，是非常令人害怕的戰爭對手。在後方等待的士兵，約是前排士兵的二倍之多，並且還有更多倍的人數和持有武器的羅馬人在後頭待命。（同前）

和平使者之意，是指在共和政體的大本營——元老院之中有眾多的勇將，宛如有才能的王者一般。

另外，想必和平使者在街頭巷尾也感受到了羅馬民眾好戰的激昂熱情。就讓我們將這種氛圍稱之為「共和政體之法西斯主義」。

◎終於將義大利半島置於統治之下

在羅馬人的官吏人員中，有刀斧手（lictor，又譯為侍從執法吏）[9]的職位，扛著由斧頭和木棒所捆製而成的「法西斯」（fasces，又譯為束棒）[10]。「法西斯」象徵著公職人員的權威，而後在近代也隨之衍生出法西斯主義之字詞。法西斯主義是與國家主義和軍國主義關係親近的群眾運動。

在古代，也有類似法西斯主義的狀況。不，或許應該這麼說，正是「法西斯」這一個字詞，可以用來表現出羅馬這個國家的樣態。這種說法或許有點弔詭。雖然近代的法西斯主義總是會馬上和獨裁政治劃上等號，但是古代的法西斯主義要走到獨裁政治，必須要經歷過一段十分久長的年月才能抵達。因為羅馬人非常憎恨伊特拉斯坎的傲慢國王，進而痛恨任何獨裁的政體。因此，羅馬人的國家，可以說是以「法西斯主義的共和政體」之姿，躍上歷史的舞台。

不久之後，羅馬擊退了皮洛士國王，狀似長靴的義大利半島，其腳踝至腳尖的部分，全都納入羅馬的統治範圍之下。這位義大利的霸主，正是S・P・Q・R。S就是元老院（*Senatus*），亦即共和政體的大本營。眾多擁有豐富經驗與英明睿智的貴族們在元老院中進行議論，進而決定國策的方向。雖然是由掌握權力者主導議論，但一切都只是在協商討論的範圍之內。P意指民眾（*Populus*），是法西斯主義成長的溫床。具有威信的元老院議員的發言，足以激起民眾好戰的情緒。而之所以能夠孕育出羅馬人如此好戰、愛國的精神，正是源自於祖先代代相傳的故事滋養。

如果要說法西斯主義國家的真實面貌是什麼的話，便是軍國式的美談。這在羅馬人祖先的傳說之中，當然是不可或缺的精彩元素。若是我們只能舉出一個例子，那麼就是在第三次薩姆尼特戰爭時，最為重要且急迫的場面。當時，周邊的部族、伊特拉斯坎人以及高盧人都支援薩姆尼特軍，羅馬軍隊就快要面臨崩潰的危機。平民出身的執政官德裘斯・穆斯（Publius Decius Mus）仰天大喊：「我願犧牲我的生命，換取祖國光明的延續！」隨後衝作先鋒，殺進敵陣，壯烈成仁。[11]

他自殺式攻擊的特攻隊精神，喚起了羅馬將士們的士氣，因而奮起反攻，取得最後的勝利。先不論這則傳說內容的真偽，但是羅馬人會將愛國的精神永久流傳下去，則是不需懷疑的事實。

不管是亞述帝國、波斯帝國抑或是亞歷山大大帝的統治，說穿了就是由獨裁者所領導的霸權國家。換言之，國王僅有一人。然而，在羅馬則是有大批的王者，共和政體與法西斯主義相互結合的統治。若是我們向上追溯羅馬祖先所流傳下來的故事，可以找到羅馬人的國家原型。至少到西元前二世紀中葉為止，我們可以看到羅馬的國家體制，就是所謂「法西斯主義的共和政體」的形式。

1 阿姆里亞斯認為，如此一來便能防止努米托後代的出現，避免影響王位的繼承。

2 十人委員會，全名「decemviri legibus scribundis」，意即「書寫法律的十人」。

3 克勞迪試圖綁架維爾吉尼雅未果，進而在廣場向眾人主張維爾吉尼雅和她的生母一樣是個奴隸，並且是屬於他的奴隸。而取走自己的奴隸，應屬天經地義之事。

4 「十二表法」修訂期間，共和國憲政暫時擱置，因此克勞迪想掌控委員會，讓自己成為宛如傲慢塔克文般的人物。然而他濫權污辱公民女兒，似乎又呼應傲慢塔克文之所以被推翻，正因為其子強暴貴族仕女的這個事端。

5 里布拉：重量單位，一里布拉約等於三百二十八點九公克。拉丁文「*libra*」即「磅」的縮寫「lb」的起源。

6 因為地理位置鄰近的關係，法樂利始終將羅馬視為一大威脅。根據傳說，在羅馬進攻維依城的戰役中，法樂利也曾經提供維依城戰爭上的協助。

7 亞壁古道（*Via Appia*，譯為Appian Way），連接羅馬與卡普阿，後來延伸至阿普利亞港口布林迪西（Brindisi）的古道，為羅馬的戰略要道。

8 因為傳說中海卓拉出現在勒拿湖附近，亦有「勒拿九頭蛇」之名，為古希臘神話中的九頭蛇。因與海格力斯（Hercules）的對戰而聞名。

9 刀斧手隨侍在擁有政治大權的官員左右，亦即護衛。像是執政官有十二位、副執政官有六位、獨裁官則有二十四位刀斧手。除了護衛的任務之外，也被賦予刑事權，可在長官的命令之下逮捕並處罰民眾。

10 斧頭代表最高權力，將多根木棍捆在一起則是代表團結。

11 這是一種叫「*dedicatio*」的宗教儀式，以自身為祭品，獻給地獄之神。

第四章

經過漢尼拔鍛鍊的人們

漢尼拔·巴卡（Hannibal Barca）　北非古國迦太基著名軍事家。

海上霸者——迦太基的攻勢

◎第一次布匿克戰爭的開端

地中海世界的中心，環抱著一片海洋，將歐洲、亞洲與非洲三大陸塊連結在一起。

在埃及的壁畫中，曾出現描繪帆船的模樣。那是西元前十五世紀的圖像，大概是沒有龍骨的構造，船首和船尾都呈現近乎直角上揚的角度。即便可以在尼羅河上運行，卻不適合運航於遠洋。

在此之前，於東地中海地區，曾經出現不同類型的船隻。東地中海地區的航海民族，總是搭船出海探險。他們的船隻是以帆和槳為動力，有龍骨的構造，強度足以承受海浪的拍擊，船底吃水深，以便維持安定的航行。這種類型的船是最早適合在海洋上航行的輸送船，而後逐漸擴大船隻的形體，並一步步地進行改善與修正。正因為這類船隻的往來航行，聯絡沿岸各地，才逐漸連結成地中海世界。

腓尼基人便是這批航海民族中的其中一支。他們前進西地中海地區，在各地建設殖民都市。迦太基即是在這樣的基礎上所發展出的一股勢力。假如是以近代世界的狀況來比擬，大概就像是——原為英國殖民地的美國，後來躋身躍進列強行列，並於二十世紀下半葉發展成為世界霸王的模樣。迦太基位於北非，在西西里島和薩丁尼亞島（Sardinia）上也有據點。

在地中海地區，迦太基是能夠自由自在操控船隊的海洋貿易國家。不過，如果將視線轉向負責國政的貴族階層，與其說他們是商人性格，不如說是偏向軍人的性質。如此一來，迦太基應屬商人軍國主義。與之相較，羅馬則是農民軍國主義。

話說回來，對義大利半島上的霸者羅馬而言，海上霸者迦太基究竟是否具有威脅性呢？之所以會抱持著這樣的疑惑，是因為農民本身是依附、扎根於土地之上，保守性格較重，要讓他們踏出土地去征服外地，需要非常充分的理由與動機不可。更何況是要越過海洋，幾乎沒有民眾會願意離開故國，前往海洋的另一端。

不如這樣說，向外征戰的動機，應該是在率領民眾的領導階層之中所產生的吧。假若有人想要在封閉的農民集團中爭取成為握有權勢之人，那麼沒有任何事可以比得上傑出的軍功，還要更能幫助自己成為領袖。像是迦太基這樣的商人軍國主義，在國內強化稅金的徵收，在軍事上日漸仰賴傭兵，秉持著重商主義而持續向外發展。要是說農民軍國主義社會中會出現足以匹敵商人軍國主義向外發展的動機，那麼就是領導階層心中所懷抱對於軍事、榮耀的渴望。在羅馬人之間，由軍功、武勳所代表的榮耀和權威，總是能夠成為眾所矚目的焦點，這也是建立起法西斯主義共和政體國家的羅馬人特質之一。

在西地中海的兩大勢力——迦太基與羅馬雙方發生了激烈衝突，亦即歷史上所稱的布匿克戰爭。雖說戰爭的開端總是如此，但第一次布匿克戰爭（西元前二六四年～前二四一年）開戰的契機，也是起因於微不足道的小事。

希臘人的殖民城市梅薩納（Messana，現今的墨西拿Messina）位於西西里島的東北部，他們派遣使者至羅馬。梅薩納與義大利半島的尖端隔海相望，彼此之間並沒有相隔太遙遠的距離，此時的梅薩納被掌控在「馬梅爾提尼（Mamertines）」（意為戰神馬爾斯的兒子們）這群人的手中。馬梅爾提尼原本是敘拉古國王所僱用的傭兵軍團，成員大多出身坎帕尼亞地區。這個傭兵集團理應遭到解散回國，未料其成員竟未歸國，甚至還攻占梅薩納，在當地定居了下來。

當一群身分不明的傭兵，占領歷史悠久的城市作為活動據點，周遭的城市想當然爾，不可能會默不吭聲地置之不理。作為西西里島上最大都市的敘拉古，便派出征伐軍隊前往梅薩納。馬梅爾提尼傭兵在戰場上被攻擊地潰不成軍，梅薩納城也被敘拉古軍隊團團包圍。城內陷入困境，傭兵團內部也開始出現分裂。有人向迦太基請求援軍，也有人向羅馬請求幫助。接到援軍的請求後，迦太基隨即展開行動。因此，如果羅馬也接受請求，出動援軍，無異是

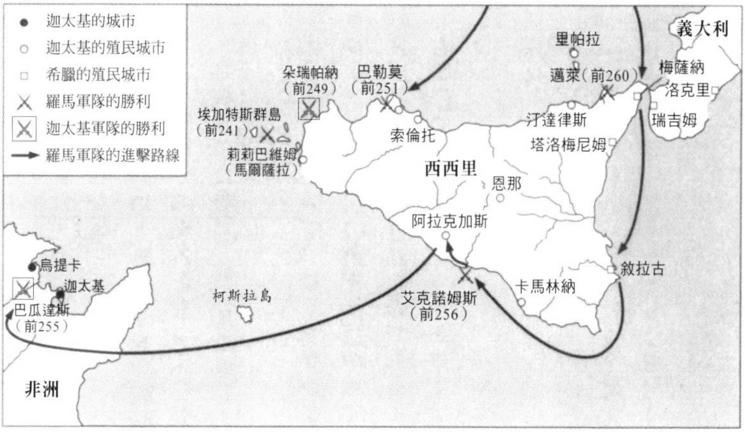

第一次布匿克戰爭（西元前二六四年～前二四一年）

向迦太基宣戰。熟知迦太基的資源與軍事能力的羅馬元老院內部，大多採取慎重的態度。然而，輿論卻是毫無猶豫地呈現一面倒的態勢。主戰者誘導輿論的走向，大肆宣揚若是對於現狀有所輕忽，讓西西里全島都落入迦太基手中的話，未來將會更加危險。此外，主戰者也預言，假若羅馬取得勝利，每一位市民都能夠獲得龐大的利益。於是，羅馬軍隊跨海出戰。

然而，羅馬雖是陸地上的王者，卻非海洋上的霸者。幾乎沒有海軍力量可言的羅馬，對戰以海軍著稱的迦太基，究竟能有多少勝算呢？不過，在雙方船隻直接相互撞擊的海戰時代，也是有思考智取的戰略空間。在張帆的船柱上用繩索搭起活動吊橋，並在吊橋前端裝上鐵鉤，因外型狀似烏鴉的尖嘴，而有「烏鴉」之別稱。當船隻靠近敵艦之時，放鬆繩索讓「烏鴉」落下，鐵鉤便能鉤住敵艦固定。此種藉由「烏鴉」將兵力送入敵艦的方式，實現了在海戰中的陸地作戰。智取的戰略果然奏效，羅馬竟然讓輕蔑農民海軍的迦太基軍隊吃下了敗仗。

◎大將軍哈米爾卡的活躍

不過，羅馬這般創意新奇的戰略，卻無法通用於整場戰爭。不久，「烏鴉」的威力減弱，戰況一進一退，或者應該說是大勝與大敗的反覆上演。回顧這場長年處於膠著戰況的第一次布匿克戰爭，波利比烏斯曾為之總結道：

> 如果只看目前為止所記錄下來的戰爭狀況，雙方在國家的動員、擴張的野心、以及實踐時的勇敢果決、成為霸者的堅強意志方面上，不相上下。若是比較士兵的素質，在所有層面上羅馬士兵明顯地高出一籌。不過，在指揮官方面，哈米爾卡（Hamilcar Barca）敏銳的判斷力和勇氣，在當時可說是無人能出其右。俗稱「巴卡」（*Barcid*，「雷霆」之意）的這位男子，正是後來成為羅馬宿敵——漢尼拔的父親。（《歷史》）

文中表示，關於士兵的素質，羅馬方面較為優秀。其理由為羅馬兵是由市民士兵所組成，而迦太基軍則是以傭兵的基礎所構成。因此，看在以城邦市民團體為榮的希臘歷史學家眼中，自然覺得羅馬士兵的素質較高。

話說回來，在迦太基國內，有不少人認為，應該在非洲這塊土地上擴張勢力才是。此時，通稱「巴卡」的宗族一家則是大膽地主張，掌握地中海的霸權才是至為重要之策。

這個時期，羅馬早已將侵略之手伸向西西里島的西側地區。西元前二四七年，巴卡家年輕的哈米爾卡出任迦太基的大將軍。這位年輕大將軍承繼著巴卡家的傳統，懷抱著進擊地中海的熱情，一登場就扭轉了戰況。哈米爾卡擬定了出人意表的作戰計畫。一般而言，派遣軍隊至被羅馬軍隊包圍的城市予以支援，應為普遍的對應方式，不過，哈米爾卡卻將軍隊人力部署在巴勒莫（Palermo）近郊的小山丘上。這條登上山頂的道路十分艱險，是非常難以攻略的處所，而且有利於眺望遠方景況，對於監視羅馬軍隊的動向來說，是最為合適的地方。除此之外，這座小山丘也座落在天然良港的附近。

哈米爾卡的士兵神出鬼沒，時而突襲，時而埋伏，時而進攻，時而撤退。海軍也在沿岸各地出沒，侵襲或掠奪物資。但是，哈米爾卡卻絕對不會讓戰況發展成為大規模的對戰。如此奇襲暗伏的作戰方式，讓羅馬軍隊摸不著頭緒，十分苦惱，幾近三年的時間，羅馬軍完全拿不出反擊的對策。不僅如此，哈米爾卡更展開了新的戰事——向位於西西里島西岸的厄律克斯（Eryx）之羅馬軍隊據點發動攻勢。除此之外，不只是西西里島，哈米爾卡更針對義大利沿海地帶接連展開攻擊。他的目的是要消耗羅馬人的財力，並且讓不斷遭到軍事徵召的羅馬民眾感到疲弊不堪。

不夠成熟的羅馬軍隊果然不是哈米爾卡的對手。羅馬投入了大量的人力與物資，卻完全看不見應有的戰果。數年前的優勢處境，一度讓羅馬以為勝利在望，孰料這場美夢竟讓哈米爾卡一手毀滅殆盡。雪上加霜的是，羅馬艦隊在撤回義大利的歸途中，正巧碰上暴風雨，最後連足以發動攻擊的海軍勢力也化為烏有。

◎傭兵的反叛與鎮壓

但是，羅馬人面對再度膠著的戰況，不可能默不作聲、袖手旁觀。在羅馬的富裕市民階層之中，有群懷有強烈愛國心的奇特民眾，他們自掏腰包，負責建造船艦所需要的經費。由於扣留的迦太基船艦擁有十分優良的性能，便以迦太基的船艦為模型，建造了兩百艘船隻的艦隊，正式下水航行。[1]

此時，迦太基船隊正滿載著要送給哈米爾卡軍隊的物資和糧食，往西西里亞島方向前進。兩百艘船艦的羅馬艦隊，突襲迦太基的補給船隊。補給船隊上堆滿了物資，幾乎沒有戰鬥人員，當然不是羅馬艦隊的對手，勝負已分。轉眼之間，迦太基的補給船隊，有五十艘被擊沉、七十艘被羅馬扣留、剩下的船隻則是逃之夭夭。此時，迦太基也已經散盡國庫中的資金，沒有餘力再編組船隊運送物資和糧食至西西里島。另一方面，經過長年戰鬥的羅馬，也已經疲弊不堪。不管是迦太基還是羅馬，都不再戀戰，因此達成和平之協議。

迦太基必須支付鉅額的賠償金，並放棄西西里島。驍勇善戰的哈米爾卡從將軍的地位降職，且將率領的傭兵們的後續處置全部交由國家負責。戰爭結束後，傭兵們都期待著高額的報酬，這對財政困窘的迦太基政府而言，是一項沉重的負擔。政府只先支付給傭兵們微薄的金額，剩餘的款項完全了無下文。無法繼續空等的傭兵們因此離開營地，往迦太基的方向前進。對於傭兵隊的行動感到震驚不已的迦太基政府，無法再不支付他們所要求的金額。儘管如此，傭兵們的不滿情緒已無法舒緩，情況從暴動演變成公然的反叛。

迦太基當局立即以市民軍隊和新募集的傭兵迎戰，但是完全無法鎮壓眼前的反叛軍。走投無路的迦太基政府只好召回哈米爾卡，全權委託他負責鎮壓工作。（這也正是他的原意）隨後，正規軍全數支持哈米爾卡，對抗反叛軍。另一方面，反叛軍的傭兵們，原本也是在哈米爾卡的領導下從事戰鬥的士兵，在這些士兵之中，不少人對哈米爾卡仍舊心存敬畏之意。因此，哈米爾卡動之以情，以忠誠之義理向這些舊時戰友進行道德勸說，表示對於投誠者將不予以懲罰，並勸服俘虜加入正規軍，或是安排他們回歸故土。

哈米爾卡的溫情攻勢，深深打動了反叛軍的傭兵們。而反叛軍的領導者，深知哈米爾卡身為名將的非凡氣度，唯恐旗下的傭兵們棄械離營，投往敵方，因此，反叛軍的領導者們決定，殘忍地切斷迦太基人俘虜的手腳並且活埋。在反叛軍的內部，有士兵對此慘無人道的作法表示抗議，卻遭到虐殺。反叛軍領導者藉由讓士兵們執行如此暴虐不仁的蠻橫行徑，來抹滅他們內心對於接受迦太基正規軍隊溫情的盼望。如此一來，反叛軍的士兵所剩下的最後一條道路，除了戰鬥，別無他途。

其後，兩軍展開了激烈的戰鬥，戰況之慘烈，令人目不忍視。雙方陣營皆再三執行公開凌遲處死等殺雞儆猴的殘忍行為。但是，反叛軍終究不是名將哈米爾卡的強勁對手，不久後，迦太基軍隊追擊反叛傭兵，將之一舉殲滅。經過這一連串的反叛與鎮壓行動，或許在羅馬人的心目中，便已經深深烙下迦太基人殘忍、暴虐的印象。不過，若是從迦太基的立場來看，則是會想辯解道，這是在叛徒誘導的反叛行動下，所採取的必要手段。

◎遠征新天地——伊比利半島

西元前二三七年，哈米爾卡率領著巴卡一族，前往伊比利半島從事開發活動。此時，迦太基在不得不接連放棄西西里島、薩丁尼亞島和科西嘉島的情況下，開始探尋新天地。

伊比利半島擁有豐富的礦產資源，其中也包含了金礦與銀礦。這對必須支付羅馬賠償金的迦太基來說，是最吸引人的魅力所在。

即便如此，遠征伊比利半島的決定，在迦太基的國內並未受到大多數人的支持。廣大民眾雖然予以哈米爾卡熱烈的聲援，但是迦太基貴族對此卻表現出十分冷淡的態度。貴族們的反感，來自於對哈米爾卡的嫉妒，甚至出現了毀謗和中傷哈米爾卡的言論。但是堅定的哈米爾卡，一心一意地為著復興國力而奮鬥、努力。面對著國內令人心寒的輿論，哈米爾卡暗自起誓，往後的有生之年，絕不再踏入迦太基的土地。

西元前二三五年，哈米爾卡離開了祖國。為了此次的啟程，哈米爾卡與長子漢尼拔及其他兒子們一同前往主神巴爾（Baal）神的神廟祭拜。基於心中打倒羅馬的宿願，哈米爾卡告誡當時還未滿九歲的漢尼拔：「羅馬才是我們的仇敵。無論如何，你定要設法為國家雪恥除恨，並將此事銘記在心。」

這是十分久遠的古代故事，其真偽難以辨明。不過，作為世界史上首屈一指的戰術家而名留青史的漢尼拔，這樣的故事，說是他生平中可能會經歷的體驗，應該也不為過吧。有其父必有其子，哈米爾卡與漢尼拔父子兩人悲壯的心情，深深地傳達至眾人的心中。

話說回來，伊比利半島上的原住民——凱爾特伊比利亞人，其各部族之間的關係並不和睦。迦太基抓住這項弱點，一步步地征服原住民各部族。哈米爾卡以迦太基風格的訓練方式，將臣服於迦太基的原住民部族民眾培育成為優秀的軍隊。聚集在迦太基統治傘下的原住民部落族長們，可說是前仆後繼，在人數上年年有所增長。族長們敬畏哈米爾卡作為一位軍人的天賦與才能，並且認為他是一位十分具有魅力的領導者。

毋庸贅言，在迦太基的民眾心目中，驍勇善戰的哈米爾卡，其卓越俊逸的軍事才能令眾人敬畏。而他的死，更是一則可歌可泣、感人肺腑的故事——在漲潮的河川中，為了救助部下，自己卻不幸溺斃。哈米爾卡果然不愧是一位眾所瞻望的英雄人物。

哈米爾卡逝世之時，漢尼拔還只是一位十八歲的青年。即使他具備著名將的氣質，可惜的是他還過於年輕。當時，較為年長的姊夫哈斯德魯巴（Hasdrubal）是位值得信賴的領導人。哈斯德魯巴建設了新都市，新迦太基（Nova Carthago，現今的卡塔赫納 Cartagena），開發當地的銀礦。同時，他也展現對原住民部落的關懷，贏得部落民的信賴。迦太基在後來能夠復興國力，哈斯德魯巴的經營手腕與功績，是值得特別記錄下來的貢獻。

以流經伊比利半島東北部的厄波羅河（Ebro）為界，以北為羅馬的勢力範圍，以南則是屬於迦太基的勢力範圍。然而，迦太基東山再起的速度過於驚人，令羅馬備感威脅。因此，羅馬派出刺客，以毒刃刺殺哈斯德魯巴。[2]

◎將羅馬逼往存亡危機的男子

如此，哈斯德魯巴的小舅、哈米爾卡的長子——二十六歲的漢尼拔迎來了出場的機會。關於他登上歷史舞台的場面，記錄如下：

老兵們個個以為是他的父親哈米爾卡重返青春而歸來的模樣。他們不會看錯，那是同樣開朗、充滿活力的神情、同樣聰敏銳利的目光、同樣的輪廓和表情。

過去，當哈斯德魯巴必須做出勇往直前、全力以赴的行動之時，不需再三考慮其他人選，總是讓自己小舅出任指揮官。在漢尼拔指揮之下，士兵們也總是能夠感受到前所未有的自信與活力，這是其他指揮官無法辦到的事。

當漢尼拔面對危險之時，總是能展現無比大膽的氣魄。在最為危急之時，卻也能格外的深思熟慮，不莽撞行事。無論是多麼的艱難，也不會讓身體感到疲憊，不曾讓精神受到打擊與挫折。無論嚴寒或酷暑都能淡然處之，飲食上不受欲望之驅使，只順應自然，攝取必要之量。並非是一般的晝寢夜眠，而是在軍務以外的剩餘時間才稍事休息。就寢時，不需要柔軟舒適的床鋪，也不要求寂靜的環境。在戰地，許多人屢次親眼目睹，漢尼拔以士兵們的外衣為被褥，以大地為床，便能安然入眠。他所穿著的衣裝，在相同身分的同輩中可是一點也不起眼，但是他對武器裝備和馬匹則是十分地講究。不管是在騎兵還是步兵之間，都同樣地出類拔萃。他總是早他人一步趕赴戰場，一旦戰鬥發生，他卻總是最後一位才離開戰場的人。（李維，《羅馬史》）

如此生動地描繪，居然是出自敵方羅馬人的史家之手。想來應該不會是完全言過其實的描述吧。史實的真偽與否，讓我們先置之一旁，至少漢尼拔擁有作為一位將軍的氣度，以及集聚了前所未見的人望於一身，是毋庸置疑之事。就連羅馬的史家也不得不對他另眼相待。

然而，在這一連串可說是讚詠語句的後方，接續著的文字是：「如此偉大的美德，與其相伴的竟是他令人無法置信的惡德。」此處所謂的「惡德」，意即非常地殘忍粗暴以及不守誠信。此外，還指稱漢尼拔不願遵守誓言，缺乏虔誠與對眾神的敬畏之心。這些斥責與謾罵，也並非毫無道理。畢竟就是這位男子，讓羅馬陷入了國家存亡危機的險境之中。

話題回到漢尼拔的身上。繼承父親遺訓的漢尼拔，並不是一位會遵循常規手段行事的青年。西元前二一九年，他攻陷了羅馬的同盟城邦薩貢呑（Saguntum），過去與羅馬之間所立下的種種協定，他全都拋諸腦後。羅馬派遣使者至迦太基，要求迦太基將漢尼拔引渡至羅馬，否則將不惜開戰。不過，國力日漸壯大的迦太基也並不是會接受羅馬的恐嚇、一味退讓的強國。站在羅馬的立場來看，漢尼拔不僅只是不夠虔誠，還是個不守誠信、完全沒有意思要遵守誓言的傢伙。其實，羅馬人對於迦太基人，原本就懷有不守誠信以及殘忍的刻板印象。

◎拉攏高盧人，穿越阿爾卑斯山

西元前二一八年春天，漢尼拔越過厄羅河的界線，為長征揭開序幕。不久，到達西班牙東北部，並於夏季越過庇里牛斯山脈（Pyrenees），最後抵達今日亞維農（Avignon）近郊的隆河（Rhône，又稱羅納河）河畔。此時，漢尼拔率領的部隊，剩下三萬八千名步兵、八千名騎兵以及三十七頭戰象。在穿越庇里牛斯山脈時期，約有五萬名步兵、九千名騎兵的兵力，可見兵力的銳減。其中，特別是步兵中脫隊者人數十分眾多，或許還包含了當時許多士兵被召回至伊比利半島。

順著隆河北上，沿著支流向上，抵達伊澤爾河谷（Isère），此處是穿越阿爾卑斯山著名的出發點。由此經過幾條路徑，便會到達今日的杜林（Turin），為此趟難行之旅的終點。關於這中間的路徑，眾說紛紜，如果仔細探查起來，可以寫出一本大部頭的書，是個讓人深感好奇的主題。但這就交給有興趣的人去處理（目前已有多本這樣的書出版），在此只簡要地描寫必要的場面。

在阿爾卑斯山脈的周邊，原本住著凱爾特高盧人，且不只是阿爾卑斯山的北部，南部也是一樣。對羅馬人而言，就是今日義大利北部的山南高盧（*Cisalpine Gaul*，山內高盧）[3]。以義大利的地理觀念來說，就是以阿爾卑斯山以南、盧比孔河（Rubicon）以北為界的範圍。

漢尼拔的軍隊首先要通過阿羅布羅基族（Allobroges）的土地。阿羅布羅基族屬於高盧人的一支。當時，恰巧居住在義大利北部的波伊（Boii）族派遣使者前來阿羅布羅基族的領地，他們不只將義大利北部的情勢透露給漢尼拔軍隊，更告知關於穿越阿爾卑斯山脈的路徑情報。這對漢尼拔來說，可是一項意料之外的收穫。除此之外，當時在阿羅布羅基族中，正好出現兄弟爭權的狀況，因而向漢尼拔尋求仲裁。仲裁的過程與結果十分地順利圓滿，阿羅布羅基族也不得不提供漢尼拔軍隊所需要的協助。這趟穿越阿爾卑斯山脈之行，漢尼拔最為擔心的便是糧食的補給，在阿羅布羅基族的合作下，順利解決這項憂慮。

終於來到攀登阿爾卑斯山的時刻，漢尼拔一行人深刻體悟到向前邁進的艱難。此時，阿羅布羅基族之中，妨礙漢尼拔軍隊的派系在此登場。不過，早已掌握情報的漢尼拔軍隊順利地突破重圍，並進行物資的掠奪，穀物、家畜、酒水等應有盡有，物資的補給已不成問題。儘管如此，河谷森林的對岸，聳立在眼前的是白雪靄靄的高山。行走的通道變得狹窄，走在前方的戰象，步伐也愈漸沉重。

不久之後，漢尼拔軍隊踏入了克烏特羅內斯部族（Ceutrones）的土地。部落的族長們起先表現出恭順之意，其實早已設下陷阱。就在漢尼拔軍隊一行人通過峽谷之時，克烏特羅內斯人展開奇襲，由高處推下落石。不過，名將漢尼拔似乎早就看穿克烏特羅內斯人的戰術，短時間內便將陷入混亂的軍隊重整旗鼓，成功擊破敵方的奇襲。

其後，敵方的襲擊幾乎呈現靜止的狀態。儘管如此，要在初冬時期越過海拔兩千公尺的高山，難度更為升高。特別是夜晚冷冽凍寒的氣溫環境，甚至令人無法入眠。脫隊的人數增加，接連出現馬匹與戰象跌落、倒下的狀況。

經歷了辛苦地跋涉，總算是越過了山頂，接著面臨的是阿爾卑斯山東側的坡面，坡面盡頭緊接的是義大利北部的廣大平原地帶。然而，下坡的行軍，更是一項艱難的考驗。在頻繁降雪的地帶，下坡路面凍結陡滑，走起路來十分艱險，士兵、馬匹和戰象都有可能因為一時失足腳滑，便跌落谷底，失去性命。

根據波利比烏斯的記載，漢尼拔軍隊這趟渡越阿爾卑斯山脈的行軍，花費了十五天的時間，最後漢尼拔的手上只剩下兩萬名步兵、六千名騎兵和二十頭戰象。不過，多虧了漢尼拔不屈不撓、始終貫徹其屹立不搖的信念，漢尼拔和這些倖存下來的軍隊士兵們，最後終於達成了穿越阿爾卑斯山的成就。漢尼拔堅忍不拔的身影，看在從軍士兵們的眼中，想必也讓他們感受到漢尼拔作為一位將軍的可靠和領導能力。同時，住在義大利北部的高盧人，應該也認為漢尼拔是位驚世駭俗的勇將。至少這群高盧人對羅馬並不抱持著任何好感，這對漢尼拔而言，可說是進攻的一大助力。

◎以埋伏戰術殲滅羅馬軍

西元前二一八年，羅馬的執政官是普布利烏斯・科爾內利烏斯・西庇阿（Publius

Cornelius Scipio），他也是後來被譽為救國英雄的大西庇阿之父（為避免混淆，以下將使用「老西庇阿」之稱呼表記）。老西庇阿率領軍隊駐留在波河（Po）河谷一帶，等待迎戰漢尼拔軍隊。

在義大利北部的高盧人之中出現支持迦太基軍隊的部族。老西庇阿軍隊撤退至特雷比亞河（Trebbia），並拉起防衛線，雙方陣營隔著河川對戰。迦太基與羅馬的軍力不相上下，皆為三萬多人，在此狀況下，貿然展開攻擊是極為危險之事，加上因戰受傷的老西庇阿尚未痊癒，無法親臨戰場指揮，羅馬軍隊方面採取謹慎應對的守勢。

另一方面，迦太基軍隊的努米底亞（Numidia）騎兵則是果斷地採取渡河行動，襲擊羅馬陣營。彷彿是在心裡大叫著「就等著這一刻」，另一位執政官塞姆普羅尼烏斯（Tiberius Sempronius Longus）率領羅馬軍隊迎戰。努米底亞騎兵隊在當下佯裝自亂陣腳，下令撤退。塞姆普羅尼烏斯乘勝追擊，帶領羅馬全軍渡過冷冽的河川，打算展開急襲。未料，就在渡河後，站在全身濕透的羅馬軍面前，竟是貝聯珠貫、井然有序的迦太基步兵團，騎兵隊整列在步兵團的兩翼，正面則是大群的戰象。原來，努米底亞騎兵團彷彿戰敗一般地逃之夭夭，竟是漢尼拔所佈下的陷阱。羅馬軍方面完全低估了漢尼拔的軍事才略。事已至此，勝負已定。羅馬軍隊雖然逃脫了全軍覆沒的慘敗，但是倖存的傷兵敗將們也只能撤退至遙遠的後方。

山南高盧的大部分地區都落入了迦太基軍隊的掌中。但是，羅馬人並未理解漢尼拔的意圖與目的。漢尼拔是希望能夠藉由展示與誇耀迦太基軍隊的力量，在義大利半島上提高各地對於迦太基的聲援。因此，除了拿出百戰百勝的戰果之外，別無他法。

大勝羅馬軍的迦太基軍隊，吸引愈來愈多的高盧人成為戰友。翌年春天，迦太基軍隊幾乎毫無阻礙的南下亞平寧山脈（Apennine），並神不知鬼不覺地順利通過羅馬軍的防衛網。弗拉米尼烏斯（Gaius Flaminius Nepos）焦急地率領羅馬軍，展開猛烈地追擊。漢尼拔軍隊宛如脫兔一般遁逃。但是，在抵達特拉西美尼湖（Trasimene）之後，卻轉為緩慢的行進。特拉西美尼湖的地形，一側是聳立著陡峭的丘陵，另一側則是深不見底的湖水。

弗拉米尼烏斯軍隊追趕在漢尼拔軍隊之後，進入了湖畔的狹路。朝霧靄靄，羅馬軍的縱型列隊持續前進著。突然，迦太基士兵從路旁茂密的草叢中竄出襲擊。原來，早在深夜時分，漢尼拔便命令士兵們埋伏在小路旁，等待突襲的時機。羅馬軍幾乎是走投無路，前後左右皆被迦太基軍隊所包圍，如此措手不及的狀況，甚至連進入戰鬥模式的心理準備時間也無法獲得。若是想要臨陣脫逃，也只能投身湖中。如此情勢，彷彿是大人對戰孩童一般，立見高下的戰鬥，迦太基的勝利，易如反掌。過去以義大利霸者自負的羅馬，面對這樣的戰況，也是束手無策，幾乎全軍覆滅，將軍弗拉米尼烏斯亦在戰鬥中死去。

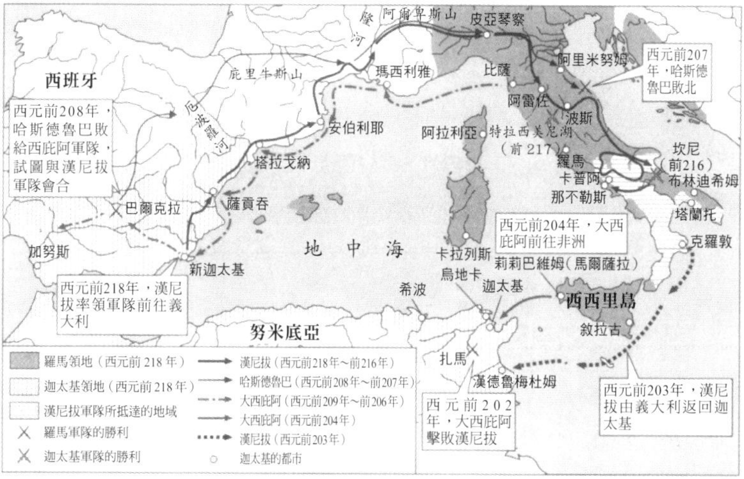

第二次布匿克戰爭（西元前二一八年～二〇一年）

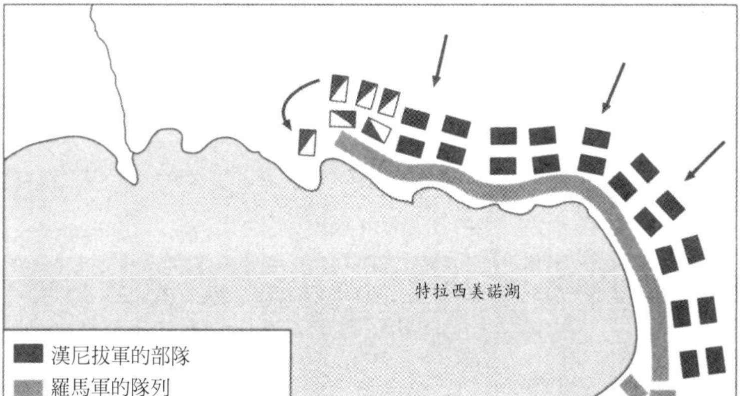

特拉西美尼湖之戰（西元前二一七年）

◎打擊漢尼拔補給線的「拖延戰術」

漢尼拔是位擁有卓越才能與度量的戰略家。羅馬人與漢尼拔交手的戰鬥經驗，是過往從未經歷過的對戰。接二連三一敗塗地的戰績，羅馬國內進入了非常時期。因此元老院指名在名門貴族中聲望極高的費比亞斯（Quintus Fabius Maximus Verrucosus）[4]擔任獨裁官。不過，費比亞斯察覺到，堂堂正正地在戰場上與漢尼拔對決，是一個愚蠢的決定。費比亞斯決定避免正面迎戰與對戰，不過度接觸也不過度遠離，單純地緊追在漢尼拔軍隊的後方。因此，費比亞斯也有「延遲者」（*Cunctator*）的綽號。然而，費比亞斯並非是膽小怕事之人。由於漢尼拔率領大批軍隊，必定需要補充大量的物資與兵力，在軍事行動的背後，補給線上人力與物資的流動是不可或缺的重要環節。費比亞斯採取拖延戰術的目的，便是靜待迦太基軍隊後方資源消耗殆盡的那一刻。

費比亞斯的戰略並未引起羅馬人的共鳴；國人對他的評價十分嚴厲。儘管如此，英勇睿智的漢尼拔卻欣賞了費比亞斯作為一位戰略家的才能。假若想要攻擊一位聲望崇高的領導者，降低世人對他的評價，那麼就在負面評價之上煽風點火，也算是一種戰術的運用。因此，漢尼拔軍隊四處騷擾、掠奪羅馬的領地，唯獨對費比亞斯的領地，不採取任何侵略行動。表面上看來，就像是費比亞斯與漢尼拔之間，有私下勾結的關係。

對此，羅馬民眾怒不可遏，也是理所當然之事。話雖如此，費比亞斯也不是盞省油的燈，他並不只是看著自己陷入漢尼拔的圈套而束手無策。他看透了侵略行動背後的企圖，隨即將自己的土地捐贈給國家。費比亞斯這項果斷的決定，將民眾們充滿懷疑、揣測的心理拉回了正軌，人品高潔的名譽光環籠罩在費比亞斯的四周。

費比亞斯的「拖延戰術」正一步步地對漢尼拔軍隊的補給線造成衝擊。物資的徵收還能勉強進行，兵力的補足卻完全無法發揮功能。即使漢尼拔軍隊現在處於優勢地位，但是究竟能夠維持優勢狀況至何時，則是不得而知。如此一來，自然也就沒有其他部族願意再加入迦太基的陣營，與之並肩作戰。此時，迦太基的總兵力人數不超過五萬人。

西元前二一六年春天，羅馬充分地補足了物資與兵力，因為是位在義大利半島的本國範圍之內，補給的完備程度當然是不在話下。自從亞壁古道的建設開始，重視補給路線的功能，就成為羅馬獨特且傑出的傳統。經過再次徵兵後，士兵的人數激增，總人數達到近八萬之多。

至此為止，羅馬與迦太基兩軍在山岳地帶相持不下，毫無動靜，戰局也無任何進展。後來，漢尼拔見地勢不利，花費數日時間往東南方移動，駐營坎尼（Cannae）。坎尼是位於義大利東南部的河岸平原，有河川注入亞得里亞海（Adriatic Sea）。追趕在迦太基軍隊後方的羅馬軍，也隨之進駐坎尼。

此時，羅馬軍隊的統帥已不是費比亞斯，而是這一年的兩名執政官——主戰派的瓦羅（Gaius Terentius Varro）和慎重派的保盧斯（Lucius Aemilius Paullus，「馬其頓征服者」之父）。當時，羅馬軍在河川的左岸，迦太基軍則是在右岸，雙方距離不到五公里。從今日的角度來看，可以說是古代最大的一場決戰。如果能夠身處現場，就能夠屏氣凝神地親眼見證，是哪一方先展開攻勢的吧。

◎孤立的步兵，死亡七萬的慘敗

當時正值盛夏，整整兩天的時間，雙方都只是按兵不動，相互對峙。羅馬的兵力總人數為七萬六千人，其中包含重裝步兵五萬五千名、輕裝步兵一萬五千名，以及騎兵六千名。與之相對，迦太基的兵力總人數為五萬，內含步兵三萬名、輕裝步兵一萬名，以及騎兵一萬名。在騎兵的軍力上，迦太基方面較為優越，但是軍隊主力的步兵則是呈現七萬人對四萬人，相差懸殊，羅馬方面在人數上擁有壓倒性的優勢。加上迦太基軍隊中的步兵和輕裝步兵是以高盧人、利古里亞人（Ligurian）和巴利阿里人（Baleares）為中心，是由各地召集而來的傭兵軍團，士氣並不算高。

對峙的態勢來到了第三日。處於劣勢的軍隊究竟該如何應戰？這是此刻潛藏在漢尼拔心中唯一的難題。羅馬士兵遍佈在坎尼的河岸平原上，其數目之多，讓迦太基將士們緊張到身體幾乎無法動彈。不過，仔細觀察羅馬的陣勢後，發現羅馬軍隊是將全部的力量集中在中央的部分。漢尼拔靈光一閃，腦中浮現了決戰的應戰方略。

首先，讓雙方陣營配置在前方的輕裝步兵進行持續的小規模對戰。不久，輕裝步兵就像是被撥開的雲霧一般，消失在戰鬥的舞台上。羅馬方面，在輕裝步兵的背後，整列著十二排列隊的重裝步兵正規軍團，列隊的隊數是平常中央列隊的倍數之多，兩翼則有騎兵隊相伴，如浪潮般一波波地向前推進。

對此，漢尼拔則是將中央部分的步兵隊形向前突出，做出新月狀的擺陣。在凸半月型列隊的左右後方，排出階梯狀的隊形，並在更後方處配置重裝步兵，將騎兵隊置於最外側。（請參見頁一四八的第一階段）

羅馬的重裝步兵軍團彷彿是要以優越的兵力威嚇敵方一般，前進的速度十分快速，全體進入突擊的態勢。但在一步步進逼敵兵的同時，戰鬥的隊形也逐漸分散崩解。當以凸半月形列隊佈陣的迦太基步兵軍團穩健逐步後退之時，羅馬軍團的士兵們就像是被吸進中央部分一般，整體隊形的中央部分開始增厚，眼前所專注的是從正面攻破敵軍。相反地，迦太基軍團的半月隊形中央卻逐漸凹陷，呈現出凹半月形的列隊。面對羅馬軍團大批列隊迎面襲來的正面攻勢，迦太基軍隊感受到巨大的壓迫感，彷彿快要被擊潰一般。即便如此，迦太基方面還是奮力迎戰。

其實，漢尼拔所等待的，正是這個瞬間。他命令兩翼的重裝步兵向前，從側面攻擊羅馬步兵列隊。同時，迦太基軍的左翼騎兵攻破羅馬軍的右翼騎兵之後，隨即繞至後方，與迦太基軍的右翼騎兵隊會合。在騎兵的軍力上，迦太基原本就較占優勢，因此，要擊破羅馬軍剩餘的左翼騎兵隊，根本就是手到擒來、易如反掌。不久，迦太基騎兵隊轉換攻擊方向，從羅馬步兵團的背後展開襲擊。戰場中羅馬的步兵軍團陣型大亂，已全部擠成一團，四周則是被迦太基軍隊團團包圍（請參見本頁右圖的第二階段）。至此，羅馬軍

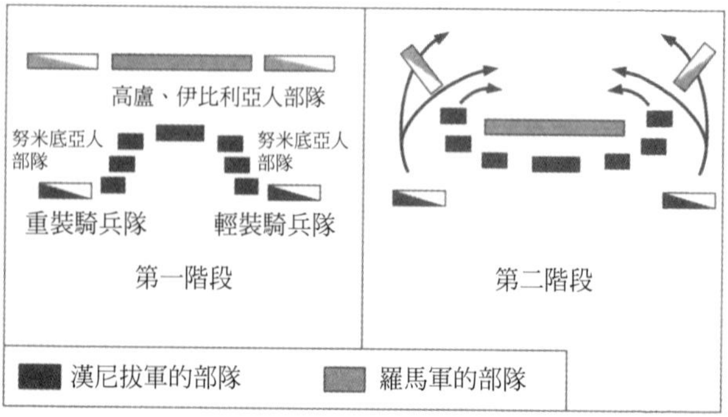

坎尼之戰（西元前二一六年）

可說是大勢已去。接下來的戰場上是一陣腥風血雨的殘忍殺戮，羅馬士兵們屍橫遍野、血流成河，戰死人數高達七萬人，可說是全軍覆沒。這麼說或許有些誇張，但光是在單場戰役中就出現七萬人的戰死者，這是在第一次世界大戰發生之前，任何其他戰役都無法與之相比的紀錄。

簡要來說，漢尼拔的戰略思維是要如何運用我方的優勢補足弱點。既然我方的步兵軍力處於弱勢，那麼要如何活用優勢的騎兵軍力呢？漢尼拔將伊比利亞人和高盧人的騎兵置於隊形的左翼，右翼則是安排努米底亞的騎兵，伺機而動。由於他大膽地調度左右兩翼的騎兵，才讓包圍網的作戰得以成功奏效。這在世界的戰爭史當中，被譽為經典的出色戰略，宛如燦爛星辰，閃耀光芒。

羅馬軍隊遭受到難以形容的巨大打擊。在戰死者當中，包含了八十位元老院的議員。當時羅馬的執政官之一保盧斯，對於是否要與漢尼拔展開正面衝突之決定，原先是採取十分慎重的態度，但最後在主戰派瓦羅的逼迫下，才踏上坎尼決戰的路途。諷刺的是，最後瓦羅負傷而逃，保盧斯卻在戰場上倒下，留下「先是敗給了瓦羅，而後又敗給了漢尼拔」的最後遺言，嚥下敗將身分的最後一口氣。

◎被派遣至伊比利半島的兄弟

當漢尼拔軍隊在義大利半島上的勢力日益壯大，羅馬人提心吊膽的恐懼心理也就日益加劇。他們擔心，留在伊比利半島上的迦太基軍隊，不久後是否會與漢尼拔軍隊會合。因此，羅馬連忙派遣老西庇阿兄弟前往伊比利半島。首先，由哥哥格奈烏斯．西庇阿率軍前進，而後弟弟普布利烏斯．西庇阿也隨之抵達伊比利半島。弟弟普布利烏斯．西庇阿亦即後來成為救國英雄大西庇阿的父親；格奈烏斯．西庇阿則是大西庇阿的伯父。

實際上，漢尼拔的弟弟──哈斯德魯巴．巴卡（Hasdrubal Barca）的確是接收到命令，要與在義大利半島上戰鬥的漢尼拔聯手。但是，老西庇阿兄弟的活躍阻礙了哈斯德魯巴．巴卡朝義大利方向前進的行軍隊伍。西元前二一五年，也就是發生坎尼之戰的翌年，在某一場野戰戰役中，老西庇阿軍隊大勝哈斯德魯巴．巴卡軍隊，就連營區也一同掠奪了過來，暫時紓緩了羅馬的憂慮。

儘管如此，削減迦太基在伊比利半島上的勢力，仍是不可輕忽的要務，這也表示了羅馬要在伊比利半島上展示霸權的意味。不幸的是，即便是在義大利本國領土範圍內，陷入困境的羅馬也無法充分進行補給的後勤支援活動。然而，在如此惡劣的狀況持續進行之下，伊比利半島上的老西庇阿兄弟卻發揮了他們驍勇善戰的能力。當時，義大利半島受到漢尼拔軍隊的侵犯，羅馬人備受打擊，正是國內上下士氣低落、萎靡不振的時刻。對這群意志消沉的羅馬人而言，伊比利半島上老西庇阿兄弟捷報頻傳的消息，為他們重新喚回了往日所自傲的勇氣。

話題轉到老西庇阿兄弟身上，他們在試圖獲得伊比利半島上原住民們的支持與共鳴上，花費了許多心思。兩人的個性都非常地敦厚，與原住民的關係親近，並受到敬愛。這層關係，在老西庇阿兄弟與迦太基軍隊的戰鬥上，是極為重要的助力。迦太基軍隊雖然詳細地掌握了當地的情報，卻沒有積極打入原住民的圈子之內。由此看來，老西庇阿兄弟是十分深謀遠慮的戰略家。後來普布利烏斯．西庇阿的兒子、格奈烏斯．西庇阿的侄兒——大西庇阿，之所以能夠在伊比利半島上發展勢力，也是多虧了這對長輩兄弟所建立起的人脈關係。

另一方面，迦太基也並非就此屈服於老西庇阿兄弟的奮勇戰鬥。假若在伊比利半島上，迦太基軍隊的物資和傭兵兵力都無法充分的補足，那麼最後剩下的辦法，就只有將羅馬的勢力一掃而空。西元前二一一年，迦太基展開大規模的攻勢。迎戰的羅馬則是召集了以兇猛殘暴著稱的原住民士兵，與之對抗。孰料迦太基竟然採取賄賂的方式，使原住民士兵十分爽快地撤退。普布利烏斯和格奈烏斯的軍隊，到了最後也無法會合。這趟捨身為國的行軍，弟弟普布利烏斯戰死沙場，在堡壘內奮力抵抗的哥哥格奈烏斯也化為猿鶴蟲沙，裹屍馬革。一瞬之間，羅馬這個國家喪失了兩位優秀的武將，這也讓羅馬征服伊比利半島的計畫，罩上了詭譎的烏雲，難以消散。

帶領羅馬人走向勝利的傳統

◎愈挫愈勇，從失敗中學習

讓我們再將視線轉回到義大利半島上。在坎尼之戰大獲全勝之後，漢尼拔為何不向羅馬進軍呢？這個疑問，不僅是後世的歷史學者們興味盎然的焦點，據說在當時漢尼拔軍隊的參謀本部內，也曾經引起熱烈的論戰。指揮官們口沫橫飛地主張「應該要領軍衝進羅馬」，但是漢尼拔卻堅持不願接受進攻的意見。漢尼拔冷靜地判斷，認為無論現今的情勢條件是多麼的合適，對迦太基而言，並沒有餘力進行攻入羅馬的戰鬥。因為在兵力和物資方面都無法獲得充分的補足，這樣的狀況當然無法去襲擊強國羅馬的核心地帶。加上愈是接近羅馬城，羅馬城與周邊城邦的聯繫、團結關係想必也會愈加緊密。

然而，受到坎尼之戰大勝的影響，連帶地也讓漢尼拔在未來情勢的觀測上抱持著樂觀的希望。在漢尼拔的心中，有顆期待的種子正逐漸地萌芽、破土而出——在羅馬的盟友中或許會出現背叛者。實際上，距離羅馬稍遠的義大利南部地區，接連出現了願意與漢尼拔軍隊合作的都市。其中，屬於坎帕尼亞中心地區的一大勢力——卡普阿的反叛，讓漢尼拔欣喜若狂。雖說如此，也不能過於樂觀的推測，其他城邦將會接二連三地背叛羅馬，轉與迦太基合作。不過，重要的港灣都市——塔蘭托（Taranto）也是多虧了內部背叛羅馬的貴族們，擔任漢尼拔軍隊的內應，在夜襲作戰之後，迦太基成功地將塔蘭托納入勢力範圍之內。除此之外，在地中海的對岸亦傳來捷報。巴爾幹半島上的馬其頓和西西里島上的敘拉古，皆同意與迦太基締結同盟關係。迦太基冀望建立起橫跨地中海東西部的「對羅馬包圍網」，似乎將不再是癡人說夢的空想。

孰料，現實的狀況卻未能如此順利。在最為重要的義大利半島上，並未接二連三地出現背叛羅馬的城邦。因此，從迦太基本國所運送來的補給，依舊無法順利送達，欠缺補給功能的漢尼拔軍隊，無法取得義大利半島上其他城邦的信任。

話說回來，羅馬方面又是面臨著怎麼樣的情勢呢？過去，眼盲的老人阿庇烏斯．克勞迪在元老院的議會上激勵國民士氣的發言，再次激起羅馬人的鬥志。希望當時羅馬人能夠回想起那段慷慨激昂的言論：法西斯主義共和政體國家的羅馬，愈是遭遇艱難的困境，愈能發揮驚人的潛力（請參照第三章）。

羅馬面臨在戰鬥上屢戰屢敗的現實，宛如涸轍枯魚，困境接連襲來。但是，羅馬仍舊存在著漢尼拔無法看透之處——那就是羅馬這個由公民所經營的國家，愈是遭遇到類似的危機狀況，愈能燃燒起他們內心的熱情與鬥志。說到這一點，像是這樣堅毅不屈、愈挫愈勇的公民，應該並不多見吧。

即便是遭受到打擊，也不會始終沉浸在挫敗的情緒之中。其所帶有的意義就是失敗不只是單純的以失敗告終，而是可以從失敗中學習到教訓，並且加以吸收，豐富自我的經驗與智識。因此，即使是一位失敗者，只要願意鼓足勇氣，面對現實，就不會蒙受眾人的責難，反而可以體會到旁人溫情的包容。舉例來說，坎尼之戰慘敗的將軍瓦羅帶著殘兵敗將回到國內時，元老院懷著感謝之意，讚賞這群勇士道：「沒有對共和政體的國家絕望。」除此之外，元老院還延長了瓦羅的統帥權，賦予他捲土重來的機會。[5]反之，羅馬人對於膽小怕事的人和背叛者，是絲毫不留情面。這也是羅馬人代代相傳的「祖宗成法」（*mos maiorum*）[6]。

無論如何，當時的羅馬正遭遇前所未有的國難。羅馬民眾的愛國情緒高漲，為了祖國，願意赴湯蹈火，在所不惜。因此，自願接受徵兵的民眾接踵而至，富裕者甚至將自己的奴隸提供給軍隊。在全民的協力合作之下，羅馬迅速地編整軍力、重振旗鼓，反擊的士氣也隨之高漲。

然而，羅馬的元老院此時卻是採取謹慎衡量的慎重態度，擔心順應國內的熱情而展開復仇的大規模攻擊，將會正中敵方下懷。因故，元老院重新審視費比亞斯的「拖延戰術」。西元前二一五年與前二一四年，特例地選出費比亞斯擔任連續兩期的執政官。翌年，費比亞斯的兒子被選為執政官，費比亞斯則擔任兒子的副手。不過，雖然說羅馬從失敗中學習到了智慧，但也不能單以慎重而自滿。

◎羅馬的盾與劍

與費比亞斯一同擔任執政官的是，以勇猛而名聞遐邇的馬克盧斯（Marcus Claudius Marcellus）。在第二次布匿克戰爭之前，羅馬曾與義大利北部的高盧人對戰。據說在那場戰役中，馬克盧斯以一對一的騎馬對決，殺死敵方的首領，並奪去武器供奉在朱庇特神廟之內。如此勇猛的行徑，對羅馬的武將而言，是至高無上的功勳（*Spolia opima*，原意為「豐盛的戰利品」）。在馬克盧斯以前，只有兩位羅馬武將曾經獲得這項殊榮；在馬克盧斯之後，則是無人能夠取得。

這位驍勇善戰的馬克盧斯，決定進攻西西里島的敘拉古。這座王國城市的勢力，在西西里島上擁有相當大的影響力。在這座城市中，還有一位首屈一指的古代物理學家阿基米德（Archimedes）。他所設計的許多大型兵器，讓羅馬軍十分地困擾，也讓羅馬士兵們聞之色變。馬克盧斯只能採取封鎖戰的方式，陷入苦戰。後來，敘拉古內部出現通敵者，加上馬可盧斯巧妙的用兵策略，西元前二一二年，羅馬攻陷敘拉古城，阿基米德遭到羅馬士兵的殺害。據說馬克盧斯原本十分期待能與知名的阿基米德會面，得知他遭到殺害的消息後，十分地惋惜。

西元前二一一年，羅馬軍包圍卡普阿。卡普阿是在支援漢尼拔軍隊的都市中，擁有最大勢力的城市。此時，漢尼拔並未攻擊羅馬在卡普阿的包圍網，反而是朝著羅馬的方向進軍。就連從卡比托山（Capitoline Hill）上也可以望見漢尼拔軍營的營火。不過，這是漢尼拔聲東擊西的作戰，目的是為了將羅馬軍隊誘離卡普阿。智者費比亞斯看穿了漢尼拔的真正意圖，一方面穩定羅馬民眾的情緒，另一方面則是繼續進行對卡普阿的包圍戰。羅馬民眾們相信費比亞斯的說法，羅馬城內並未出現混亂的狀況。不久後，羅馬攻陷卡普阿。

而後，馬可盧斯回到義大利本土，與漢尼拔進行了三次對戰。兩軍皆十分善戰，遲遲無法分出勝負。漢尼拔曾述說道：「費比亞斯就像是一位教師一般的人物，但是馬可盧斯就完全是屬於敵人的範疇。費比亞斯會對我的失策祭出懲罰，而馬可盧斯總是設法加害於我。」

經過數年之後，漢尼拔軍隊中正在埋伏的騎兵隊，意外地殺死了正在偵查中的馬可盧斯。漢尼拔將馬可盧斯的遺體火葬，並將遺骨送回馬可盧斯兒子的手中。由此看來，愈是能夠明辨事理的敵將，愈能夠帶著敬愛的心情，理解敵人的價值。

回到對戰的話題，即便是名將漢尼拔，也想不出決定性的戰術，來解決兩軍對峙的僵局。漢尼拔軍隊只能繼續占領義大利南部地區，虛度光陰。因此，羅馬民眾將費比亞斯譽為「羅馬的盾」、將馬可盧斯譽為「羅馬的劍」，藉以誇讚兩人的功績。

回顧前文，可以發現在第二次布匿克戰爭之中，西元前二一一年是非常奇妙的一年。在伊比利半島上，迦太基軍隊擊退了攻勢連連的羅馬軍；統率羅馬軍的老西庇阿兄弟戰死沙場，羅馬在伊比利半島上的霸權勢力也岌岌可危。相對地，在義大利本土，勢力龐大的漢尼拔軍隊卻日漸失去往日的氣勢。不管是羅馬軍還是迦太基軍，在敵方陣地作戰時都陷入了苦境。其最主要的原因，比起戰術或戰略的優劣，更重要的還是補給線的功能是否能夠正常運作。當戰爭在敵方陣地進行之時，在時日拉長之下，對於物資和兵員的補充，始終都是一大難題。

◎拔擢青年西庇阿，信義的紐帶關係

當羅馬與漢尼拔軍展開戰爭之初，普布利烏斯・科爾內利烏斯・西庇阿（亦即大西庇阿）還是一位十多歲的少年，在父親的指揮下，於義大利北部雷比亞河首次出戰。據說他在首場戰役中，就從迦太基的騎兵隊手中救出父親。而後，在坎尼激戰中，他以青年將校的身分加入戰局，最後與殘兵敗將一同逃出。

西元前二一一年，二十四歲的大西庇阿，不幸地接到從伊比利半島傳來，父親與叔父戰死的訃聞。在伊比利半島戰線居於劣勢的當時，希望成為統帥的志願者人數並不多。承繼老西庇阿兄弟血脈的大西庇阿，當然不是位膽小怕事的青年。儘管大西庇阿已經有擔任過市政官的經歷，但是拔擢二十幾歲的青年擔任率領軍隊的司令官，在羅馬政治的常識上是不可能會出現之事。話雖

西庇阿・非洲征服者（Scipio Africanus）於扎馬戰役中打敗漢尼拔的名將。

如此，元老院還是無視於慣例，而將遠征伊比利半島的希望寄託在剛滿二十六歲的青年身上。

大西庇阿身上背負著為至親報仇血恨的道義，許多的羅馬人同胞也寄予同情及共鳴。除此之外，在伊比利半島原住民的部落之間，老西庇阿兄弟早已是家喻戶曉的人物。老西庇阿兄弟溫和敦厚的性格，在部落間留下了廣大的人脈。大西庇阿頂著父執輩的光環，在部落中受到熱情的迎接。另外，這位青年還具備了吸引眾人的領袖魅力。

在此，就讓我們將視野放寬，來談談有關羅馬共和政體社會中的人際關係。羅馬的共和政體，亦即由元老院貴族所領導的寡頭政治。特別是被稱呼為「新貴族（*Nobiles*）」的顯要貴族世家所採取的世襲統治，格外引人注目。所謂的新貴族，指的是平民出身者的祖先中有人曾擔任過執政官等級的官職，逐漸累積威望，在貴族之中屬於十分顯貴、勢力強大的家族。

話雖如此，並不是只要有血緣關係的承繼，就能夠一生安泰、享盡祖先所流傳下來的榮耀。就任執政官等級官職的世家，總是一批換過一批。因此，即便是歷史悠久的名門貴族，若是不以自身的力量換取輝煌的功績，將無法成為呼風喚雨的有權有勢之人。不辜負祖先的姓氏，扎扎實實的累積功績，才是實踐「祖宗成法」的作為。名門子弟們為了成為握有權勢的貴族，必須經歷許多嚴厲的試煉與考驗。無論是名門的二代還是三代子弟，誰也無法保證他們就能倚靠家族的名聲，輕鬆、安穩地度日。

在羅馬政治中，最上層為這些新貴族世家，其下則有弱小貴族以及人數最為眾多的平民階層。這些新貴族與新貴族以外的民眾，彼此之間維繫著一種以信義為基礎的紐帶關係。所謂的信義，為精神上的聯繫，因此是屬於一種拘束力薄弱、較為自由的人際關係。從另一方面來看，正因為不是以契約的締結來維繫的關係，反而能夠更加穩固地將雙方聯結在一起。這種關係亦即保護主與隨從的關係，專門用語為「門客（*clientela*）」（保護者與被保護者關係）。如此的人際關係像是網狀一般地向外擴散，最後以少數的權勢者為頂點，形成各股勢力群雄並立的狀態。

舉例來說，以執政官為首的上級官職者的選舉，是在公民集會的會議中所舉行。不過，能夠左右選舉走向的關鍵，往往是這些有權勢的貴族世家運用「門客」關係的動員結果。此外，就算是在元老院之中，握有權勢的貴族，在發言上也較具有公信力，弱小貴族們往往會仔細聆聽他們的言論。

不管是在占領地或是行省地區，都同樣地建立起基於信義精神的「門客」關係網絡。這對重視榮耀與權威的羅馬人而言，是相互關照的特殊人際關係。在外征戰的羅馬權勢貴族與當地原住民部族酋長階層之間，也是基於彼此的信義精神而建立起友好的關係。那雖然也是屬於保護主與隨從之間的關係，但是深究其內在，則是基於內心所存在的信賴關係，而締結成的聯繫紐帶。承繼著父親與伯父血脈的青年大西庇阿，其登場的背景便是以信義的紐帶關係為基礎所建立而成的社會。

◎眾神寵愛與幸運加身

西元前二一〇年，大西庇阿抵達伊比利半島。踏上一塊未知的土地，首要之務便是要調查當地的情況以及原住民的動向。大西庇阿擁有十分出色的情報搜集能力。他計畫攻擊迦太基勢力的中心地帶——新迦太基。從情報分析中得知，假若此刻對新迦太基這座城市進行突擊，那麼迦太基的軍隊必定無法立即前來支援。

除了理智與合理的推論之外，大西庇阿也有迷信神靈的一面。大西庇阿向眾人宣告，神在他的夢中顯靈，保證將會守護我軍。士兵們聽聞後士氣大振、神采飛揚。此外，從當地的漁夫口中得知，退潮時都市岸邊會出現大片的潮間帶。當大西庇阿軍隊抵達，開始退潮後，潮間帶奇蹟似地緩緩浮現在眼前。步行於上，彷彿是神靈加持般，大西庇阿軍隊順利地朝著新迦太基的方向前進。

俯仰之間，大西庇阿軍隊便成功地占領新迦太基。因其帶兵的過人手腕與充滿魅力的勝利戰績，坊間甚至開始流傳大西庇阿是深受眾神寵愛之人的說法。士兵們對大西庇阿寄予無上的忠誠與信賴，各個披肝瀝膽、碧血丹心。不僅如此，就連原住民的酋長們也對大西庇阿向風靡然、不勝仰慕。

在某一場戰役中，看似順利之事遭到大西庇阿責備。一位部落酋長的女兒被捉為俘虜，獻給大西庇阿。她驚為天人的容貌，若是配上戰績彪炳的武將，任誰也不會有所異議。

> 但是，大西庇阿卻將這位姑娘送回未婚夫的身邊，並將她父母所交付出的金銀贖金，轉為結婚的祝賀金，交到姑娘與未婚夫的手上。大西庇阿的這番作為，讓姑娘所屬的部落全體人民感激涕零，自願向羅馬軍隊宣誓效忠。（弗朗提努斯〔Sextus Julius Frontinus〕，《戰術論》）

站在大西庇阿的角度，這是為了獲取原住民部落民眾的支持，所做出的冷靜判斷。即便如此，這段佳話，還是生動地描繪出大西庇阿明辨事理、設身處地為他人著想的人物性格。

在伊比利半島上，大西庇阿軍隊攻無不克。漢尼拔的弟弟哈斯德魯巴·巴卡戰敗後轉向義大利半島前進。這或許是大西庇阿的疏忽。畢竟讓巴卡家兄弟在義大利半島上會合，對羅馬而言是最想避開的威脅。

與十年前漢尼拔軍隊的經驗相較，哈斯德魯巴．巴卡軍隊此次穿越阿爾卑斯山的行軍較為輕鬆。不過，羅馬軍隊的反應也十分地敏捷。一部分的羅馬軍隊北上等待哈斯德魯巴．巴卡軍，另一部分的羅馬軍隊則是南下阻止漢尼拔軍隊的前進。當時，關於兩軍如何會合的計畫，哈斯德魯巴．巴卡寫了封信件聯絡漢尼拔，卻偶然地落入羅馬軍隊的手中。羅馬方面因而得知哈斯德魯巴．巴卡的進軍路線，展開突擊行動並將之擊潰。

哈斯德魯巴．巴卡戰死，他的首級被丟進漢尼拔軍隊的軍營之中。這一刻，漢尼拔才驚覺事態嚴重，弟弟提早抵達義大利，沒想到卻招致如此下場。令人聞風喪膽的巴卡兄弟並肩作戰的計畫告吹，想必也讓羅馬人如釋重負。

在伊比利半島上的戰鬥仍舊持續進行著。大西庇阿軍隊的勝利在望。過去曾經支持迦太基的努米底亞國王馬西尼薩（Masinissa），因為對大西庇阿這位年輕有為的名將懷有好感，而暫時採取旁觀的態度。

◎將漢尼拔的戰術刻畫在腦中的大勝利

西元前二〇五年，大西庇阿返回羅馬，受到英雄般的熱烈歡迎。不久後被選為執政官，隨即著手準備遠征非洲的計畫。但是，曾經主張拖延戰術的老英雄費比亞斯，卻始終反對這項積極進取的計畫。元老院內的大部分元老也都傾向消極的論調。然而，元老院考慮到廣大的羅馬民眾對大西庇阿所寄予的期待，對於大西庇阿所提出的遠征計畫本身，很難明白地表示反對意見。因此，元老院表示，將不提供大西庇阿軍團，但假若想要遠征的話就自己募集志願兵前往。這實為刁難且狡猾的決定。

即便如此，憑藉著名將的名譽以及充滿領袖魅力的性格，大西庇阿成功地募集到許多士兵。其後，為了訓練新兵，全軍移往西西里島進行為期一年的集訓生活。據說，大西庇阿毫不遮掩自己對於希臘文化的傾心，穿著希臘風格的衣裝站在部隊前方領導指揮。西西里島原本就是希臘文化移植扎根的地區，但是大西庇阿的「希臘風」作為，卻讓秉持著國粹主義的羅馬人怫然不悅。

在義大利半島上，大西庇阿始終避免與漢尼拔直接交鋒。遠征迦太基本國的非洲土地，也是基於這個原則的戰略。當大西庇阿軍隊在非洲上陸後，接連攻略敵地，在平原上的交戰也獲得了勝利。但是，迦太基軍隊的突襲，擊沉了羅馬軍的輸送船隊。不久後，就像是被引誘過來一般，漢尼拔回到了非洲大陸。如同大西庇阿所預測，西元前二〇二年，漢尼拔與大西庇阿兩軍，在扎馬決戰的時刻到來。

扎馬位於迦太基本國（現今的突尼西亞）的西南方。迦太基軍與羅馬軍在此處相持不下。迦太基有步兵三萬六千名、羅馬有步兵二萬三千名，在步兵軍力上漢尼拔軍隊略勝一籌。不過，騎兵人數則是四千名對六千名，大西庇阿軍隊占有優勢。過去曾經支援迦太基軍隊的鄰國努米底亞（現今的阿爾及利亞）內部分裂，分別派出騎兵隊前往兩方陣營支援作戰。努米底亞王族中的一人支援迦太基，馬西尼薩則是支援羅馬軍隊，想必他是看中了羅馬的實力以及大西庇阿的人格特質。

漢尼拔在部隊前方配置了八十頭戰象部隊，其後第一列為新召募的傭兵、第二列為民兵、第三列為戰歷豐富的老兵，並在兩翼安排騎兵隊作為支援掩護。與之相對，大西庇阿在部隊的最前列安排輕裝步兵，後方三列隊則是以重裝步兵穩固隊形。不過，在列隊之間特意空出開放通路的奇招，目的是為了引誘戰象部隊進入通過。當然，大西庇阿也在兩翼配置騎兵隊，右翼為馬西尼薩所帶領的努米底亞騎兵。

在號角和長槍的作用下，原本對於戰象的顧慮，並未造成太大的威脅。受到驚嚇而發狂奔逃的大批戰象，反而朝著迦太基軍隊的方向猛衝。另一方面，步兵軍隊的交戰雖如火如荼地進行著，卻難分勝負。在雙方陣營騎兵隊的對戰上，兩翼皆由羅馬軍隊取得勝利。特別是馬西尼薩率領的努米底亞騎兵隊，在追擊之後迅速返回，出現在迦太基步兵團的後方。迦太基軍隊被團團包圍，毫無抵抗之術，勝負大局已定。眾多迦太基士兵死於刀刃之下，更多的士兵則是成為俘虜。

回顧過往的戰史，可以發現，漢尼拔軍隊在坎尼之戰時所採取的突襲作戰，此次則是由大西庇阿軍隊搬上戰場重演。其實，在戰爭中獲得勝利的同時，有時也會跟著失去重要的東西：戰術的秘密。恐怕是因為年輕的大西庇阿曾經參與過那場慘烈的坎尼之

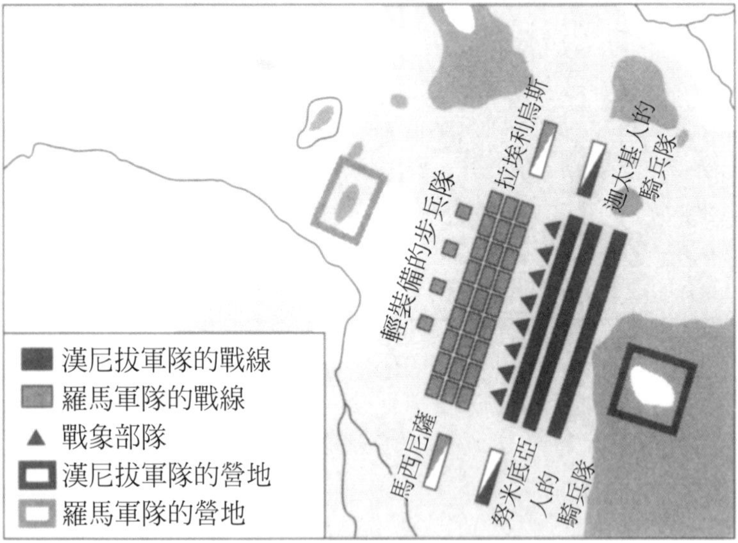

扎馬之戰　因馬西尼薩騎兵隊的活躍，羅馬取得勝利。

戰，並在戰場上吃盡了許多苦頭。而敵方漢尼拔的戰術，就算是百般不願，最後也還是會深深地在大西庇阿的腦海中留下印記。這位年少的戰敗者，一路埋頭苦練、徹底研究那位深謀遠慮的勝利者所曾運用過的戰術。

◎勇將的改革與離開迦太基

勝者羅馬向敗者迦太基所要求的條件，不算過度嚴苛。其中當然包含了逃兵與俘虜的歸還，並且要求交出一百名人質；除了保留十艘船隻外，其餘所有船艦以及全數的戰象，都必須運送至羅馬。除此之外，未經羅馬同意，不得與其他國家的交戰。賠償金方面，迦太基必須支付一萬塔蘭的白銀給羅馬，在五十年內分期繳付。領土方面，只承認開戰當時迦太基本國在非洲所統治的領土。換言之，羅馬打算將迦太基排除於海上霸權之外。

戰爭結束，漢尼拔淪為敗戰之將。但是，對迦太基的民眾而言，仍舊無法忘懷漢尼拔作為一位不敗勇將的英勇身影。群眾仍舊對漢尼拔抱持著高度的期待。貴族們內心雖多有不甘，但是漢尼拔獲得廣大民眾的支持，就任行政官的職務。其後，他開始大刀闊斧的推展迦太基國政的改革。

首先，漢尼拔提出的改革項目是：廢除貴族統治，建立以市民大會為中心的國政；肅清貪污腐敗；重建國家的財政等。想當然爾，這些改革必然會招致貴族階層猛烈的反對。漢尼拔接連提出的改革方案，對於擁有既得利益的保守派而言，未免過於激進。但是，相對地，大眾支持漢尼拔的熱情聲浪，源源不絕，無法抑止。

事已至此，貴族階層只能向大國羅馬的元老院提出懇求。羅馬因此派遣使者前往騷動不安的迦太基。這位使者似乎也十分熟知漢尼拔這號人物，無論是他的性格、資質或是影響力等情報，都在掌控之下。而對於憂國憂民的漢尼拔而言，如此由外部而來的干涉，將是導致國家分裂的危機。抱持著這樣的預感而揣揣不安的漢尼拔，只能選擇逃亡。某日夜晚，漢尼拔悄悄地離開了迦太基。

有關漢尼拔的評價，大多是偏向其身為軍人受人矚目的名將事蹟：入冬時分帶著戰象越過阿爾卑斯山的漢尼拔；在屈居於劣勢的情況下，一次次大敗羅馬軍隊的漢尼拔；克勞塞維茨（Carl von Clausewitz）和拿破崙（Napoleon）也讚賞不已的戰略天才漢尼拔。

不過，作為一位政治策略家或是政治家的漢尼拔，又是什麼樣的面貌呢？作為一位政治策略家，在漢尼拔踏遍義大利原野的十多年間，總是能臨機應變，策劃讓羅馬的同盟國一轉成為迦太基的合作夥伴。作為一位政治家，在戰敗後重建國政的過程中，以改革者的立場大膽地付諸行動。最後雖然因為反對派的計策，改革事業被迫中斷，至少在財政重整上有達到確切的成果。不久後，漢尼拔逃往國外，在東方諸國展開地下活動。而羅馬帝國在東方政策上的基礎，也是建立在與漢尼拔對抗的形式上發展而成。從結果來看，漢尼拔的構想，其實有很大的一部分在地中海世界中獲得實現。只不過，由於祖國迦太基的背叛，後來全都成為仇敵羅馬的果實。

話說回來，和士兵們一同生活的漢尼拔，其實有十分庶民性的一面。除此之外，他還是一位富含希臘化時代文化教養的人物。在這些特質之中存在著放眼地中海世界、具有民主性的政治家漢尼拔的人物側寫。可惜的是，迦太基人並未完全理解漢尼拔的過人之處，這也可以說是漢尼拔的悲劇。

即便如此，在地中海世界內，還是有人察覺到漢尼拔的強大，那就是以大西庇阿為首的羅馬人。羅馬人在畏懼漢尼拔這號人物與其力量的同時，也不忘從中學習。這可以說是羅馬人的幸運。與其說是幸運，不如說是承襲著「祖宗成法」的學習，正是羅馬人生活的座右銘。就算對方是敵營的將領，只要是優秀的人物，就值得羅馬人另眼相待。在這一層意義上，可以說是羅馬人自己所召喚而來的幸運。

◎正反意見兩極的平民大會

在此，讓我們轉換討論的舞台。在勇將漢尼拔巧妙的戰略之下，羅馬軍在坎尼之戰面臨崩潰的危機；其後，羅馬社會的困境也日益加劇。為此，羅馬通過了限制女性生活奢侈的法案。這項法案以提案者護民官的名字（蓋烏斯・奧庇烏斯〔Gaius Oppius〕）命名，是為奧庇烏斯法。法案中規定，女性不得擁有半盎司（uncia）以上的黃金製品、不許穿著五顏六色的鮮豔衣服、有祭典之時，在都內以及半徑一英里之內的範圍，皆不得乘坐馬車。由於當時是悲慘的戰敗時刻，屬於非常時期，羅馬女性們都將這項法案視為理所當然的要求，並無異議。

然而，當戰爭結束，迎向和平穩定的時代之後，狀況便有所不同。西元前一九五年，兩位護民官在平民大會上提案，要求廢棄奧庇烏斯法案，但是也有另外兩位護民官反對這項提案，訴求法案的延續。正反兩極的意見，引起一番激烈的唇槍舌戰，互不相讓。

根據史家李維的記錄，贊成派與反對派的雙方群眾，聚集在卡比托山上，將該處擠得水洩不通、摩肩接踵。不僅如此，與法案最為息息相關的女性群眾們，也並非袖手旁觀。婦女們不顧周遭的眼光與批判、丟卻矜持與謙遜，不再對丈夫唯命是從，而是步出家門，一起大步邁向街頭，前往廣場的道路已是人滿為患，難以通行。除此之外，她們還要求男性群眾們也應該聚集到廣場上來。主張國家已重獲繁榮，男性公民們的財產與日俱增，女性也應該要取回往日的華麗雍容。在廣場上聚集的女性群眾人數日益增加，最後決定要向執政官們請願。

此時，曾經擔任過執政官的老加圖（Cato Maior，原名 Marcus Porcius Cato；後世又稱監察官加圖〔Cato Censorius〕，以便與其曾孫小加圖做出區別），則是針對廢棄奧庇烏斯法的主題，進行反對意見的演講。他在演講中表示：要是丈夫能夠堅決地維持身為丈夫的權利與威嚴，那麼今天這些女人就不會惹出這麼麻煩的事端了。如今，不僅是在家庭之中，就連在公共的場合，男性的自由都被女性無法無天的作為給踐踏、蹂躪殆盡。光是一個女人，就沒辦法讓她乖乖的聽話，要是讓她們集結成女人的集團，豈不是要翻天覆地了嗎？因此，賦予女性集會和參與協議的機會，是極為危險之決定。我們的祖先，一向是有所管理的，在沒有男性的輔佐以及同意之下，是不會讓女人們逕自有所作為。然而，現在的我們，居然要認可女人參與國事，讓女人們在廣場的集會和平民大會上出盡風頭，這難道不丟人現眼嗎？女人這一種無法無天、難以馴服的生物，只要放鬆手上的繩鍊一次，會招來什麼樣的結果，我們大家不都心知肚明嗎？

這就是因循守舊的國粹主義者老加圖所演說的內容，要是從今天的角度來看，演講中充滿著露骨的性別歧視發言。對此，提案廢棄奧庇烏斯法的護民官則是反駁道：「奧庇烏斯法實為非常時期下的產物。回歸到平常時期的如今，女性不應該以法律來約束，而是應該讓她們順從於父親與丈夫的管理能力之下才是。」這項反論，其實也巧妙地置入了性別歧視的觀念在內，與老加圖的發言相較，其實是五十步笑百步的程度。無論如何，最後以多數決通過，廢棄奧庇烏斯法。

上述這些話語是根據李維的敘述而來。一般的說法認為，其中有不少部分是出自李維的創作，特別是老加圖等人在演說辯論的場面等，描寫出老加圖可能會主張的論點。讓我們將這些問題先擱置不談，總而言之，當我們注意到漢尼拔戰爭後的羅馬社會，千萬不能忘記保守派大將老加圖的名字。

◎告發救國英雄，墨守陳規的忠義之人

幾乎是與大西庇阿同年出生的老加圖，將大西庇阿視為終生的假想敵之事，也是眾所周知的事實。據說，在大西庇阿前往西西里島訓練新兵之時，老加圖就曾經前往視察。大西庇

阿豪放不羈的性格、希臘風格的作為、對於秩序不夠嚴正的態度，都讓老加圖嗤之以鼻。先不管上述事情的真偽，總之從資料中顯示，大西庇阿與老加圖兩人，從青年時期開始就已是南轅北轍、水火不容的關係。

即便是接連就任公職，老加圖絕對不會容許自己浪費公帑或是貪污瀆職的行為。他始終就是一位光明正大，冷靜貫徹正義的人物。雖然清廉高潔，但在對待奴隸及敵人之時，卻是冷酷無情，絲毫不留情面。

老加圖作為一位軍人，曾在伊比利半島讓原住民部落民眾臣服麾下，也曾遠征希臘，擊敗敘利亞軍隊。雖然主張自己舉辦凱旋大典的正當性，對於他人的凱旋典禮卻總是頗有微詞。若是為沒有特別突出功績的人物建造雕像，他也會毫無隱瞞地表達自己的不悅。他曾表示：「假若在死後要被世人詢問為什麼會有我的雕像呢，倒不如想被詢問為什麼沒有我的雕像。」

他也批判奢侈風氣與希臘文化的傳入，是造成羅馬社會道德衰敗的原因，面對政敵，他總是毫不留情的出言告發。據說他的口頭禪是「只有擁有多位敵人的人物才值得被表揚」。如果從這個觀點出發，老加圖毫無疑問的是一位傑出的人物。他不僅是對自己嚴格，對待他人也是同樣的嚴厲。但是，作為一位政治家，老加圖也有許多不算稱得上是位正義之人的面向。

扎馬戰役之後，結束長期征戰的大西庇阿回國。他獲得了「非洲征服者」的尊稱，在民眾的歡呼以及貴族的欽羨之下，凱旋歸國。此時，最嫉妒大西庇阿的人物，當數老加圖莫屬。

大西庇阿被譽為救國英雄，愈是擁有華麗的榮譽光環，愈讓老加圖感到妒忌。不過，不能否定的是，對於大西庇阿的讚美，可能會演變成個人崇拜的現象，這讓部分人士十分地擔心與憂慮。當反大西庇阿的勢力逐漸抬頭，老加圖也就自然而然地成為糾彈大西庇阿的急先鋒。他告發從小亞細亞遠征歸國後的大西庇阿，與弟弟一同，有一筆用途不明的金錢支出。大西庇阿十分激動地反擊，認為國家應有義務要設身處地為救國英雄著想。最後，大西庇阿雖然免於罪責，但是卻難以拂拭他心中對祖國忘恩負義所懷有的恨意。

悵然失意的大西庇阿，不得不退隱至坎帕尼亞的鄉間。並於西元前一八三年離開人世，享年五十二歲。據說他連死後要葬在西庇阿家族墳墓之事，都斷然拒絕。奇妙的是，就在同一年，漢尼拔自殺身亡，享年六十四歲。

對於自詡為道德守衛的老加圖來說，前一八四年被選任為監察官之時，應是他人生最為得意的巔峰時期。他不媚俗、善儉約，對於違反風紀之人，則是絲毫不留情面的嚴厲批判。

以大西庇阿為首，許多權勢者都因此垮台失勢。

其後，老加圖作為一位高風亮節的政治家，受到眾人的景仰。不過，圍繞在老加圖周遭的人們，只是假裝表現出熱烈支持他的態度罷了。在老加圖的背後，其實有不少人認為，他願為正義而殉道的姿態，非常麻煩且難以相處。

如此的老加圖，到了晚年，也出現了讓他掛心之事。其契機是他作為羅馬使節團的成員，前往迦太基訪問的旅程。他驚訝於迦太基城市的巨大與豐饒。迦太基毫無疑問的完成了復興建設。要求將五十年分期付款的餘款改為一次全額支付，原來不是虛張聲勢的誑語。

其實，原本羅馬人對於迦太基並沒有抱持著強烈的厭惡情感。普勞圖斯（Titus Maccius Plautus）的喜劇《布匿克人》，是漢尼拔戰爭後的作品，其中對於迦太基的描繪，雖然多少含有侮蔑之意，但是卻稱不上反感或是威脅。或許是眼見迦太基的復興與繁榮，因而在羅馬人的心中，才開始萌生恐懼迦太基的心理。

老加圖在回國後，隨即前往元老院。他捧著從迦太基帶回的無花果，毫不諱言地說道：「要前往孕育這顆豐美果實的國家，從羅馬出發，只要三天的航程就可以抵達了呢。」並且，在演講的最後總結道：「即便如此，迦太基還是應該被消滅才好。」後來，據說不管是什麼主題的演說，老加圖在最後的結語都會使用這段語句。

老加圖始終苦惱於迦太基的存在可能會帶來的威脅，執拗地想要迦太基毀滅的心願，終於在西元前一四九年，出現了實踐的起始——羅馬向迦太基宣戰。這是在老加圖人生閉幕的前夕之事。三年後，迦太基滅亡。當時羅馬軍隊的統帥是小西庇阿．埃米利安努斯。

向來厭惡西庇阿家族的老加圖，唯獨對小西庇阿另眼相待，寄予深深的期待。對當時已是八十幾歲的老加圖來說，三十多歲的小西庇阿已是孫子輩的世代了。老加圖也曾經透露，到了晚年還要以新世代的年輕人為對手進行議論，實在是太過傷神。或許也因為是孫子輩的世代，已點不燃他心中羨嫉的妒火吧。

---

1 這些富人固然愛國，但是國家承諾在勝利之後付回經費。另外，模仿迦太基船艦設計之事，幾乎在戰爭開始之時便已進行。

2 哈斯德魯巴被他所擊敗之西班牙部落酋長之奴隸刺殺身亡。羅馬似乎不太理會巴卡（Barcid）家族在西班牙做什麼，直到盟邦薩貢吞（Saguntum）遭到漢尼拔攻擊。

3 「*Cisalpine Gaul*」原意為「阿爾卑斯山這側」，是從羅馬方向來看。

4 「Verrucosus」是臉部特徵而來的別號：他臉上有長了毛的疣。

5 讓他帶兵，但不是重任，畢竟羅馬在坎尼戰役損失太多領導階層的成員。

6 「*mos maiorum*」，意為「祖先的作法」或「大多數人的作法」。

第五章

地中海的霸者

凱撒（Gaius Julius Caesar）　羅馬共和國末期的軍事統帥、政治家，西元前四十九年，他率軍占領羅馬，打敗龐培，集大權於一身，實行獨裁統治。

揭開內亂一百年的序幕

◎分處兩極端的奇特民族——猶太與羅馬

要是說猶太人是一支奇特的民族，應該不會有人出言反對吧。但是，如果說羅馬也是同樣奇特的民族，又會有多少人接受這樣的說法呢？不過，要是不這麼思考的話，很難在腦海中描繪出成為地中海世界霸主的羅馬人身影。

猶太人在宗教上崇敬唯一真神，甚至連神的名字也不敢直諱，將「妥拉」（*Torah*，意為「指引」）作為信仰的基礎，在生活中實踐選民的精神。在此所提到的「妥拉」，也就是《舊約聖經》中的〈摩西五經〉。不管是在古代或是現今，都可以看見猶太人在宗教及生活上始終如一、頑強貫徹的姿態。因此，看在我們的眼中，會毫不猶豫地認定猶太人是一支奇特的民族。

話說回來，羅馬人又是如何呢？如今已經無法看見羅馬人這支民族，只能在虛構的影像之中找尋他們的身影。現代的義大利人，或許在基因上與古羅馬人有相近之處。但是，他們與羅馬人的心性、規範和習俗等文化卻存在著非常大的差異。

究竟，為什麼只有羅馬人能夠建立起如此龐大的帝國呢？這不只是異邦人波利比烏斯內心所抱持的疑問，而是不分古今，每個人都興味盎然的問題。我們不可避免地想問道，羅馬人究竟是怎麼樣的一支民族？

論人數，較西班牙（羅馬行省）人少；論體能，比不上高盧人；論才能的多寡，也是略遜於迦太基人；論學問與藝術，更是無法與希臘人匹敵，點出羅馬這些特點的人，不是別人，正是西塞羅本人。但是，西塞羅也指出，在對眾神的虔誠度（*pietas*）以及謹言慎行（*religio*）上，羅馬則是絲毫不會輸給其他民族。

西塞羅（Marcus Tullius Cicero）　羅馬的政治家、雄辯家。後來也擔任過執政官一職。

在羅馬人的潛意識中，認為世界上的萬事萬物，都受到眾神力量的支配統治。為了不去觸怒眾神，在所有的祭典儀式上都不可有所怠慢。羅馬人對於祭典儀式的講究，看在希臘人波利比烏斯的眼中，非常地耐人尋味。這位史家在《歷史》一書中曾作出如下的敘述：

仔細思考，羅馬不就是因為宗教的關係，而勝過其他國家的嗎？在其他國家被視為迷信的行為，在羅馬則是成為國家統合的重要作為。無論是哪一場宗教祭典，都是以十分壯觀、華麗的方式舉辦，無論是在公開或是私下的場合，對於市民生活都訂立了明確的規範。在這個功能上，沒有任何其他事物可以凌駕於宗教之上。

在此，我們察覺到非常奇妙的相似性。正如猶太人在宗教生活上存在著奇特的性質一般，羅馬人在宗教活動上也有其奇特之處。崇拜唯一真神的猶太人，與處處敬畏眾神力量的羅馬人，看在當時地中海世界的其他民族眼中，想必兩者所展現出的姿態，都是十分特殊的風景吧。

在充滿多神教信仰的地中海世界中，可以理解堅持一神教的猶太人，為何會遭受到其他民族異樣的眼光。但是，羅馬人與其他民族一樣，皆為多神教信仰，究竟存在著什麼差異呢？

其實，羅馬人的國家祭典儀式，必須在十分嚴謹的形式主義之下舉行。儀式的前後順序、細節規定都要依樣畫葫蘆，不得出現絲毫的差錯。例如，在祭典的進行中，原本應該先踏出右腳的祭典執行者，若不小心踏出左腳，整場祭典就必須重新開始。

因此，祭典的進行過程中必須保持著非常嚴肅、莊重的氛圍，信眾的情緒是被壓抑在所有儀式之下。羅馬人似乎是認為，如此的做法才能表達出對眾神虔誠、敬畏與謹慎的態度。與之相較，其他民族的多神教信仰，在祭典儀式的舉辦會場上，總是充斥著信眾們騷動不安的紛亂情緒。看在這些民族眼中，羅馬人崇敬神祇的身影，應該是非常奇特的景象。

即便如此，羅馬人卻並非是一群在日常生活上格外仰賴神靈力量的民族。當然，他們對於眾神的敬畏程度是絕對不會遜色於其他人。但是他們在儀式上重視嚴謹與莊重，則是因為他們認為，要是觸怒了眾神，將會遭遇不幸與不測，同時，他們也向眾神祈願，希望獲得神力的加持，讓幸運降臨到自己的身上。

不過，想要預測幸運與不幸的來臨，畢竟還是超過了凡人智慧的能力範圍。因此，羅馬人在他們有限的生命中，總是盡可能地付出他們最大的努力，達到盡善盡美。或許也可以用「天助自助者」來形容羅馬人。在這一層意義上，羅馬人是極為人性主義、現實主義的性格。

在此，為了讓論點更加簡明易懂，就讓我們來比較一神教的猶太人與多神教的羅馬人有何不同。猶太人對唯一的真神、羅馬人對眾神的敬畏非比尋常。猶太人始終是以妥拉為信仰的基石，在生活上實踐自己作為一位選民的義務與責任。相較之下，羅馬人則是以「祖宗成法」為行動規範的依據，為追求永恆的榮耀而努力地活在當下，盡心盡力地豐富生命。

雖然這樣說過於簡化，必定會招來反駁的批判，但是筆者還是想要直言不諱地作出歸納：從身處古代地中海世界同一時代的人的角度來看，猶太人與羅馬人就像是分處於兩個極端的奇特民族。不過，這分處於兩個極端的民族，也因為他們奇特的個性，而結出了不同的果實。一邊是族人蕩析離居、顛沛流離，就連祖國也不復在；另一邊則是構築起廣大的世界帝國，將地中海納為帝國的內海，在歷史上散發出耀眼的光輝。

◎重視榮耀、敬畏眾神之心

如同前文所述，羅馬人十分重視「祖宗成法」。但是，猶太人所依據的律法，是以文字書寫下來的經典，羅馬人的「祖宗成法」則是缺乏文字書寫的傳承。就算偶爾會出現被記錄下來的內容，也不會被當作是公認的經典，要求眾人傳頌或發揚。羅馬人的「祖宗成法」大多是口耳相傳的傳說故事，並存在著各式各樣的解釋空間，屬於有彈性、多元的內容。這是與猶太人的律法完全不同的規範。對於規範本身，羅馬人並不會將之視為絕對並加以崇拜，反而是配合現實的環境與世人的標準，留存調整、修改的餘地。

至於羅馬人所在乎「永恆的榮耀」，又是如何？其實這與他們心目中「祖宗成法」的概念有著緊密的聯繫。羅馬人認為，不愧對祖先的名譽，努力提高自身的功績，是作為一位羅馬人的本分。不僅可以成為後世子孫的模範，還能夠滿足內心真正的期待——名留青史，在死後擁有顯赫的名聲。在貴族的宅邸中，往往會擺設家族代代祖先的半身雕像。祖先們在歷史上活躍的英勇事蹟，自小就在子孫的心中播下種子，期許在不久的將來，自己也要成為能夠和家族中的歷代祖先並駕齊驅的偉大人物。如此一來，過去的祖先和未來的子孫也能夠相互競爭。由此可見，羅馬人為了「永恆的榮耀」，不惜勞苦的生活方式。

此外，羅馬人「活在當下」的原則背後，隱藏的是對於眾神的敬畏。眾神的意向可能會以預兆的形式表現。因此，羅馬人重視鳥卜、臟器卜等預言活動。例如，已有青銅製的模型出土，教導人如何透過羊的肝臟，可以看出哪一個部位所顯現的哪一種樣態，如何代表神意。這個模型應該是學習占卜的教學用具。儘管如此，眾神手中所掌握的力量，遠遠超越人類的智慧與理性，一介凡人的力量，不可能與眾神抗衡。或許這般體悟，沒有任何人會比羅馬人還要看得更加透徹。由此所衍生出的人生指南，就是盡人事而聽天命的豁達。這並非是偏向現世的利益或是享樂主義的道路，而是羅馬人期待將現世活得更加精彩的覺悟。

敘述至此，似乎有點將羅馬人描繪成過於理想的民族。毋庸贅言，現實生活中的羅馬人當然是不只有一種面向，而擁有多彩多姿的生活型態。不過，羅馬人理想的生存方式，還是多多少少的隱藏在他們的決心與覺悟之中。至少，對於站在主導羅馬社會立場的人民而言，如此的覺悟是不可或缺的原點。

◎改革的旗手——格拉古兄弟及其父母

西元前二世紀，有位名為科爾內利亞（Cornelia Africana）的女性，她曾說：「與其被稱呼為大西庇阿的女兒，不如被稱作是格拉古兄弟（Gracchan brothers）的母親。」她就是後來拯救國家的偉大英雄，大西庇阿的次女，以及後來擔任撼動羅馬社會的改革運動旗手——格拉古兄弟的母親。此外，她還是小西庇阿的岳母。

據說在某日，大西庇阿被友人問道，女兒科爾內利亞是否已經尋覓到了結婚對象。大西庇阿表示心中尚未有合適的人選，而後接受友人的推薦，擅自決定了女兒的結婚對象。接著，必須向妻子報告這件消息。就在大西庇阿向妻子傳達科爾內利亞的婚約對象已有著落之時，妻子不滿的說道：本來已經有打算，想要讓女兒和聖伯紐斯·格拉古（Tiberius

Sempronius Gracchus Maior）這樣的對象結婚。大西庇阿聽聞，反而落下心中的大石，鬆了一口氣。因為他所選中的人物，正是聖伯紐斯・格拉古這號人物。

聖伯紐斯・格拉古曾因平定伊比利半島上勇猛的原住民凱爾特伊比利亞人的居住地，而成為家喻戶曉的人物。這支頑強的原住民擅長運用游擊戰的戰術，讓羅馬軍傷透腦筋。普魯塔克（Lucius Mestrius Plutarchus）曾在《希臘羅馬名人傳》中記錄到：「他擔任過一期監察官、兩次被選為執政官，凱旋式也舉行過兩次。但是，使他名聞遐邇的並不是因為這些榮譽，而是他高潔的人格。」

聖伯紐斯・格拉古高尚的人格，不只是經過羅馬人同胞的公認，就連敵方的原住民們也感佩的五體投地。在平定凱爾特伊比利亞人之後，格拉古以極為公平的條件與對方締結和平條約。據說條約的內容，讓向來習慣羅馬人的貪得無厭與背信忘義的原住民們不敢置信。或許也是這個緣故，該紙和平條約得以維持了二十五年之久。

老格拉古與科爾內利亞兩人之間曾有過十二個小孩，其中九人不幸夭折。即便是身處在嬰孩死亡率極高的時代，命運對這對父母的捉弄，未免也太過殘忍。所幸的是，提比略（Tiberius Gracchus）和蓋約（Gaius Gracchus）這對俗稱格拉古兄弟的兩人，都順利地長大成人。然而，成長後的格拉古兄弟，卻也揭開了另一場悲劇的序幕。

在老格拉古的和平談判經過四十年後，西班牙（羅馬行省）地區再次面臨動盪不安的局面。西元前一三七年，哥哥提比略．大格拉古加入執政官曼基努斯（Gaius Hostilius Mancinus）所率領的軍團之中，踏上伊比利半島的土地。孰料，深入敵營後，總兵力兩萬的羅馬軍隊很快地就被凱爾特伊比利亞部落民眾給團團包圍。

事已至此，除了和平交涉之外，別無他法。由於敵方的原住民部落民眾經常受到羅馬人的詐騙，當然不會輕易應允和平交涉的提議。此時，出現了一張意想不到的王牌。原住民部族知悉聖伯紐斯．老格拉古的兒子在羅馬軍團中，因此發出通告，表示要是讓他擔任談判對象，原住民部族方面將願意出席和平談判。因此，羅馬派大格拉古出場，順利達成和平談判的協議。雖然羅馬軍隊的武裝遭到解除，但是父親老格拉古的高尚人格卻成了拯救羅馬軍隊的武器。

◎名門中的名門，捲起狂風暴雨的覺悟

儘管如此，當提比略．格拉古回到羅馬後，事態卻出現了轉變。將出戰必勝的結果視為理所當然的羅馬人，認為此次的和平談判交涉讓國家蒙受恥辱。提比略．格拉古雖然拯救了

窮途末路的羅馬軍隊，卻絕對不值得受到任何表揚和讚賞。相反地，他們決定廢棄和平條約，取而代之的是，將負責談判代表的曼基努斯，交給原住民部族處置。在凱爾特伊比利亞人的據點努曼提亞（Numantia）門前，曼基努斯全身赤裸的被繩索綑綁，宛如罪人一般地展示在眾人面前。孰料，原住民部族們的對應更是高明，絲毫不去接觸曼基努斯，就像是在嘲笑羅馬人這項自作聰明、故作姿態的儀式一般。

經過這一連串的事情，自尊心甚高的大格拉古在精神上受到了非常大的打擊。那場和平談判是在父親的威信與兒子的努力之下才得以順利完成的結果，應該成為格拉古家族的榮譽才是。但是就在未滿一年的期間內，就被元老院給踐踏殆盡。雖說提比略．格拉古自身也是隸屬於元老院的一分子，但是此刻，在他的心中，因此而存有對元老院貴族反感的情緒在蠢蠢欲動，也是不足為奇之事。人類在精神上會受重傷，莫過於自尊心被他人狠狠地傷害。

提比略．格拉古在前往羅馬西班牙途中，經過了伊特魯里亞（Etruria），映入眼簾的田園風光，超乎他原先的想像。不管走到何處，是在耕地還是牧場，眼見所及的人物都是奴隸，而且還是從外地擄掠而來、身分卑賤的奴隸。大格拉古心想，要是國內的農夫和牧人都是這些奴隸的話，那麼向來是由農耕市民共同兼任戰士的祖國羅馬，又會變成什麼樣子呢？

原來，羅馬在這不到一百年的期間，戰無不克的同時，領土範圍也不斷地向外擴張。入手廣大農地與牧地的同時，以戰爭俘虜的身分進入羅馬國內的奴隸人數也向上增長。但是，有如此廣闊的農地與牧地，為何只有奴隸們在耕作勞動呢？羅馬的自耕農們都到哪裡去了呢？

這麼一想，在三年前曾經提出土地改革法案，卻因為反對者占有多數，該項法案被駁回。如今，羅馬應該重視的是國力的充實，也就是自耕農的成長。如此一來，擁有大片土地的貴族，必須多少做出一些犧牲。這想必會激起他們的憤怒，群起攻之。但是，這件事必定要有人挺身而出才是。

大格拉古認為，只有承繼著西庇阿家族與格拉古家族血脈的自己，才能夠勝任這項重大的改革事業。讓羅馬這個國家，恢復到原有的面貌，正是出自名門中的名門子孫，最適合擔當的重責大任。究竟大格拉古是否懷抱著如此自傲的抱負，不得而知。但是，逆風而行的艱難未來，無論是誰都能預想得到。必須乘風破浪，著手進行改革才行。大格拉古下定決心，要在名門貴族中，刮起一場狂風暴雨。

◎不顧反對的土地改革

在羅馬共和政體國家中，早在西元前五世紀前，便設有護民官一職，被視為是平民的希望之星。護民官對法案擁有否決權，並且受到法令的保護，防止他人加害護民官。

西元前一三三年，大格拉古被選為護民官。護民官共有十名，在同一期的護民官之中，大格拉古也是拔萃出群的一位，畢竟他是大西庇阿的孫子、老格拉古的兒子、小西庇阿的小舅，還有其他名聲顯赫的權勢者作為他的後盾。

儘管如此，關於這一連串的改革，要想正確地做出敘述，還是存在著很高的困難度。其原因在於，即便是在後世的作家作品中，也還是巧妙地參雜著許多當時反格拉古派系的宣傳語句。其中有不少是惡意散布的謠言、醜聞和中傷。畢竟是一項翻天覆地的改革運動，對當時的人們而言，帶來了相當巨大的衝擊。

當人們要成就一番大事業時，其背後的動機愈多，似乎就愈有推進的力量。有些人是為了國家的大義、有些人是同情未被上天眷顧的人們、有些人是為了家門榮耀、有些人是基於個人的恩怨。假若這些動機全都集聚在一起，將會爆發出巨大的推進能量。大格拉古的改革運動，或許就是集結這些情感過後，而化成具體的行動。

大格拉古改革運動的中心是土地改革。亦即將公有地分配給失去土地所有權的無產市民。但是，實際的狀況是，在義大利半島上幾乎沒有剩餘的公有地，可以作出分配。然而，大格拉古內心卻經過了縝密的計算。

提到西元前三六七年的李錫尼亞．塞克斯蒂亞法（*Lex Licinia Sextia*），令人印象深刻的是其中的一項決議：二名執政官之一需要從平民中選出。過去，執政官這項最高公職總是由貴族世家所壟斷，因此，李錫尼亞．塞克斯蒂亞法的決議在擴張平民勢力上，是一項劃時代的創舉。除此之外，這還包含農地法，為公有土地的所有權設置上限：規定任何人都不得占有五百猶格（約十二點五公頃）以上的土地。而大格拉古所注意到的正是這一條農地法。

經過長年的征戰生活，失去土地的農民及其子孫，已經無法成為防衛國家的戰士。另一方面，則是出現占領公有地、收買荒地而逐漸富裕的大地主。面對如此悲慘的現實，大格拉古認為這只不過是藐視過去立法所帶來的結果，因此，正確的作法，是學習古代的立法，讓羅馬回復到過往的美好時代。

當然，大格拉古所提出的改革方案，仍舊是有顧慮到現實的考量。若是土地所有權者擁有兩個以上的兒子，原本五百猶格的土地所有權上限，便可以提高至一千猶格。此外，如果是被沒收的土地，將會全額賠償原所有權者在作物以及土地改良方面的花費。並且，會將收回的公有地劃分為三十猶格的小塊土地，重新分配給沒有土地的市民。

細看這項法案，可以說是合情合理的法律提案。實際上，法案的規劃是經過縝密的構思，幾乎是找不出任何漏洞的完整。光從法案的內容來看，並不會過於激進，反而應該說是尊重傳統的多方考量。不管是在法理上或是道義上，都是無從置喙的完美。加上提案者又是名門中的名門子弟，背後也有強勢貴族的後盾，讓人不禁認為，應該沒有人會提出異議吧。就算出現了反對者，那也應該是自私自利、貪得無厭的人才是。

但是，正因為是自私自利、貪得無厭的人，對於自己的既得利益更是死守不放，既不需法理也不顧道義，就只是露骨地、頑固地試圖妨礙改革方案的推行，不擇手段。

這項法案，因為護民官馬可斯·屋大維（Marcus Octavius）使用否決權而胎死腹中。無論提出多麼完美、偉大的法案，在否決權面前，都只能接受被駁回的結果。大格拉古的提案宣告失敗。繼過去與凱爾特伊比利亞人的和平協議受到羅馬元老院的否決而身負屈辱之後，提出的重建國家法案又再次地遭到駁斥。

面對這種情況，可以選擇保持沈默，耐心地等待下一次機會的到來。然而，大格拉古既不願沈默，也不甘等待。急於求成而坐立不安的他提出罷免馬可斯·屋大維這項前所未有的提案，甚至最後獲得過半數的贊成而通過，土地改革法案也順利地獲得認同。

這些事情都是在平民大會上發生。早在西元前二八七年的霍爾田西烏斯法（*Lex Hortensia*）中並規定，在平民大會上的決議，也同樣列入國家的法律之中。但是，聚集著許多大地主的元老院對此卻不可能會默不作聲。而且同為西庇阿一族的西庇阿．那西卡（Scipio Nasica）則是挺身而出，作為元老院中反對陣營的急先鋒。那西卡過去曾經擔任過執政官，當時則是任職羅馬大祭司的職位。

◎被群起攻之的格拉古派系

不管是多麼立意良善的提案，假若作法過於強硬，必會遭到反噬。大格拉古逐漸地感受到自己的生命正處於危險的威脅之中，據說他上街時會穿上黑衣作為掩蔽。為了不讓自己的生命受到危害，只能再次參加護民官的選舉。除此之外，別無他法。但是，這樣的做法卻違反慣例，因此在平民大會上，針對大格拉古再次競選護民官的程序問題，紛擾不已。

同一時期，元老院之中也是議論紛紛。在元老院內，並非沒有格拉古派系的人馬。但畢竟是長年安於大片土地所有權的貴族子弟，面對大格拉古的主張，當然是不可能採取默不吭聲的態度。此時，在元老院的議會中，大祭司那西卡起身，將托加長袍（*toga*）禮服的一端套在頭上。身為大祭司的他，這項動作代表著祭司向眾神獻上祭品時的表示，也就是暗示在場的眾人，群起攻擊大格拉古是被允許的行為。

以那西卡為首，反格拉古派系的人馬步出元老院議會，殺氣騰騰地前往平民大會的會場。現場宛如人間地獄。數百年來，羅馬市民的內部糾紛皆是以相互討論、協商的方式獲得解決。但是從這個時候開始，居然變成以鮮血來一較高下。提比略．格拉古被眾人活活打死，支持他的人士也有一百人以上的傷亡。據說遺體全如罪犯般地都丟棄至台伯河之中。

至此，擁有大片土地的貴族們取得勝利。在這件事發生過後，格拉古改革派和反格拉古保守派之間的對立與拉扯更加嚴重，羅馬社會陷入更為難解的混亂與僵局。大格拉古所留下的鮮血，為羅馬國內一百年的內亂，揭開了序幕。

儘管大格拉古遭到殺害，土地法仍舊依法施行。想必是平民百姓們無法遏止的怒氣，讓元老院也不得不認可這項改革事業，作為撫慰。以這項法案的規定為依據，重新分配土地，當時所設置的界線石碑至今仍留存了下來。但是，實施的規模並不大。

話說回來，格拉古兄弟的姊夫西庇阿．埃米利安努斯（即小西庇阿）那時又在做什麼呢？當時，小西庇阿已摧毀迦太基，並且完成攻陷凱爾特伊比利亞人號稱固若金湯的要塞城鎮努曼提亞的功績。小西庇阿不管是作為軍人還是政治家的身分，都是超群出眾，被眾人譽為英雄豪傑。然而，處世圓滑的小西庇阿，並未想過要支持小舅子提比略．格拉古激進的國家重建計畫。雖說如此，小西庇阿也無法完全捨棄偏袒西庇阿家族勢力的念頭。或許他所能夠採取的態度，就是靜觀其變而已。也因為小西庇阿抱持著如此消極的立場，民眾對他的評價迅速下滑。

在提比略．格拉古逝世四年後的某日早晨，小西庇阿躺在床上死去的屍體被人發現。如此突如其來的死訊，讓人不禁懷疑小西庇阿是遭到他人的謀殺而死，臆測傳遍大街小巷。不過，小西庇阿死亡的真相，至今依然未能水落石出。

界線石碑　刻有塞姆普羅尼烏斯（Tiberius Sempronius）、克勞迪・格拉古、李錫尼亞的名字。

◎超越兄長的胞弟之改革

哥哥提比略．格拉古死去後，眾人的視線聚集到了弟弟蓋約．格拉古的身上。兄長意外的慘死，究竟是會變成對弟弟的警告，還是會成為弟弟再度挑戰政治的踏板呢？即便如此，蓋約較提比略．格拉古年輕十歲，就算是要出選護民官，也是為時尚早。不過，這位青年在這十年間，孜孜矻矻地擬定了深謀遠慮的計畫。在大格拉古投入改革運動的時期，缺乏中間核心的支持勢力。為了填補這項弱點，小格拉古聯合騎士階級，加強與義大利各地豪族的聯繫。實際上，羅馬蠻橫粗暴的態度，早就招致地方人士的不滿與憤怒，小格拉古十分敏銳地察覺到地方上騷動不安的氛圍。

西元前一二三年，即便元老院百般不願，小格拉古被選為護民官。與冷靜的兄長大格拉古相較，弟弟的個性較為急躁。因此，小格拉古的改革與其說是繼承兄長的遺志，不如說是遠遠超過兄長的程度。小格拉古的改革不僅侷限在土地改革方面，其更遠大的目的是打倒元老院的統治，追求大規模的變革。他所提出的方案涉及眾多面向，無論是哪一項的內容，都讓元老院議員們非常地惱怒。

羅馬城主要的糧食穀物，完全依賴外地輸入。當天候發生變化、奴隸發生暴動、或是出現大規模的蝗蟲災害之時，穀物的庫存減少，價格也隨之高漲。貧困的人民將更加窮困潦倒、食不果腹。因此，小格拉古提案導入廉價購買糧食的制度。當然，這個制度將會造成國庫的負擔，所以元老院表示反對。

某日，有位反對派的元老院議員，排在等待配給穀物的民眾隊伍之中。這位議員的說法是，自己的財產遭到掠奪後分配給了民眾，那麼自己排在這個配給隊伍之中，不管拿到多少，都只是拿回自己的財產而已，是再理所當然不過的事情。先不管這是不是玩笑話，可以說這是很吝嗇的態度吧。

這也正顯示出格拉古兄弟改革運動背後的現實面。羅馬經過多次的勝戰，領土獲得擴張，生活變得富裕，但是這些甜美的果實全都落到元老院貴族的手上。這些原本應該是要保持高尚人格的貴族們，心性也改變了。以前曾被某位希臘人讚賞是「多位王者的集會」的元老院，或許也正逐漸地褪去崇高的色澤。

◎擴大公民權，為時尚早

小格拉古的改革更擴及司法層面。在元老院議員中，若是有擔任過高階公職的人員，便可以成為行省的總督。在行省地區，對地方民眾課與沉重的賦稅，從中獲取不當利益的官員並不算少數。因此，他設置專門的法庭來審理針對行省總督不當得利的申訴。而他提出的改革方案，便是法庭上的陪審團員組成必須排除元老院的成員，全數以騎士身分的人員擔任。

如此一來，元老院的貴族們，必須戰戰兢兢地看著騎士們的臉色過日子。當然，元老院的貴族們表達強烈的反對意見。但是，這項陪審團改革法案僅以一票之差通過。過去的陪審團成員都是相同出身的夥伴，並不需要過多的擔心。但是，在小格拉古的改革法案通過後，心裡有鬼的行省總督們開始擔心害怕、夜不成眠。這項改革，可以說是對打倒元老院統治制度的正面宣戰。

除此之外，小格拉古還提案，要賦予義大利居民羅馬公民權。當時，擁有羅馬公民權的市民享有公職者選舉的投票權以及免稅權等諸多特權。反之，另外還存在著居住在義大利地區，許多分攤戰爭負擔、卻沒有羅馬公民權的民眾，他們的不滿與憤怒無處宣洩。因此，這項提案對地方都市的居民而言，簡直是求之不得的大禮。這也是小格拉古擴大自身勢力基礎的絕佳機會。

另一方面，這項提案也隱藏了一大危機，亦即將會與過往一路支持格拉古兄弟改革案的羅馬民眾為敵。實際上，雖然眾人對於這項公民權法案持有各式各樣不同的看法，但是除卻元老院不說之外，就連騎士、平民以及大多數的民眾都表示出反對的意見。如此一來，要否決這項法案應是易如反掌。

時代的潮流尚未走向小格拉古的陣營。關於土地的再分配，如今要再區分私有地與占有地的差別，為時已晚。握有大片土地的大地主，內心所盼望的是能夠繼續坐享既得的所有權，堅持要求維持現狀的生活方式。將羅馬公民權開放給義大利住民的決策，時期尚早。實際上，要等到三十年後發生的「同盟戰爭」後，羅馬的義大利盟友才會被賦予羅馬的公民權。

在反抗改革運動的期間內，發生了改革派殺人案件。以此為契機，元老院公告戒嚴令（*Senatus Consultum Ultimum*）。在首都內部風聲鶴唳、草木皆兵的氛圍下，反對改革派的分子，展開了激烈的攻擊。小格拉古被四處追擊，最後只能選擇死在自己忠實的奴隸的刀下。不久後，讓人背脊發涼、寒毛直豎的肅清行動，宛如狂風暴雨一般的持續肆虐。

黨派鬥爭之群像

◎導入志願兵——馬留的野心

蓋約．馬留（Gaius Marius），與小他五歲，於三十二歲就逝世的蓋約．格拉古同名。蓋約．格拉古的人生如同疾風一般轉瞬即逝，而蓋約．馬留則是一步一腳印的徐徐前行，並確實地扮演一位破壞者的角色。

出生於羅馬南部鄉下地方的馬留，是政界的「新人」（*Novus Homo*，及其家族首位獲得統帥權「*imperium*」的人）。但他並不會因為自己並非貴族出身而感到自卑。反倒是以純樸鄉下地方的身世為傲。他以軍人的身分展露頭角，在小西庇阿攻占努曼提亞的戰役中，展現出驚人的戰績。有人曾向小西庇阿問道：「該去哪裡尋找像你一樣的名將？」據說小西庇阿隨即指著馬留回答道：「那個名將或許就在這裡。」

正如政界新人常見的模式，一開始會在元老院老老實實的支持保守派，但是一旦當上護民官，背後有強勢貴族作為後盾之時，往往會提出驚為天人的言論。馬留提出的是，應該取締貴族對選舉人施加壓力的行為。此案一出，獲得廣大民眾的讚賞與喝采，但是元老院貴族們則是怒不可遏，因為馬留將自古以來羅馬人引以為傲的「門客關係」踐踏殆盡。

想當然爾，這項取締法案並未通過。元老院也提高警戒，將馬留視為一位不可掉以輕心的大敵。因此，每當馬留出選市政官和法務官之時，元老院皆會出手妨礙。後來是因為民眾的支持，馬留才能披荊斬棘，在選舉中獲得勝利。

雖然如此，馬留在行政事務上並沒有太大的天賦。但是，至少作為一名軍人，他是一位值得倚賴的男子。遠征非洲之時，原住民的巫師預言，只要是馬留懷抱著的野心與企圖，最後必定能夠順利達成。或許受到巫師預言的激勵，馬留宣布，將參加西元前一〇七年度的執政官選舉。要成為執政官選舉的候選人，他必須回到羅馬。此時，馬留的長官昆特斯·梅特盧斯（Quintus Caecilius Metellus Creticus）試圖阻止他，望他三思。但是，馬留並非是會聽從他人勸說，選擇謹慎行事、自重自愛的男子。不僅如此，他還放出風聲，表示梅特盧斯為了自己的榮譽而拉長戰爭的時間，藉此中傷自己的長官。馬留是以軍人的身分而受到眾人的景仰。世人都認為，說到常勝將領，非馬留莫屬。就在馬留的過人聲望與中傷梅特盧斯的謠言之下，馬留獲得許可，如願回到羅馬，參加競選。

選舉開辦，馬留獲得了壓倒性的支持。軍人身分的優秀執政官，立即展開軍事改革，為的是盡快將非洲戰線的戰事做出了結。那是過去格拉古兄弟也曾經注意到的問題，亦即針對長期的兵力不足，必須盡快想出解決方策。馬留的著眼之處，並非是能夠自費武器裝備的有產階級市民，而是失去土地的無產階級市民。並且在編制新軍團之時，不採用過往的徵兵制，改為導入志願兵的制度。

以志願兵制度整編軍團的方式，解決了過去始終苦惱於兵力不足的難題。畢竟在大都市的羅馬城內，失去土地而淪為無產階級的市民，多不勝數。這些無產階級市民經過精密的訓練，將能夠成為軍事上的核心力量。對志願兵來說，可以藉由從軍獲得薪資，更是戰鬥的動力。而這批軍團也確實終結了非洲戰線停滯不前的僵局，西元前一〇五年，馬留回國，舉辦凱旋大典。不過，只有凱旋將軍能夠穿著的深紅色禮服，在凱旋大典結束後，馬留並未脫下禮服，直接走入元老院的舉動，展現出他旺盛的野心。而此番放肆的模樣，則是讓現場墨守成規的貴族們眉頭深鎖，慍然不語。

◎第三位建國者，從光榮的巔峰墜落

此時，北方出現了新的強敵日耳曼人（Germanic peoples），威脅羅馬的領土。羅馬軍接連被日耳曼人擊潰，尤其是在阿勞西奧之戰（Battle of Arausio，位在現今的奧朗日

Orange），可說是讓人不忍目睹的慘烈敗戰。據聞羅馬八萬大軍之中，幾乎沒有士兵生還下來。[1]

另外，又有將近三十萬的日耳曼人成群南下，羅馬人再度對武將馬留寄予厚望。西元前一〇四年，由於平民們壓倒性的支持，馬留再度當選執政官，率領軍團前往北方。沒想到，在高盧南部紮營的馬留軍隊面前，敵人並未現身。由於日耳曼人侵襲的危機尚未解除，特例地讓馬留再度連任執政官。

就在即將連任四任執政官的前夕，日耳曼人的條頓族（Teutons）大舉進攻羅馬。身形剽悍的日耳曼大軍輕輕鬆鬆地，只花費六天的時間就通過了羅馬軍團的營地。在此期間，羅馬軍隊只能眼睜睜的看著日耳曼人經過，完全沒有出手的餘地。不過，智勇雙全的馬留所採取的袖手旁觀作戰策略，其實是為了讓羅馬士兵們習慣眼前威武巨大的日耳曼人體型。日耳曼人的體型十分壯碩魁梧，足以讓初次見面的對手目瞪口呆、手足無措，十分具有威嚇的優勢。

當條頓族的大軍通過營地後，羅馬軍隊隨即追趕於後。腦中大概完全沒有擬定任何戰術的日耳曼人，遭到戰略家馬留從背後而來的突襲，據說損失約十萬人的兵力。取得勝利的馬留返回義大利北部。此時，日耳曼人的辛布里族（Cimbri）也率領大軍襲來。空有一身蠻勁卻毫無智略的日耳曼人，居然從阿爾卑斯山脈上將盾牌作為雪撬，輕率地一路滑降下來。對於由戰略家所率領的羅馬大軍而言，當下的場面與其說是戰鬥，不如說是大量屠殺的畫面。

馬留被讚頌為羅馬的英雄，甚至成為繼羅慕勒斯與瑞慕斯之後，以第三位建國者的身分受到世人景仰。西元前一〇〇年，馬留第六次被選任為執政官，站上了個人生涯榮譽的巔峰。

在此同時，時局出現了新的變化。而且還是伴隨著軍事改革而來，難以避免的狀況。長期在戰場上戰鬥的馬留，必須取得土地分配給底下從軍的老戰友們。無論是志願兵、傭兵或是沒有土地的無產階級市民，在不知不覺中，轉變成像只效忠於馬留的個人士兵一般。他們已經不是為了國家而存在的戰士，而是為了向他們做出承諾的軍閥而存在的士兵。

在戰略上擁有出色表現的人物，作為一位政治家，則不一定也會有同樣的才能。馬留缺乏遠見，無法敏銳地洞察事務所造成的長遠影響。從這一點看來，他也是一位平庸的凡人。在提出土地分配的法案中，他將武力威嚇導入政治內部。這樣的作法，以一位政治家來說，將導致信用度的下降。不久後，他在政治上遭到孤立的狀況日漸嚴峻，西元前九七年，以派遣至東方的使者為藉口，離開羅馬首都。

◎力壓羅馬的門閥派系——蘇拉

數年後，在馬留歸國後，有位男子成為他在政界的一大阻礙。蘇拉（Lucius Cornelius Sulla Felix）作為一位傑出的軍人，聲望遠遠高過當時的馬留。馬留的心中燃起了熊熊的怒火與妒忌。不過，當時正好爆發同盟戰爭（Social War），兩人的對立關係才不至於搬上檯面。同盟戰爭是義大利人團結一致地爭取羅馬公民權被拒之後發生的內亂。因為在土地分配以及免稅特權上，都是只有持羅馬公民權的羅馬人才能夠享有的權利。馬留也以指揮官的身分，前往鎮壓這場內亂。不久後，元老院決定讓步，於西元前八八年，將羅馬公民權賦予居住在義大利半島上的所有自由盟友。

此時，朋土斯（Pontus）王國的米特里達梯六世（Mithridates VI of Pontus）利用義大利半島上發生內亂的大好機會，而有所行動。他號召希臘人同步殺死小亞細亞境內的羅馬人與義大利人，據說有八萬名義大利人因此遭到屠殺。為此，羅馬內部針對討伐米特里達梯軍隊的統帥權問題，出現紛爭。首先，元老院將統帥權委任給深受保守派貴族信賴的蘇拉。

馬留雖然已經年老，卻還是止不住內心熊熊燃燒的妒火，因而與護民官聯手，計畫要將討伐米特里達梯軍隊的統帥權奪回自己手中。但是，正在進行同盟戰爭戰後處理的蘇拉，展開了意想不到的行動。他選擇將事態導向最糟的狀況：開始朝著羅馬城的方向進軍。這可是前所未見、破天荒的大動作。畢竟過去所有的軍事行動都是在羅馬的城牆外所展開，可以想見羅馬人將羅馬城內視為神聖的區域。

在突如其來的奇襲之下，蘇拉成功地以軍力控制住羅馬。馬留無可奈何，只能亡命奔逃。而後，蘇拉率領討伐米特里達梯軍隊踏上東征的旅途後，馬留跟著羅馬政界中的權勢者秦納（Cinna）一同回到羅馬。重新取得權力的馬留熱衷於鎮壓並屠殺政敵黨羽。其冷酷殘忍的程度令人不敢置信。例如，在路人向馬留打招呼之時，若是馬留並未回應對方，身旁的隨從就會當場殺害那位路人。

儘管如此，年老的馬留，健康已經遭受病魔的侵襲。其病況彷彿像是為眾人所恐懼、厭惡的當政者受到詛咒一般，嚥下了人生的最後一口氣。後來蘇拉回國，命令將馬留的骨灰丟棄在羅馬近郊的河川之中。

自從格拉古兄弟的改革運動以來，在羅馬社會上便萌生了黨派鬥爭的新芽；保守的門閥派系與革新的平民派系之間，彼此視如仇敵。實際上，在貴族同儕之間的勢力鬥爭，也有黨派對立的現象。因此，各個陣營所揭舉的大義旗幟，並不一定會招來預期的結果。

平民派的馬留，雖然藉由軍事改革，而解決了長期兵力不足的問題，但是士兵們卻淪為握有權勢的武將的私人兵力。這與農耕市民的戰士共同體為基礎，效忠國家的國民兵有著非常大的差異。另一方面，從門閥派系的蘇拉來看，雖然他試圖想要恢復羅馬貴族的共和政體，但是最後的結果卻並非原先所預想。

蘇拉較馬留年輕二十歲。蘇拉身上散發著一種深不可測的氣質。或許是因為他天生就愛說玩笑話，話語中究竟哪些部分是顯露出真實的心情，旁人總是不得而解。

在他年輕、尚未被世人所知曉的時候，曾與演員、小丑等人一同玩樂。成為眾人的領袖之後，則是從舞台和劇場中召集出最厚顏無恥的一群人，每日飲酒談笑，待人處事不分年齡，除了有損自己地位的尊嚴之外，對於許多需要經過縝密思慮的事務，也是以輕率的態度來處理。（普魯塔克，《英雄傳》，〈皮洛士傳〉）

不過，據說蘇拉在其他場合會展現出勤勉向上的態度，有時則是可以看見他冷淡的一面。想必蘇拉應該是一位能夠洞悉事物本質類型的人，既能用功學習，又能享受玩樂。此外，他天生擁有一頭飛揚飄逸的金髮、鮮明深邃的藍色瞳孔和高挑的身形，光是露出他迷人的笑容，就能輕易擄獲眾多女性的心。他與資產家的情婦長久交往，最後甚至繼承了情婦的遺產。他的繼母也將他當作親生兒子般的看待，給予他無限的關愛，當然也把遺產留存給他。

蘇拉曾經加入馬留遠征非洲的軍團中，並且立下了輝煌的戰績：親自捉住敵軍努米底亞國王朱古達。也是因為這個緣故，掩蓋了率領軍團的馬留的風采，給他自己招來馬留的妒忌。

◎壽終正寢的獨裁官

就在義大利各都市掀起反叛的同盟戰爭之時，年老的馬留總是處心積慮、謹慎行事。相較之下，蘇拉則是能夠明快地做出決定、迅速地付諸行動，格外地引人注目。當時，蘇拉曾多次遭遇九死一生的處境，最後都能順利脫離險境。對此，蘇拉總是歸功於幸運之神的眷顧，而不是藉機誇耀自己的力量。這就是他在性格上的可愛之處。他還將自己取了個「幸運者」（「菲立克斯（*Felix*）」的原意）的綽號。如果將勝利全部歸功於自己的才能與力量，反倒會凸顯出個人氣度的狹小吧。認為超自然的力量在冥冥之中給予自己加持與庇護，或許正是歷史上優秀傑出的人才所擁有的思維方式。

西元前八八年，蘇拉被選為執政官。當時他已年屆五十，就他的功績與聲望，這個職位來得太晚了一些。不過，不管是在財富、權力還是人脈上，蘇拉都已經累積到足夠的厚度。他以武將的身分廣得眾人的信賴，取得征討米特里達梯的東方遠征軍隊的統帥權。孰料，此時卻有人試圖妨礙。善妒的馬留計畫奪取蘇拉手中的統帥權，策動暴徒，通過法案。在一片混亂的局勢之下，蘇拉只能選擇逃亡。

不過，曾與蘇拉一同在同盟戰爭中並肩作戰的士兵們，對於擁有出色統率能力的將領十分地忠誠。當時羅馬城內是由馬留一派所掌權，蘇拉帶著部下朝著羅馬城的方向開始進軍。蘇拉迅速且輕而易舉地以武力鎮壓羅馬城，馬留一派則是敗走出逃。但是，竟然會發生以羅馬軍隊征服羅馬此種荒謬的事態，使反對蘇拉作法的輿論亦日漸沸騰。

彷彿是為了逃離這一場渾沌，蘇拉離開羅馬城，出發征討米特里達梯。途中，義大利多個都市在支持立場上反覆不定的態度，讓蘇拉吃盡苦頭，也曾經因為敵軍人數的壓倒性優勢，而陷入窮途末路的困境。某次，蘇拉對著臨陣怯場的士兵們大吼：「我會在這塊土地上戰鬥，在這裡丟失性命並接受戰死的榮耀。你們則是要好好記著這個地方，以免未來被問到是在哪裡背叛你們的司令官時而語塞。」據說聽到蘇拉如此雄壯宏亮的嗓音，畏怯的士兵們又再次回歸隊伍。

不久，在蘇拉遠征軍占領古雅典城之後，又在小亞細亞成功驅逐了米特里達梯。但是，就在這個時候，蘇拉的立場面臨曖昧不明的狀態。統帥的指揮權已經過期，羅馬方面也派出了新的正規軍隊前來。為此，蘇拉與敵軍將領米特里達梯達成暫時性的和平協議。在如此雙方相互妥協的渾沌狀態下，蘇拉開始轉向樹立個人權威的行動。對於赤膽忠心的團體及個人給予報酬，對於背叛者則是毫不留情的予以處罰。此外，藉由戰利品與徵稅的稅收，集聚鉅額的資金，強化自身的勢力。

在平民派的領袖馬留以及秦納逝世後，蘇拉回到羅馬，再次燃起執掌政權的野心。他召集許多願意支持的人士，擊敗各方抵抗勢力，當上了非常時期的獨裁官。執政期間，蘇拉實行大規模的肅清運動，厲行恐怖統治。不過，對蘇拉而言，最重要的是，要將羅馬的政治恢復到格拉古兄弟改革前的狀態。首先要做的便是，讓以元老院為中心的政治運作體制再度復活。因此，他將元老院的議員人數從原先的三百人倍增至六百人，也增加其他各式官職的人數。反之，蘇拉也削減平民派的依靠——護民官的權限。

事實上，蘇拉一方面標榜著要復興羅馬過往的傳統政治，一方面在作法上又超脫出原有的制度，展現出革新的一面。因此，他必須向眾人展示出自己並非追求個人的專制權力。在連續擔任三年的獨裁官之後，蘇拉於西元前八〇年辭任官職。不久後從政壇引退，如同他

「幸運者」的綽號一般，安度喬松之壽。

確實，蘇拉的理想或許就是共和政體的復興，而非追求個人的權力。但是，他聚集私人士兵，以武力的方式強硬破壞現狀的方法，為後世帶來了始料未及的巨大影響。如果是智勇兼備、野心勃勃的人想要奪取國家政權，就能夠以蘇拉為範本訴諸武力。在拉丁文中有句俗諺：「蘇拉能做到，沒道理我就辦不到。」可說是形容蘇拉作為一位共和體制的破壞者，最鞭辟入裡的一段文字。

◎金錢萬能、安逸的生活型態日益蔓延

撒路斯提烏斯（Gaius Sallustius Crispus）這位男子，生於丘陵地區的鄉下，該處原本是薩賓人所居住的地方。西元前八六年，馬留與蘇拉正展開激烈的龍爭虎鬥。當時，撒路斯提烏斯接受最高程度的教育，不久後以財務官的身分步上公職的道路。西元前五二年被選任為護民官，但在兩年後因為受到某項騷動事件的波及，被元老院除去職務。後來多虧了擁有極大權力的凱撒，撒路斯提烏斯才又重新回歸元老院。西元前四七年，撒路斯提烏斯擔任法務官，卸任後被派遣至北非的行省負責行政事務。回國後，雖被旁人告發不當得利的行為，

再次因為凱撒的情面而不予以追究。然而，事到如今，撒路斯提烏斯在政壇已無容身之處，他決定退隱，回到宅邸中，在安樂的富裕生活中專心撰寫歷史作品。

撒路斯提烏斯的兩部作品——《朱古達戰爭（*Jugurthine War*）》和《喀提林陰謀（*Conspiracy of Catiline*）》，幾乎完整地被後世所保留下來，而描述同時代李維的《歷史》卻只留下斷簡殘篇。在撒路斯提烏斯的作品內容中，隨處可見他所揭舉的高尚倫理觀念。雖然他並未確實將之實踐在自己的公、私生活領域中。假如一名強盜在金盆洗手之後，成為警察，那麼，他的誠意應該是可以被信任的吧。尤其是看盡世間百態、熟知政界裡外生態的人物，其所言所聞更是值得信賴。撒路斯提烏斯嚐盡羅馬社會的酸甜苦辣，看透世人的千奇百態，作為一位史家，從他口中所吐露出的感嘆與抱怨，或許正可以生動地描繪出羅馬社會在共和晚期的炎涼世態。就讓我們來聆聽撒路斯提烏斯那無處宣洩的怨憤與不滿。

如此，羅馬憑藉著正義與勞苦，成就了強大的國家，以戰爭平定諸國，以武力讓野蠻的部族與勢力強盛的民族屈服於羅馬麾下。而後，曾與羅馬爭雄的迦太基，也徹底地灰飛煙滅，無論是陸上或是海上，通往霸者之道的門扉正敞開在羅馬的面前。

自從那時候開始，命運女神似乎就與奮地踩亂了腳步，所有的事物都掉進了混亂的漩渦之中。過去的人們，不管是遭遇到勞苦、危險、不安或是困難，都能夠咬緊牙關、堅忍不拔。但是，當閒暇與富裕入手後，反而逐漸成為他們肩上的重擔，最後演變為悲慘的源由。而後，支配的欲望逐漸地膨脹，並且被金錢的貪欲所填滿，宛如泉水一般，源源不絕地湧出所有的不幸。

在貪欲的面前，信義與清廉的觀念蕩然無存，原本良善的性格出現了轉變，取而代之的是驕矜的態度和殘忍冷酷的感情，蔑視眾神的傲慢也如同藤蔓一般的滋生與蔓延。換言之，世人的心中崇尚金錢至上主義，金錢的能力勝過世間萬物。只有旺盛的野心才能設法讓自己嶄露頭角，就算欺騙他人也不覺得有所愧疚。友情以得失來衡量，甚至連敵意也能拿來利用，比起才學見識的內涵，反而較看重外表的亮麗。

如此的氛圍，在羅馬社會上日益擴大。偶爾也會遭遇到反噬的報應，但是這些世俗之惡就像是傳染病一般不斷地向外擴散，最後就連國家本身也跟著出現巨大的變化。羅馬的勢力與聲威正是立基在正確、良善的個性上，如今卻只剩下讓人無法忍受的殘酷。

所謂的野心，其本質並非為惡。每個人都同樣地追求著榮譽、名聲與霸權。但是，真正的勇者會朝著道路的方向，正直地勇往直前；而怠惰之輩就算是訴諸欺瞞誘騙的方式，也不會感到有愧於心。不久後，怠惰之輩的野心就被貪欲所蒙蔽，鎮日見錢眼開，渴求金利。宛如浸泡在毒藥之中，身體與心靈都漸趨軟弱，一味的追求金錢、金錢、金錢。

金錢至上的風潮在羅馬社會中萌芽的時刻，是在蘇拉以武力奪取國家權力之後。不管是誰都能夠巧取豪奪，奪取他人的住家或是土地，最後偏偏都是勝之不武的勝利者們不斷地擴張勢力，在羅馬市民之間反覆上演著相互殘殺的殘酷戲碼。不僅如此，蘇拉還以奢侈的獎賞寵溺他所率領的亞洲遠征軍，只要士兵們願意對自己竭盡忠誠，就算是捨棄「祖宗成法」也無須忌憚。

一旦享受到舒適與輕鬆愉快的生活，就算是勇士也會失去鬥志、終日沉溺於酒色之中，把玩起各式各樣的美術品與奢侈品。如此一來，士兵們也開始公私不分、巧取豪奪，掠奪神廟，極盡冒瀆之能事。勝利的士兵們從被征服的民眾手中奪取了一切。看在賢者的眼中，痛心疾首。頹廢的羅馬人，居然已經無法以正確的方式，去摘取勝利的果實了。

歌頌富裕，就連名譽與權勢也是跟隨著富裕而得來。過往重視的美德逐漸式微，貧窮被視為可恥之事，清廉高潔也只會招來他人的訕笑與嫌棄。貪得無厭追求富裕的欲望，隨之而來的是奢華、浪費與傲慢，逐漸侵蝕著羅馬的年輕人們。不管是掠奪或是破壞，內心的貪欲也永遠得不到滿足。大家只不過是想要旁人手上所擁有的東西，完全不把高潔和羞恥放在眼裡。

當羅馬民眾們各個自暴自棄，城內也就陷入了一片混亂。首先，厚顏無恥者、因卑劣行為而失去財產者、因醜聞與犯罪而被趕出故土者等，就像是水往低地奔流一般地湧入羅馬城內。其次，記得蘇拉取得勝利的民眾們，所看見的是一介士兵可以成為元老院的議員，或成為富豪，過著有如王侯貴族的奢侈生活。只要能夠取得勝利，就算是使用武力也無妨，所有想要的東西都能夠因此入手。民眾們會出現如此的想法，也不足為奇。最後，以農作物的收入為報酬，始終忍受著貧困的年輕人們，望著五花八門由蘇拉給予的恩賜而目眩神迷，比起汗水淋漓的勞苦，都會中無所事事的生活型態反而更吸引人。

這些人全都是被公領域的惡行惡狀所培養出來的。如此一來，貪得無厭、不守正道、欲壑難填的人們聚集在一起，認為自己與國家是難以分割的共同體。因為蘇拉的勝利，雙親遭到放逐、財產被沒收、權利被縮減的人們，則是對內亂的未來走向抱持著觀望，在一旁靜觀其變。此外，除了元老院門閥派系以外的黨派人士，認為若是無法發揮自己的力量，那麼國家還是混亂的好。諸如此類的醜惡事態，在數年後惡化地更加顯著。

雖然蘇拉限制了護民官的權力，但是當龐培（Gnaeus Pompeius Magnus）和克拉蘇

（Marcus Licinius Crassus）當上執政官後，則是將之恢復。不久後，政權由一群年輕氣盛、血氣方剛的青年們所掌控，他們譴責元老院，煽動民眾的情緒。他們毫不吝惜地贈與獎賞、做出許多約定，攏絡民眾。事實上，則是為了提高自己的功績與聲望，儲備勢力。與之對抗的貴族門閥派系，表面上高喊將為了元老院而全力以赴，實際上的目的卻是擴張自身的勢力。

簡單來說，即便是揮舞著光明正大的旗幟起身吶喊，其實不管是哪一方，都抱持著相同的目的。有人提倡是為了擁護民眾的權力，有人則表示是為了提高元老院的權威，在公領域福祉的美名之下，每個人都是為了自己的勢力擴張而戰。他們的鬥爭毫無節制，也毫無界線，無論最後誰是贏家，前方等待著的都是殘酷的現實。（《喀提林的陰謀》）

◎藉由肅清運動與沒收財產來增加資產

在蘇拉政權過後，撒路斯提烏斯活過了半個世紀。說起當時的炎涼世態，從用詞口氣上就能夠感受到他的憤怒。這份怒氣，或許也包含了對於自己在政治舞台上以失敗者謝幕的怨憤。這名男子，可說是曾經深陷在這個被他譴責的醜惡世俗的泥淖之中，無法抽身卻又備受排斥，因此，他才會懷有如此不滿、怨懟的情緒。

這五十多年的期間，無疑的是一段動盪不安的時期。在撒路斯提烏斯於文中提及的龐培與克拉蘇的登場後，時局的變化顯得更加激烈。

西元前八七年，馬留回到羅馬，展開肅清政敵活動之時，出身名門貴族的李錫尼・克拉蘇還是一位未滿三十歲的青年。在肅清運動的風暴中，克拉蘇失去了他的父親與兄長，並逃往西班牙。在西班牙以宗族內的門客為核心力量，組織私人軍隊，加入為了打倒馬留派的蘇拉軍營。在其後的戰役之中，克拉蘇展現出他活躍的驚人戰績。

但是，或許克拉蘇天生的野心與貪婪，蘇拉似乎不是很中意這號人物。其原因在於，克拉蘇覬覦他人財產時所使用的手段並不怎麼高明。當蘇拉展開肅清運動後，克拉蘇要求蘇拉在處刑者的名冊上追加資產家的名字。蘇拉雖然在面對政敵之時，是位毫不留情的男子，但是在個人的權勢上，卻是在表面上保持相當高格調的品格。克拉蘇喪失了蘇拉對他的信賴，不過據說克拉蘇所擁有的龐大資產，大部分是來自蘇拉的肅清運動以及沒收財產時所巧取豪奪而來。

總之，克拉蘇像是發了狂似的拚命累積資產。荒廢的住屋和農地當然是不在話下，就連被大火吞噬過的住屋也願意買下，命令奴隸的工班進行修繕，而後以房東的身分將住屋租賃出去，收取租金。此外，他還會將這些工班的工人租借或賣出給他人，藉以獲利。據說在某個時期，羅馬市街上大部分的住屋都是克拉蘇的資產。

克拉蘇的謹慎與機靈不只是運用在金錢上。由於政壇上的活動往往需要鉅額的資金，因此他也以大富豪克拉蘇的身分，暗中借貸金錢給政客。與各派政客之間保持良好關係，以期待日後的回報。

據說，克拉蘇在平民之間也非常受到歡迎。因為他總是十分親民地跟民眾們打招呼，既親切又和善。不厭其煩地施予各項小小的援助，即便是非常輕微的訴訟案件，也願意擔任辯護律師，為民服務。因此，克拉蘇不只是一位貪得無厭的資產家，還是一位出色的慈善家。

◎關於鎮壓奴隸叛亂所發生的紛爭

就在不斷擴張勢力的克拉蘇眼前，一名新人毫無預警地登場，這位突然躍起的新人武將名字為格奈烏斯・龐培。龐培在蘇拉政權之下，繼承並率領父親的私人軍隊，立下許多彪炳的戰績。二十五歲時他就舉行凱旋典禮，被世人冠上「偉大」（*Magnus*）的稱號。後來，在各地反蘇拉派勢力蜂起之時，龐培被命令前往鎮壓。西元前七三年，龐培擊敗伊比利半島上塞多留（Quintus Sertorius）的反叛軍隊。長年以來，塞多留以行省總督的身分，集結當地原住民反覆進行游擊戰的訓練。羅馬軍向來苦惱於該如何鎮壓塞多留的反叛勢力。因此，龐培的勝利實為一大捷報。羅馬在伊比利半島上，久違地收復了統治的權力。

龐培一路走來，屢創佳績，克拉蘇面對小自己十歲左右的龐培，滋生出不安與妒忌的念頭。當時，由角鬥士斯巴達克斯（Spartacus）所率領的奴隸反叛軍隊正掀起動亂，克拉蘇前往鎮壓。無論如何，克拉蘇都想要與這支奴隸反叛軍隊作出決戰。甫從伊比利半島歸返的龐培軍隊，也前往支援鎮壓活動，南下義大利半島。

克拉蘇步步追逼斯巴達克斯。不久，奴隸反叛軍隊以克拉蘇軍隊為目標展開突擊。不過，在奮力進行鎮壓的羅馬軍面前，奴隸反叛軍並不是難纏的強敵。鎮壓行動以羅馬的壓倒性勝利而告終，六千名俘虜被凌遲處死。據說沿著卡普阿到羅馬的亞壁古道上，羅列著六千支的處決用的十字架。

遲來的龐培軍隊殲滅了逃往北部的敗逃奴隸軍。然而，龐培也是不容小覷的一號人物。他強詞奪理，卻又振振有詞地向元老院匯報道，確實，擊敗奴隸反叛軍的是克拉蘇，但是結束鎮壓叛亂活動的則是自己。如此厚顏無恥要求榮耀的作為，當然激起了克拉蘇的憤慨。這件事情在後來也成為兩人心中除不去的疙瘩、解不開的心結。

西元前七〇年，克拉蘇與龐培一起陳兵羅馬城外，逼使元老院讓他們一同出任執政官。兩人的關係雖然是水火不容，但是在政治策略上，雙方又不能表現出心中懷有的敵意。要共同攜手奮鬥又心存芥蒂，頂多只能一同合作，回復蘇拉所削減的護民官職權。

奇妙的是，以貪婪著稱的克拉蘇，卻幾乎沒有人會出言誹謗中傷。這在羅馬政壇中可說是一大特例。或許是因為克拉蘇自己大多是在檯面下進行活動，而不是在檯面上拋頭露面的接受公議。就連他像是跟蹤狂一般地糾纏女祭司，試圖獲得女祭司的財產之時，眾人也只是認為「那就是貪婪的克拉蘇會做的事情啊，真是拿他沒辦法」，這點實在有趣。

除此之外，克拉蘇還是一位虔誠、敬神的人物，他將龐大資產中的一成財產，全部貢獻給海格力斯神（Hercules）。另外，他雖然是一位大富豪，在私生活上卻絲毫沒有半點醜聞。夫妻感情和睦，兒子也十分孝順。在娛樂上也不講求奢侈，純粹的當作高尚的興趣，從而享受其中的樂趣。

不只如此，沒有人可以像克拉蘇這樣傲視政壇。某次，有位元老院議員懷疑克拉蘇正著手計畫一項陰謀，因而提出譴責。在場的其他議員們隨即將那位議員罵得狗血淋頭，不僅如此，在數日後，該位議員竟然猝死，原因不得而知。在後來的第一回三巨頭政治成立之時，龐培、凱撒與克拉蘇三人，對元老院的影響不可小覷。

◎俘虜兩萬名海賊，入手鉅額財富

當上執政官的龐培，出兵征討海賊。當時在地中海東部地區十分混亂，走投無路、無處可去的人們在當地出沒、閒晃，後來成為海賊，橫行東岸。羅馬在海軍力量上原本就較為孱弱，沿岸的都市不斷遭受到海賊的侵擾。此外，運送穀物至羅馬的運輸船也屢次受到威脅。逐漸地，海賊也開始侵略內陸地區，甚至有逐漸逼近義大利半島的趨勢。

但是，對於要賦予龐培重大統帥權之決策，元老院始終抱持著小心翼翼的謹慎態度。這也是為了防範獨裁者出現的重要考量。但是，海賊的威脅日益升高，民眾對武將龐培寄予厚望。西元前六七年，元老院終於做出決定，將統帥權交付給龐培，由他領軍出海。

龐培將地中海劃分為幾塊區域，並在各區配置指揮官。此項戰略果然奏效，龐培只花費不到四十天的時間，就將海賊逼迫到走投無路。這些海賊原本就在安納托利亞（小亞細亞）南部的奇里基亞（Cilicia）地區設立據點，龐培將海賊封鎖在當地，不久後攻略堡壘。兩萬名海賊成為俘虜，扣留了九十艘船隻，龐培也獲得了滿山滿谷的金銀財寶。

完成海賊討伐任務的龐培，接下來鎖定的目標，是要徹底擊潰始終威脅著羅馬的米特里達梯勢力。為此，羅馬將在東方行省的軍事指揮權與條約締結權，無限期的全數委託在龐培的手中，羅馬共和政體的統治原則，如風中秉燭，即將熄滅。

作為一位武將，龐培的力量絲毫未見動搖，迅速取得勝利。憑藉著他個人的權威，在東方各地展開殖民，國庫收入以倍數成長。

龐培獲得了巨額的財富，據說幾乎足以凌駕大富豪克拉蘇的資產。龐培將這些地方上的豪族歸入自己的勢力範圍下，成為他們的保護主。其姿態就像是一位專制君王，足以比擬過往的亞歷山大大帝。

除此之外，龐培當然也是共和政體下的貴族成員。他在處理完戰爭的後續狀況之後，解散軍隊回到羅馬，從事凱旋典禮的籌備工作。然而，儘管龐培已經解散軍隊，元老院內的門閥派人士依舊對於龐培的權威和影響力感到強烈的不安。龐培向元老院提出法案，內容是有關分配土地給手下退役士兵的事宜，以及有關東方政務與善後處理的批准，但是卻遭到元老院的拒絕。如此冷酷的回應，將龐培逼入苦境。

三巨頭政治與凱撒的野心

◎結合權力、人脈、資金的共同鬥爭路線

此時，一位在伊比利半島取得決戰勝利的男子，為了在羅馬舉辦凱旋典禮而回國。這名男子的名字為尤利烏斯．凱撒（Gaius Julius Caesar），他的目標是成為執政官。但是，要成為執政官的候選人，本人必須回到羅馬，且要在進入羅馬城之前解散手上的軍隊。凱撒希望元老院能夠以特例的形式允許他帶著凱旋軍隊入城，慶祝勝利，並且申請成為執政官的候選人，卻遭到門閥派的小加圖（Marcus Porcius Cato Uticensis，抑或 Cato Minor）出言阻止。說到小加圖，是以代代遵從傳統主義的家風為榮，十足擁護共和政體的人物。此外，凱撒的作為與行動向來有過度鋪張、炫耀的傾向，大部分的元老院議員都對他採取防範敵視的態度。

凱撒不僅被迫要放棄舉辦凱旋遊行典禮，甚至被指定擔任擊退義大利山賊的工作。凱撒的野心遭到嚴重的打壓。然而，凱撒並未就此退縮，反而計畫拉攏羅馬政界中的兩位大人物，與自己一同建立反門閥派系的共同鬥爭路線。

兩位大人物就是能夠在各個方面提供資金的大富豪克拉蘇，以及擁有龐大勢力的戰將龐培。克拉蘇與龐培的關係雖然不睦，但是兩人卻懷抱著共同的苦惱——因為門閥派系的妨礙，總是感到綁手綁腳，無法隨心所欲。

這三人在私底下結成同盟之後，西元前五九年，使凱撒順利當選執政官，如此一來，無論是權力、人脈還是資金都串連了起來，三人的共同鬥爭路線更能發揮出驚人的威力。克拉蘇藉由投資獲利、龐培也因為戰利品而致富，雙方都成為羅馬最大的富豪。

當上執政官的凱撒，通過了龐培所提出的退役士兵土地分配法案，並認可龐培對東方政務與善後處理的決定。凱撒甚至將自己的女兒茱莉亞許配給鰥夫龐培。龐培與茱莉亞這對夫婦，雖然在年齡上的差距甚大，卻非常恩愛。據說以軍人身分為榮的龐培，甚至捨不得離開愛妻去遠征。茱莉亞的存在，在龐培與凱撒兩人的關係聯繫上，占有重要的位置。

◎為了榮耀與利益而戰

話說回來，成為執政官的凱撒，當然還有另一位同為執政官的同事——比布盧斯（Marcus Calpurnius Bibulus）。比布盧斯曾試圖阻止土地分配法案的通過，卻因此遭到支持凱撒人士的威脅與羞辱，只能暫居家中躲避。後來，他藉口觀察到凶兆，反對凱撒所提出的任何提案。然而，比布盧斯作為一位政治家的氣度，與凱撒相差甚遠，高下立見。也因為如此，西元前五九年本應是「執政官凱撒與比布盧斯之年」，卻被世人揶揄是「執政官尤利烏斯與凱撒之年」（凱撒全名為蓋烏斯．尤利烏斯．凱撒）。

因為有龐培和克拉蘇作為後盾，凱撒取得了在高盧的軍事統帥權。其後的十年間，凱撒親自記錄下關於征服高盧的詳細過程。《高盧戰記》就是由率領軍隊的總司令官親手寫下的作品，在史料上具有無可比擬的高度價值，而且稱得上是拉丁文作品中十分出色的文章。文句簡潔扼要，絲毫不見贅詞冗句，言之有物，字字珠璣，表達力切中核心，毋需添筆。爬梳這部鏗鏘有力、擲地有聲的著作，自然而然地能夠推知凱撒作為一名政治家，其內心所蘊藏的無比力量。凱撒的演講，甚至讓同一時代著名的雄辯家——西塞羅讚賞道：「那是就算花費一生的時間去學習修辭學，也無法到達的境界。」

《高盧戰記》文章的開頭是眾人耳熟能詳的一段，也是教師們會讓歐美學生背誦的名文。

> 高盧全境分為三部分，其中一部分住著比利時人，另一部分住著阿奎丹尼人，而那些

用他們自己的話來說叫克勒特人、我們稱之為高盧人的，住在第三部分。

越過阿爾卑斯山的北方廣大土地，是羅馬的軍事影響力尚未抵達之處。當地居住著各個部族的人們，統稱為高盧人。在這群高盧人之中，有些部族為了追尋生活的新天地而展開遷徙，羅馬人便以此為藉口公開譴責，並開展征討行動。在擊潰這些部族之後，要求他們回到故土，宣示對羅馬的臣服。同時，羅馬人與高盧人締結同盟關係，藉以防備居住在更北方的日耳曼人前來侵襲。日耳曼人比高盧人更加勇猛剽悍，碩大的體格，讓人光是看一眼就驚恐的寒毛直豎、冷汗直流，無論是高盧人還是羅馬人都十分地懼怕。根據征服者凱撒的說法，他是要保護高盧人，讓他們能夠免於受到日耳曼人威脅的恐懼。

其實，高盧戰役是在未經元老院的許可之下便逕自開展。因此，凱撒必須說明這場戰役開戰的正當性。《高盧戰記》本身就是一部帶有政治意涵、自我辯解的著作。這是一場為了凱撒自身的榮耀和利益而戰的戰役，在書中當然是將這個部分隱匿不書，但其實已是當時眾人皆知的事實。

◎瓦解高盧人的集體反抗

凱撒希望自己能夠立下比龐培更為輝煌顯赫的戰績。此外，據說凱撒揮霍無度的奢侈行徑，也讓他背上了巨額的負債，因此需要戰利品來償付。最大的債權人便是克拉蘇。從克拉蘇的角度來看，應該認為凱撒是位值得投資的大人物。

在《高盧戰記》中，幾乎完全沒有提及在這場戰爭中有多少人因此傷亡和蒙受損失，但這恐怕是近代社會以前所發生的征戰中，帶來最大規模損失的一場戰爭。不過，凱撒這位司令官站在最前線，大聲激勵士兵，並保持冷靜沉著的凜然樣貌，讓羅馬士兵們士氣高昂，很快地就送上豐碩的戰果。根據凱撒本人的認知，羅馬軍在不到兩年的期間就「平定了高盧全境」。

關於戰爭的勝敗，不少例子都是根據當事者，尤其是率領軍隊的統帥本人，如何看待戰果而定。實際的狀況是，翌年，高盧各地的部族揭起了反抗的旗幟。其後的六年間，凱撒都在忙於鎮壓這些部族的反叛活動。

在這一連串的戰亂之中，最為壯烈的一場，是西元前五二年高盧人的集體反抗運動。高盧軍隊以勇將維欽托利（Vercingetorix）為首領，兵力超過一百萬人。其中的主力八萬名士兵固守要塞阿萊西亞（Alesia），而六萬名羅馬士兵則將其包圍。不久，羅馬軍隊的外側居然湧來二十四萬名的高盧大軍，將羅馬軍隊團團包圍。腹背受敵的羅馬軍被逼至走投無路的境地。包圍的攻防戰反覆進行，持續三十日之久，兩軍食糧皆已用罄，陣營中瀰漫著焦躁的氛圍。

決戰的時刻是炎熱的仲夏。反覆進行著刀光劍影的激烈對戰，在人數上占有優勢的高盧軍接連地將新兵一批批的送進堡壘。陷入苦戰的羅馬軍，就連土牆和壕溝也無法抵擋高盧軍的攻勢，決定發動最後的突擊。在羅馬軍前鋒的內側，披著紅色外衣的凱撒神采飛揚、英姿颯爽地朝著高盧軍的方向走去。高盧軍先是一陣慌亂，接著便以凱撒為標的發動攻擊，戰場頓時化為地獄，呼天搶地的悲鳴此起彼落。就在此時，凱撒事前調離的騎兵隊，轉由高盧軍的背後展開突擊。倏忽之間，阿萊西亞的要塞內陷入混亂，高盧軍瓦解崩壞。

敵軍將領維欽托利坦蕩地面對敗果，大聲叫喊道：「我不是為了自我的私欲與利益而戰，而是為了解放全高盧而戰。如今看來，已無法違抗命運的安排。高盧同胞們要殺要剮、還是要將我交到敵人手中，悉聽尊便。」後來，凱撒的筆下寫道：「與高盧的重要城鎮一樣，維欽托利也被交付至羅馬的手中。」即使凱撒敬佩敵將的氣度，卻難以容忍維欽托利的背叛。畢竟以凱撒的立場來看，高盧人早在過去便已向羅馬表示臣服順從之意。維欽托利被幽禁在陰暗的地牢六年，最後被帶往羅馬市內遊街示眾後，以絞刑處死。這一天，是西元前四六年夏天，也正好是凱撒的凱旋典禮之日。

◎崩壞的三巨頭政治

如今，無論是誰，都已認可凱撒作為一名武將的勇氣與力量。不過，面對被稱作是誅殺一百萬人、俘虜一百萬人的凱撒，感到恐懼的不只是背叛者和被征服者。凱撒出師必捷、戰功日益顯赫，元老院中的保守派人士在不安和嫉妒之中，畏懼與反抗凱撒的情緒，如同波浪一般洶湧的起伏。

當時，痛失愛妻茱莉亞的龐培再婚，與凱撒之間的緊密聯繫不再。克拉蘇也在帕提亞戰線中戰死。因擁有權勢的三人結合的共同鬥爭路線而形成的三巨頭政治，已徹底崩壞。擁護共和政體的主要人物小加圖，率領元老院的保守派人士擁護龐培，將龐培拱立為反凱撒派系的中心人物。

西元前五一年，平定高盧的凱撒回國，準備舉辦凱旋大典，並打算參選執政官的選舉。他再度面臨同樣的難題。要舉辦凱旋大典就無法解散手中的軍隊，但是不解散軍隊的話，就無法進入羅馬市內，成為執政官的候選人。凱撒再度向元老院要求以特例的方式處理。凱撒的提議想當然爾遭到政敵的反對。由於羅馬民眾一面倒地支持凱撒，針對凱撒所遭遇的處境展開激烈的辯論，羅馬的政局陷入動蕩不安。但是，在最後關頭最能發揮影響力的還是非軍事力莫屬。這一點，不管是凱撒還是龐培，應該也是心知肚明。在各自擁有實力的兩人眼中，不可能看不見法西斯主義共和政體國家羅馬應有的樣貌。

果然，在西元前四九年一月，元老院的提案——「若是凱撒在期限內不願放棄統帥權，將成為國家的公敵」，獲得壓倒性的支持而順利通過。以馬克·安東尼（Marcus Antonius）為首的凱撒陣營人士雖然表示反對，但是在保守派的面前，已是無計可施。安東尼只能喬裝為奴隸逃亡，元老院內屬於凱撒派系的貴族也紛紛效法，喬裝逃亡。此時，凱撒本人正在義大利北部的拉溫納（Ravenna），鄰近盧比孔河（Rubicon）之處。

◎野心勃勃男子的傳說

話說回來，要想瞭解凱撒這號人物，還是應該要從他的身世看起才是。

西元前一〇〇年七月，凱撒誕生於羅馬二十里外的阿爾巴·隆嘎；他後來遷居羅馬郊區的蘇普拉（Suburra）地區。他雖然是出身歷史悠久的家族，但是在資產和人脈上都非常的貧乏。轉機出現在姑姑與當代的權勢者馬留結婚後，凱撒獲得許多與馬留派系人馬接觸的機會。後來，凱撒與馬留派系中的領袖人物秦納結為知己，並與秦納的女兒科爾內利亞（Cornelia Cinnilla）結婚。同時，未滿二十歲的凱撒也坐上朱庇特祭司的職位。

不久後，與馬留對立的蘇拉回到羅馬，凱撒的人生開始變調。不只被剝奪祭司職務，更被下令要與科爾內利亞離婚。但是，凱撒拒絕接受這項命令，觸怒了蘇拉這位在當時擁有巨大權力的上位者。據說在周邊貴人的安撫與調解之下，怒氣沖天的蘇拉終於平撫了情緒，只丟下了一句話便掉頭離開：「在那傢伙的身體中，真不知道到底是住了幾個馬留在裡頭。」這句話感覺起來像是過於準確的預言，不過，也正因為凱撒是位傑出的英雄豪傑，才會出現諸如此類的傳說吧。

年滿二十歲後的凱撒投身軍隊，前往亞洲遠征，途中被海賊所捉。根據傳說，凱撒被海賊捕捉的那段期間，絲毫未見膽怯，反而是怒目切齒地向海賊吼道：「等著瞧，有天我一定會把你吊死。」不久，五十塔蘭的贖金送達海賊手上，凱撒獲釋。據說，正如他所斷言的一般，後來他找出那位海賊，將之凌遲處死。

凱撒曾多次造訪伊比利半島。據傳某回，他前往卡迪斯（Gades），在亞歷山大大帝的雕像前泣不成聲：「在我這個年紀，亞歷山大早已征服全世界，我卻還在做這些不受人矚目的工作。」

與三十二歲就英年早逝、偉大帝國的建設者相較，凱撒對自己的處境感到無力且羞愧，因而痛哭失聲。這段傳說，充分展現出凱撒是一位多麼渴望榮耀、懷有遠大抱負與自我期許的男子。

這些有關凱撒的傳說，究竟是否屬實，並非一大問題。舉例來說，凱撒與海賊之間的對話，除了凱撒本人之外，我們毫無其他管道得以知悉兩人的對話內容。如果是凱撒本人所流傳出來的故事，就表示他在自我形象的塑造上十分地得心應手。比起史實本身，這些傳說被盡力地以史實的樣貌流傳著的事實，更能看出凱撒的剛毅與旺盛的野心。

◎藉由洞察力與門客關係，擴張勢力

話說回來，凱撒最受到後人所矚目的是他對於人類社會的敏銳洞察力。說到人類，比起眼前所見的現實，人們總是更容易相信心中所懷抱的期望。也正因為凱撒熟知這番道理，才會在適當的時刻，巧妙地扮演出民眾心目中所渴求的人物角色。

凱撒身形挺拔，又注重儀容外表，總是能夠將帶有流蘇裝飾的日常服裝穿出個人品味與從容不迫的氣質。大方且果斷的態度，吸引眾人圍繞在他的身邊。此外，他辯才無礙、妙語如珠，待人慷慨海派，就算大宴賓客也不求回報與感恩。凱撒天生的魅力，巧妙地拉近與周遭人物的距離，並將之集結為政治上的力量，發揮出最大的功用。

說到借人錢財，也不是每個人都能輕鬆做到的事。如果金主無法感受到凱撒的魅力，想必也不會輕易借出金錢。況且，若是債務人凱撒失勢垮台，債權人也無法取回借出的金錢，所有的投資都將化為烏有。因此，為了避免這種狀況發生，金主只能繼續支援凱撒。其中，最好的例子就是羅馬首屈一指的富豪克拉蘇。

在羅馬人的社會當中，像是門客關係的保護主與被保護者的聯繫非常緊密。凱撒能夠像是運用自己的手腳一般，靈活指揮手下的士兵，也是他作為一位軍人的才能。在稱呼士兵之時，他不是使用「各位士兵」這個語詞，而是「各位戰友」，讓士兵們非常感動。凱撒與部下的門客關係加深了彼此的情感聯繫，這樣的關係，不僅存在於羅馬市民之中，更在羅馬征服的部落民族之間不斷擴散開來。

◎一決雌雄的法薩盧斯戰役

關於法薩盧斯戰役（Battle of Pharsalus）的戰場，並未留下相關的詳細資訊。盧比孔河是流經義大利北部的小河流，古代的人們認為，一旦越過盧比孔河，就是進入了羅馬義大利本土。羅馬的武將遠征之時，必須由元老院賦予武將統帥權（*Imperium*），率領軍隊出征。但是，如果要回到羅馬，按照慣例要在渡過盧比孔河之前解除武裝。因此，要是以率領著軍隊的狀態渡過盧比孔河，將會違反羅馬的國家法律，成為國賊。儘管如此，西元前四九年的一月十日，在凱撒的臉上卻絲毫不見猶豫躊躇的神色，只丟下一句「骰子已然擲出」，便帶著軍隊渡河。

凱撒的行動力宛如狂風怒濤般的疾速。或許這是他最為果斷、迅速的一次。他一路向南進攻，超乎意料的敏捷速度，在抵抗者幾乎來不及出手反抗的狀況下，就將義大利半島迅速地壓制下來。迎戰的龐培，在召集士兵的活動上花費了些許時間，當然是無法與身經百戰的凱撒強軍相互抗衡。

當時，可以明顯看出這兩位武將在素質上的不同。龐培出言威脅：「不從吾者，即為吾敵（不跟隨自己的人，將視為自己的敵人）。」雄辯家西塞羅在不情不願的狀況下選擇跟隨龐培。相對地，凱撒則是明言：「無力無依者，皆為吾黨（沒有人支援、沒有人願意幫忙的人，都是自己的夥伴）。」就算這是因為凱撒身為國賊而必須壓低姿態的說法，在角色演出的評審結果中，果然還是凱撒略勝一籌。

接著，龐培暫時離開了義大利半島。在過往的東方遠征之中，希臘地區有許多人臣服於他的權威之下。因此他選擇希臘作為重整軍隊之地。不久後，凱撒也渡越亞得里亞海，迎戰龐培。在這場戰鬥中，兵力上是龐培軍隊占有優勢，凱撒軍隊也因為身在敵地，苦於物資的調度，士兵們甚至只能用草葉製成麵包果腹。

西元前四八年夏天，終於迎來決戰時刻。決戰的場所在希臘北方法薩盧斯的某處原野。龐培軍力有五萬名步兵、七千名騎兵；與此相對，凱撒軍隊則是擁有二萬二千名步兵與一千名騎兵。在軍隊人數上相差了兩倍以上。但是，在戰術的運用上，凱撒還是較為高明，他激勵士氣，讓戰士們勇猛進擊，並且抓住敵方騎兵的弱點加以攻擊，至此，戰局的大勢已定。

凱撒騎著馬四處奔走，呼籲戰友的士兵們，切勿殘酷屠殺羅馬市民。對於支持敵軍的名門貴族人士，施以溫情策略，其中也包含了布魯圖斯（Marcus Junius Brutus Caepio），這後來暗殺凱撒之人。據說凱撒日夜奔走敵營，待敵軍宛如至親至愛一般，看見敵軍平安無事的模樣，便能感到安心和喜悅。其後，完全沒有對任何人展開行刑或是肅清。

這與凱撒對待異民族高盧人的殘虐，是完全不同的態度。對凱撒來說，龐培軍隊雖是敗者，但是他們身上流的卻還是同胞的血。吃下敗仗的龐培逃往埃及。龐培雖然害怕被捲入羅馬現在的內部糾紛，最後卻還是遭到埃及宮廷人士的殺害。

◎將殘黨各個擊破，內亂落幕

乍看之下，在法薩盧斯戰役中，作為一位武將，凱撒似乎是高過龐培一籌。但是，事實真的是如此嗎？龐培曾經遠征地中海沿岸各地，前所未有的擴大了羅馬的領土。年紀輕輕就已經展露頭角，屢屢拿下輝煌的戰績。而且，就連凱撒也認同的一般，龐培是一位「性格良善、清廉高潔、凡事認真的人物」。因此，龐培晚年的行動，看起來不像是出自於個人的野心，反而像是被元老院貴族所哄抬出來的大將。如此身經百戰的勇將，會在法薩盧斯戰役吃下敗果，或許是因為他對戰爭的直覺變得有些遲鈍的緣故。

與龐培相較，年少六歲的凱撒則是在為期八年的高盧戰役之後，仍舊在軍事上保持活躍，在武將的生涯上，可說是巔峰狀態的成熟期。在政治策略的擬定上，凱撒確實是出類拔萃、不可小覷的一名能者，但是以武將的能力而言，龐培絕對是能夠與凱撒匹敵的對手，不論他是否能勝過凱撒，至少不會劣於凱撒。對凱撒而言，正好是在最為合適的時機與龐培對戰，果然是他向來所自豪的「命運的寵兒」。

尾隨龐培前往埃及的凱撒，卻在當地接到偉大對手的死訊。其後，凱撒竟然出乎意料之外的被捲入埃及法老王的王位繼承問題之中。他與埃及豔后克麗歐佩特拉（Cleopatra VII Philopator）一同度過快樂的時光，在尼羅河之地停留了半年。或許凱撒停留的目的，是為了視察豐饒的埃及以及處理債務的問題。但是，凱撒與克麗歐佩特拉沿著尼羅河溯溪而上，周遊各地的歡樂身影，就算沒有大文豪莎士比亞的文采，想必也能夠在一般人的內心，蕩出想像力的漣漪吧。對於凱撒來說，那段日子，就像是療癒了長年來馳騁於戰場上的疲弊身心，喜樂且美好。

儘管龐培已死，凱撒的敵人並未一舉消失。龐培的勢力依舊殘存在北非、西班牙、義大利本國和羅馬城內。不只是在地中海西側瀰漫著蠢蠢欲動的不穩氛圍，米特里達梯之子也在小亞細亞揭起反抗的旗幟。西元前四七年，凱撒首先以宛如閃電般的急速攻擊，擊潰小亞細亞的敵人，並向元老院報告：「吾來，吾見，吾征服（*veni, vide, vici*）。」這在後世也成為傳誦凱撒善戰的名言。在此狀況下，元老院議員中出現了許多支持凱撒的人士，這也算是凱撒高明的政治手腕所導引出的結果。

翌年四月，凱撒在北非戰線擊退龐培派的殘餘黨羽，強韌的共和政體主義者小加圖被逼至走投無路的境地，舉刀自盡。對小加圖而言，要他活著接受凱撒的慈悲對待，是荒謬至極之事，因為那代表著自由向獨裁表示屈服的姿態。小加圖悲壯的自殺，在後來成為擁護共和政體派系人士們在精神上最有力的支持。因此，據說凱撒也後悔的表示：「未能救他性命，實為憾事。」

西元前四五年三月，凱撒在伊比利半島南部擊潰了龐培之子所率領的軍隊。距離凱撒渡過盧比孔河的時日，已經過了四年的歲月。令人眼花撩亂的內亂混戰，也就此落下終結的帷幕。

◎招致反感的終身獨裁官之死

如此一來，凱撒手上所掌控的巨大權力，已無人能與之匹敵。他回到羅馬後，開始著手從事各項改革。公布諸多法令，大幅增加元老院議員的人數。此時，在義大利半島的各個城邦中，新興豪族輩出，他們也大多成為支持凱撒的旗下人馬。此外，凱撒導入儒略曆（Julian calendar），自西元前四五年一月一日開始施行，幾乎與現代的太陽曆沒有差別。眾所周知，七月（July）的語源便是由儒略（Julius，即為凱撒姓名中的尤利烏斯）一詞而來。除此之外，凱撒也將救援之手伸向貧民階級，將羅馬的公民權賦予許多貧民。同時，以伊比利半島為首，凱撒送出了許多殖民者至各個地區屯墾殖民。

如今，凱撒成為王者一般的獨裁者，完全沒有遵循共和政體的傳統，元老院內部對凱撒不滿的人士日益增加。不過，凱撒依舊是以寬容（*Clementia*）的眼神看待這些政敵。凱撒在民眾及軍隊之中，簡直像是受到盲目式的崇拜，聲望無人可敵。

儘管凱撒的權勢已經到達如日中天的巔峰，但是他卻總是面露愁容。甚至有學者指出，刻印在貨幣上的凱撒頭像，已流露出瀕死的面相。他似乎是自暴自棄地認為，沒有任何人能夠瞭解他的內心。但是，我們應該可以將他定位為一位激進的國家改造論者。在他施行許多國家改造政策之後，接下來的目標則是遠征東方的帕提亞。

西元前四四年，凱撒成為終身獨裁官。原本獨裁官任期在非常時期下為期半年，但是凱撒卻打破了這項規定，如此一來，共和政體的傳統已無法挽回。雖然凱撒並未竟自稱王，但是卻穿著過去羅馬王政時期的服裝。擁護共和政體的元老院貴族們，內心的反感情緒日漸升高，終於到達沸騰的極限。

占卜師曾事先多次對凱撒提出忠告：「至三月十五日為止，務請萬事小心。」到了三月十五日當天，凱撒冷笑諷刺道：「你算哪門子的占卜師，不是什麼事情都沒發生嗎？」占卜師答道：「三月十五日這一天尚未結束。」

不喜護衛隨行的凱撒獨自進入元老院的議會會場，被企圖暗殺他的一行人馬包圍，舉劍攻擊。刺殺團中還包含了凱撒特別關愛的布魯圖斯。據說當布魯圖斯正要揮刀刺向凱撒之時，凱撒大吼：「布魯圖斯，竟然連你也——」最終凱撒的遺體上，共有二十三處被刺傷的痕跡。

總結來說，本書第二章描繪的是世界帝國的原型。有高壓帝國亞述、寬容帝國波斯、以及亞歷山大大帝建立的野心帝國。亞述在軍事力上的威脅以及殘暴行徑，令人惶惶不安。波斯則是只要按時繳交貢品賦稅，就願意寬容、尊重被征服民族的自由。亞歷山大大帝在征服作戰上熊熊燃燒的野心，最後也焚燒殆盡。

實際上，所謂的高壓、寬容與野心，同時體現在凱撒的人格之中。以高盧人為首，凱撒殘殺了異族一百萬人，並將一百萬人捕捉為奴隸。面對以軍事行動進行反抗的野蠻人，凱撒心狠手辣，絲毫不留情面。不過，若是敵方表示出恭順之意，特別是對羅馬市民的同胞手足，凱撒便能大方地開恩赦免，以寬容的態度相待。話說回來，在凱撒背後支撐著他果斷且迅速的行動力，別無他物，正是他心中熊熊燃燒的野心。

究竟在凱撒的內心，是否曾經企圖樹立起一個世界帝國，如今已無方法能夠確認。就讓這位追求無限霸權，野心勃勃，時而殘酷，時而寬容的男子形象，佇留在我們的心中吧。也正因為凱撒是一位恩威並濟、懷有旺盛野心的軍事家與政治家，才能夠在驚濤駭浪的歷史中脫穎而出。他是在世界史舞台上的超級巨星，適合扮演前所未有的世界帝國創始者的角色。後世的八卦史家——蘇埃托尼烏斯（Gaius Suetonius Tranquillus）所言：「凱撒之死，是一場必當發生的暗殺事件。」實為一語中的的文字。

1 雖然坎尼之役十分慘烈，但這場戰爭似乎犧牲更多，只是資訊多是傳聞。

第六章

羅馬帝國政治的和平

奧古斯都　原名蓋烏斯・屋大維・圖里努斯（Gaius Octavius Thurinus），羅馬帝國的首位皇帝。

元首奧古斯都的道德威望與權力

◎凱撒的後繼者

雖然西塞羅是以雄辯家和文人的身分而著名，事實上他的內心則是殷切地渴望著政治家的權力。西元前六三年，他得償所願地被選為執政官。當時，喀提林（Cataline）派系人馬正企圖執行顛覆國家的計畫。但是，也多虧喀提林人馬的反叛行動，讓西塞羅得以有所作為，被譽為「國父」，聲勢達到如日中天的態勢。

同年，蓋烏斯．屋大維．圖里努斯（Gaius Octavius Thurinus）生於帕拉丁山丘（Palatine Hill）。他的祖母是尤利烏斯．凱撒的姊姊茱莉亞（Julia Minor）。據說十二歲的屋大維在祖母的葬禮上發表弔唁致詞的模樣，深深吸引住凱撒的目光。

凱撒十分照顧屋大維這位晚輩，在與龐培殘存的黨羽作戰，遠征西班牙之時，也讓屋大維加入軍隊的行列。不久，為了讓屋大維繼續學習，將他送至達爾馬提亞（Dalmatia）的阿波羅尼亞（Apollonia）地區留學。在當地，屋大維與阿格里帕（Marcus Vipsanius Agrippa）的友誼關係更加穩固，這號人物後來成為屋大維在生涯上的摯友，同時也是他的得力助手。

西元前四四年，在留學的這塊土地上，屋大維聽聞凱撒遇刺的消息。同時，得知自己在凱撒的遺囑中被指名為他的後繼者。正如眾所周知的一般，屋大維就是後世所尊稱的首任羅馬皇帝——奧古斯都。他留下了作品《神聖奧古斯都功績錄》，是一部當政者使用第一人稱的口吻說明治理國家的著作，在史料上也是具有難以相比的價值。儘管如此，奧古斯都的文字充滿嚴肅艱澀的表現，很難讓後世讀者感到親近。在此，筆者試圖添加些微的解說，解讀皇帝的文字。

吾於十九歲時被指名為凱撒的養子，成為偉大的神之子。然而，前方等待著吾人的，卻是困難重重的挑戰。反凱撒派系人馬依舊苟延殘喘，凱撒派系內部亦難團結一致。尤其是凱撒的親信安東尼（Marcus Antonius），其專橫跋扈的行徑，十分囂張。即便是吾人出言要求，安東尼仍舊不願交出凱撒的遺產及書信文件。最後，凱撒曾經向士兵們承諾支付的謝禮金額因此無法支付，只好從吾人的財產中撥出款項代為支付。畢竟，凱撒當初就是基於謝禮的約定才博得士兵們的信賴。

弱冠之年，吾受元老院表彰，在元老院中得以執政官之身分發言。元老院認可吾人手中的最高統帥權，市民們也推舉吾人成為執政官。同時，吾與安東尼和雷比達斯（Marcus Aemilius Lepidus）達成和解，一同攜手合作，成為國家重建三人委員[1]中之成員。對殺害義父凱撒之鼠輩，以法律加以制裁，處罰並流放之。即便如此，仍舊有人起身反抗國家，吾於二十一歲之時，曾兩度擊潰反叛勢力。

隨著國家重建三人委員會的解散，吾人在地中海世界全土展開海陸的戰鬥。追擊打算與那些苟延殘喘、墨守成規的舊派人士聯手的雷比達斯，也擊潰了被埃及女皇克麗歐佩特拉迷得神魂顛倒、成為全民公敵的安東尼。在這些戰役中，吾人作為一位勝利者，面對任何一位請求饒過一命的羅馬市民，皆寬大為懷、網開一面。這也是從吾父身上所學習而來的慈悲。此外，對於外國人，則是盡量以寬宏待之。比起毀滅殺害，吾人更偏好赦免的寬容。如此一來，約有五十萬人的羅馬市民宣誓，願為吾人效忠，從軍奉獻。其中，有三十萬以上的人們，在兵役結束後，前往它地殖民，或是榮歸故土。當時，退役的士兵們全員皆分配到了土地以及金錢。

至於勝利者，則是被允許舉辦凱旋大典。吾人曾經舉行兩次小型的凱旋典禮，正式的凱旋大典則是舉辦過三次。在這些典禮之中，將俘虜而來的九名國王以及王子，安插在吾之凱旋車隊前方。此外，被讚譽為「凱旋將軍（*Imperator*）」的歡呼，吾人曾有過二十一次的經驗。儘管如此，元老院曾多次決議，要為吾人舉辦凱旋典禮，卻全遭吾人辭退。關於海陸戰役的功勳，向永恆之眾神進行禮拜儀式，元老院決議應該要有五十五次；被元老院定為謝神禮拜日的日數則是多達八百九十日。在這份文書完成以前，也就是吾人七十六歲之時，已擔任過十三任的執政官，以及三十七任的護民官。

這是吾人獲得奧古斯都稱號的第五年，元老院與民眾們送上獨裁官的職位，吾人虛心辭退。但是，穀物食糧不足的問題日益惡化，不得不考慮農產品的儲存數量。幾天後，由於吾人的自願出資與細心的顧慮，將羅馬市民由恐懼及危險中拯救出來。當時，再次有人提出讓吾人成為終身執政官的申請，依舊遭到吾之婉拒。

◎強力主張道德威望，進行統治

奧古斯都在文中的闡述，滔滔不絕地延續著。無論是作為一位公僕，抑或是私底下作為一位市民，奧古斯都洋洋灑灑地細數他的事業與功績：公共事業的建設、神殿的建造、治安的維持、穀物的供給、婚喪喜慶的資助、大眾娛樂的提供、領土的擴大、國土的安定等。在列舉出這些作為後，在《神聖奧古斯都功績錄》中為自己的統治做出結論：

> 吾人業已鎮壓內亂，在萬人同意的基礎上擔起全權，然而吾人仍舊將國家之權委託於元老院以及羅馬國民的裁定之上。至於吾人所立下的功績，將遵從元老院的決議，接受奧古斯都的稱號，並在吾人家門的門柱前，允許以月桂樹作為裝飾，在吾家的門楣上也榮獲掛上拯救市民的榮冠，此外，將黃金製的肖像盾牌安置在尤利烏斯元老院議事堂之中。元老院以及羅馬國民給予吾人上述的榮譽，是為了讚頌吾人的勇氣、慈愛、正義以及虔誠。這些內容，也明確地銘刻在肖像盾牌的碑文之上。從今以後，就算吾人的道德威望高於萬人之上，但在擁有的權力方面，吾人與一般從事公職的同僚，並無絲毫的差異。（《神聖皇帝奧古斯都功績錄》）

結論中，充滿著奧古斯都的驕傲與自負。他並未自稱為皇帝或大王，也不讓周圍的眾人以象徵著獨裁者的稱號去稱呼他。無論如何，他在羅馬市民中，就是位「第一公民」（*Primus inter Pares*），只不過稱得上是一位「元首」（*Princeps*）。因此，就算在平定內亂後獲得了政治上的所有權力，他卻將所有的權力歸還給元老院以及羅馬的市民。

取而代之的是高貴的尊稱以及多項榮譽的頒發。奧古斯都接受這些榮譽的背後，想表達的是自己是在德性方面受到眾人愛戴，絕非是要汲汲營營奪取霸權之人。換言之，自己就算在道德威望（*auctoritas*）方面是出類拔萃之輩，但是在權力（*potestas*）方面卻是與其他高官相同。

「以道德威望來統治吧！」是自古以來羅馬人口耳相傳下來的一句俗諺。因此，奧古斯都才會自信滿滿地主張著自己的道德威望。因為他的道德威望是實踐「祖宗成法」而獲得的榮耀，也是眾人對從政者最迫切需要的要求。

然而，所謂的道德威望，其中的內涵究竟是什麼呢？簡略地來說，首先就是家世出身以及足以勝過家世的戰績功勳，外加優良的品格。家世、功勳以及品格，就是構成道德威望的具體條件。

屋大維的政敵安東尼曾四處張揚，表示屋大維的曾祖父是位奴隸，進入政界以前的父親則是一位貨幣兌換商人，會以兌換貨幣的差額進行賄賂，母親則是麵包師傅的女兒。在重視家世、出身的時代，光是因為出身卑賤這個因素，該位人物的能力就有可能被他人提出質疑。特別是對於從政者而言，卑賤的家世是最不願背負的污點。

但是，屋大維的家世，並沒有安東尼所誹謗中傷的如此卑賤。確實，屋大維並非出自顯貴的家族，但至少是新貴族的身分。更重要的是，屋大維是那位擁有巨大權力的凱撒所指名的後繼人。光是這一項事實，就足以發揮強大的影響力，威逼眾人。

◎堅守在孱弱指揮官旁的親信

凱撒看出了少年屋大維與生俱來的才能。不僅如此，這位少年的勇氣，更是讓凱撒又驚又喜。據說屋大維曾只帶領著數位隨從，便突破了敵軍滿佈的道路，即便是再怎麼難以攻略的處所，也能夠領軍前行。看著這位姊姊的孫子如此地英勇善戰，凱撒的內心想必是充滿了愛憐之情。

然而，儘管在精神上十分地勇猛堅毅，但是也有可能會發生肉體無法跟隨精神的狀況。換言之，屋大維的健康狀況孱弱，必須好好善待自己的身體。對於懷有如此弱點的人來說，擁有一位知己，能夠理解自己急躁的性格，是十分必要的輔助與支持。

阿格里帕（Marcus Vipsanius Agrippa）以奧古斯都的親信身份，表現活躍，建設萬神廟以及尼姆（法國）的水道橋。

在屋大維的親信中，最為親近的阿格里帕，擁有軍人的優秀天賦。兩人在達爾馬提亞的遊學期間，加深彼此的情誼，成為莫逆之交。表面上屋大維是指揮官的身分，但實際上則是阿格里帕親自帶領著軍隊，在大大小小的戰役中，贏得勝利。針對屋大維的狀況，政敵安東尼曾說道：「那個男人就這麼躺在床榻，靜靜地凝視著天空。在阿格里帕完全擊潰敵人以前，他就像是個活死人一般，一動也不動。」或許當時是屋大維的身體狀況不佳吧。無論如何，從政敵的話語中可以想像出屋大維仰賴著阿格里帕軍事才能的模樣。

西元前三一年爆發的亞克興角海戰（Battle of Actium），是屋大維與安東尼和克麗歐佩特拉聯軍，賭上地中海世界的霸權，一決雌雄的最後決戰。屋大維的姊姊小屋大薇（Octavia the Younger）是安東尼的妻子，是一位非常堅毅的女性。因此，被克麗歐佩特拉迷得神魂顛倒的丈夫安東尼，在羅馬社會上的評價一落千丈。

話說回來，這場歷史上著名的海戰，其實並不如預期般的激烈。克麗歐佩特拉的埃及艦隊迅速地揚帆奔逃，安東尼也隨後跟上。彷彿是恐懼與名將阿格里帕進行對戰一般。據傳克麗歐佩特拉因為害怕會被帶至羅馬遊街示眾，而讓毒蛇咬傷自己，自殺身亡。聽聞克麗歐佩特拉死訊的安東尼也絕望至極，追隨克麗歐佩特拉而去。

假若沒有阿格里帕的存在，屋大維是不可能成為地中海世界中的霸者，享有「奧古斯

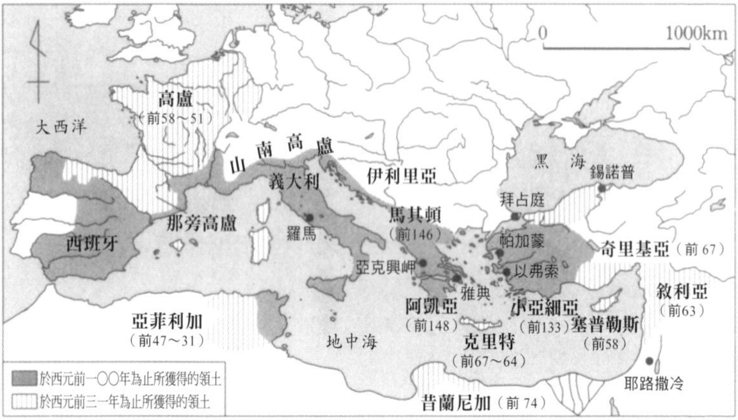

羅馬帝國的擴張（至西元前三一年為止）

都」的榮譽稱號。由此可見，阿格里帕作為一位軍人的傑出與卓越。不僅如此，阿格里帕還拒絕舉辦凱旋大典，表示一切都是奧古斯都的功勞。奧古斯都雖然並未擁有優秀軍事手腕的天賦，但是在識人觀人這一方面，無疑是獨具慧眼，非常出色。

另一位在背後支持著奧古斯都的人物——自年少時期就締結深厚友誼的蓋烏斯·梅塞納斯（Gaius Cilnius Maecenas），也是不可忘卻的重要助手。如果說阿格里帕是屋大維在軍事上的右手，那麼梅塞納斯就是屋大維在文化、政治上的左手。梅納塞斯在內政與外交方面，屢次扮演著仲裁的中間斡旋角色。

梅納塞斯雖然出身於騎士階級，但是他並不汲汲營營地追求元老院元老的身分或是高階的公職，只是一心一意地貫徹著忠於凱撒後繼者的得力助手角色。因此，梅納塞斯也被稱呼為「在背後操縱輿論者」、

「文宣大臣」。

該稱呼的原因在於，梅納塞斯與許多詩人保持往來聯絡的關係，並支付給他們非常高額的報酬。建國敘事史詩《埃涅阿斯紀（*Aeneid*）》的作者維吉爾（Publius Vergilius Maro），在他的遺囑中所明記的遺產總額十分驚人；抒情詩人賀拉斯（Quintus Horatius Flaccus）名下的農場也是經由梅納塞斯的贈與而來。雖然這些詩人們並沒有因此對梅納塞斯言聽計從，但是卻在無形之中承受了來自梅納塞斯的壓力，應該是不可否認的事實。近來，將支援藝術文化的贊助者稱之為「梅塞納（mécénat）」，其語源便是從梅納塞斯的法語發音而來。

◎共和政體巧妙偽裝下的帝政

對於地中海世界的霸主奧古斯都而言，羅馬帝國在形式上依舊是一個共和政體的國家。他對共和政體在國家制度上幾乎未作任何變更，而是讓全體民眾默許獨裁統治的狀態。當時宛如帝王一般的凱撒，因為被懷疑將要登上獨裁者之位，而遭到暗殺。因此，奧古斯都必須避免重蹈覆轍，妥善處理自己手上的權力。

奧古斯都作為羅馬市民中的第一公民，一方面尊重元老院的統治傳統，另一方面則是將權力集中在第一公民的元首身上。因此，誕生了以元首個人的影響力為基礎，兼任多項公職的體制。尤其是持續地身兼民眾的保護者：護民官，以及最能夠接近眾神的人類：羅馬大祭司，受到眾人的矚目。元首不能只是單純的、赤裸裸地表現出欲望的權力者，而必須是備受眾人敬愛、擁有道德權威的人。

在羅馬管轄下廣大範圍的行省，分為由元老院管轄的行省以及元首直轄下的行省。安全且豐饒的地中海沿岸地帶的行省，大多屬於元老院管轄的範圍。在這些地區，並不需要有太多的軍隊駐守。相較之下，容易發生騷動的國境邊緣地帶，則是直隸於元首的行省，大多數的軍隊都駐屯在這些地區。和平又豐饒的行省委任元老院管轄的同時，當地所徵收而來的租稅則是用來維持羅馬帝國的軍隊支出。元首在確保帝國民眾安全的同時，以羅馬軍隊指揮官的身分，持有全軍隊的統率權。

奧古斯都的統治實際上是一連串反覆的試驗推行。一方面保留共和政體的組織，另一方面又從中創造出因應新世紀的方案。在原本共和政體國家的營運機構上，奧古斯都並未做出過多的變動，卻又能建立起廣大帝國的獨裁統治，聽起來就像是魔術師一般，完成不可思議的魔術。事實上，奧古斯都的確是十分巧妙地將帝國政治的組織工作，佯裝成共和政體的模

古羅馬廣場（Roman Forum）　以大理石打造的神殿，與凱旋門等公共建築一同佇立在羅馬城內的光景，十分壯觀。

樣。例如他設立禁衛軍隊的行為，從共和政體的基本原則來看，根本是不可能做出的決策。然而，直到羅馬帝國滅亡之前，禁衛軍隊持續地存在於帝國的內部。

在這些建設事業中，最引人注目的就是都市建設。奧古斯都將羅馬城打造為華麗壯觀的、名符其實的世界首都。過去在防範洪水及大火災害方面十分脆弱的羅馬城，搖身一變，成為四處聳立著富麗堂皇建築物的繁榮都市。奧古斯都會自豪地說出「以煉瓦、大理石的街道，條條相織出羅馬城」，其實也不無道理。畢竟他一手打造出了一個掌控著空前霸權的帝國中心。

◎私下溫和敦厚的冷酷統治者

奧古斯都在公、私兩面的表現，簡直判若兩人。他私底下是一位溫和敦厚、十分願意替朋友著想的人。但是，一旦他轉換到統治者的角色之後，則是事事經過縝密的算計、冷冽無情，即使是犧牲夥伴也在所不惜。當年輕的屋大維考慮到與安東尼和雷比達斯和解乃上乘之策之時，便無情地捨棄了擁護共和政體派系的西塞羅等友人。此外，對反凱撒派人士所採取的報復行動也是非常的冷酷，面對敵軍更是絲毫不留情面地斷然行刑。

擔任公職的奧古斯都，也有他自己的一套說法。某次，阿格里帕因為奧古斯都冷淡的態度而心生猜疑，隱居田野。當時，自幼一起長大的當政者奧古斯都則是惋惜地感嘆道：「阿格里帕在情感控制上，真是欠缺自制心。」

又，某次在一樁陰謀事件即將被揭發之際，梅納塞斯偷偷地將消息透露給妻子知道。對此，奧古斯都也嘆息道：「梅納塞斯的口風真是不緊。」身居公職，即便對象是自己的盟友，也是要以嚴厲的態度相待。

除此之外，也還有其他許多的小插曲。某日，奧古斯都與管理財政的親信一同散步，突然衝來一頭山豬，親信受到驚嚇，一不小心將元首撞飛了出去。奧古斯都卻只是嘲笑這位膽小的不敬者，以玩笑話的方式當下化解了場面的尷尬。

不過，當奧古斯都得知書記盜賣書信情報、接受賄賂之時，則是下令打斷書記的雙腳。另一名遭到解放的奴隸，是奧古斯都十分寵愛的手下，則是因為與上流階級的已婚女性通姦，而被迫自殺。

屋大維是位相貌堂堂的男性，偶會小酌、喜愛賭博和女色。雖然直至死前，都與再婚的妻子莉維雅（Livia Drusilla）維持著恩愛和睦的關係，但是一生中的風流韻事從未間斷。因為與克麗歐佩特拉的關係而遭到譴責的安東尼也曾經諷刺屋大維道：「在這封書信送達前，屋大維不知道已經和幾位女性共赴巫山雲雨去了。」

屋大維私底下展露出溫厚、寬容的性格，但是在轉換為公職立場之時，卻成為一位冷酷無情的統治者。凱撒之所以會相中屋大維，或許就是看穿了在屋大維的性格中，同時存在著如此判若兩人的人格。雖說兩人之間有著遠親的關係，也可能是原因之一，但是想必凱撒是認為如此宛如雙重人格的特質，正是作為一位當政者所需要的資質。以個人風格來說，必須要在某些方面具有足以吸引眾人的溫暖魅力，但是在擔任一位統治者之時，又必須保有毫不留情、冷冽殘酷的一面。

依照世俗的判斷，總是將溫厚、有情之人歸類為善人，將冷冽、殘酷之人歸類為惡人。然而，在人類的世界裡，並不適用如此善惡分明的二分法，善人有時會變成惡人，惡人有時也會有善人的作為。所謂的善惡，其實在定義上也是十分地曖昧不明。像是凱撒和奧古斯都這一類的人物，應該也是察覺到善惡難以明確區辨的特性。或許，在他們的精神層面上，早已超越善惡的辨知。在此我們先不去深論哲學家尼采論述中所想表達的意義，至少，在奮力登上高處，成為擁有巨大權力統治者的過程中，必須要成為一位超越善惡的人不可。

◎以血脈挑選後繼者屢屢遭挫後出現的問題

奧古斯都的一生，可說是宛如受到幸運女神無限眷顧般的一帆風順，不過，也並非毫無不幸之處。最讓奧古斯都感嘆的，就是血脈後繼者們的不幸先逝。

首先，是姊姊小屋大薇的兒子馬可魯斯（Marcellus）。奧古斯都將與前妻所生的女兒大尤利亞（Julia the Elder）許配給馬可魯斯，因此，對奧古斯都而言，馬可魯斯既是外甥，也是自己的女婿。未料，西元前二三年，馬可魯斯以十九歲的年齡猝逝，不只是元首一家，就連全國民眾也悲痛欲絕。

成為寡婦的大尤利亞不久後與奧古斯都的得力助手阿格里帕再婚，即使兩人年齡相差了二十五歲之多，卻還是生下了三男二女的子嗣。長男蓋烏斯（Gaius Caesar）與次男盧基烏斯（Lucius Caesar），為奧古斯都的孫子，皆被他視為元首的後繼人選。西元前一二年，大尤利亞的丈夫阿格里帕逝世，再度成為寡婦，年幼的皇孫兩人失去守護他們的監護人。奧古斯都想要幫大尤利亞尋找第三任丈夫人選，將目光轉移到妻子莉維雅與前夫所生的兒子——哥哥提比略（Tiberius Julius Caesar Augustus）和弟弟德魯蘇斯（Nero Claudius Drusus）身上。

當時，提比略已有愛妻，奧古斯都因而命令他離婚。提比略即使百般不願，卻也只能勉強地遵從奧古斯都的命令。不久，與大尤利亞關係不睦的提比略，對公職生活感到嫌惡，最後隱居在羅德斯島（Lodoss）。

話說回來，蓋烏斯與盧基烏斯兩兄弟總算是平安無事地長大，進入青年時期。不料，弟弟盧基烏斯在十九歲時病逝，兩年後哥哥蓋烏斯則是以二十三歲的年紀，因戰傷而逝。西元四年，奧古斯都依據血緣安排後繼者的計畫以失敗告終。

事實上，比起親人的相繼死別，更讓奧古斯都無法忍受的是親人不顧廉恥的行為，尤其是女兒大尤利亞和孫女小尤利亞的不良品性，讓他十分地頭痛。他雖然嚴格地訓練女兒和孫女，讓她們擁有嫻熟的針線和紡織技能，沒想到卻造成了反效果。對女兒大尤利亞來說，被丈夫提比略疏遠，丈夫還自私地隱居，或許也因此造就她「我想怎麼做，也是我的自由吧」的想法。

奧古斯都雖然曾經打算處死女兒，不過最後，他還是只有把女兒和孫女流放到島上。據說，只要提到女兒和孫女的話題，奧古斯都就會嘆息道：「早知道當初就不讓她結婚了。就算結了婚，別生小孩，就這麼死去也好。」

另一方面，對丈夫來說的不幸，對妻子而言卻可能反倒是幸運。奧古斯都雖然失去了所有以自己血緣關係為選擇基礎的後繼者，但是卻因此闢開了一條新的道路，讓妻子莉維雅的親生兒子提比略繼承帝位。事實上，在孫子蓋烏斯死去後，奧古斯都便開始尋找可以收養為養子的人選，作為自己的後繼者。當時提比略已是四十五歲的中年男子了。

◎被發現的悲慘戰場遺跡

數年前的秋天，筆者與友人一同前往德國西北部的城市明斯特（Münster）。在某一個秋高氣爽的日子，在明斯特大學擔任教授的好友開車帶領筆者一行人，前往位於卡爾克里澤（Kalkriese）的山中村落。在山麓地區的沼澤地帶，從前似乎是樹木林立、蓊蓊鬱鬱的模樣，一九八七年，在該處發現了散亂的羅馬貨幣，兩年後開始進行正式的考古挖掘。隨著調查工作的進行，不只挖出了金、銀、銅的貨幣，甚至連武器、軍事用具、工具和人骨也陸陸續續地出土。出土的人骨全數屬於成年男子的骨骼，其中不少骨頭上有明顯的傷痕。古錢幣全數皆為西元九年以前的貨幣，依此來斷定這些出土文物的確切年代。該處正是奧古斯都統治時期的西元九年，由將軍瓦盧斯（Publius Quinctilius Varus）所率領的三支羅馬軍團，遭到日耳曼部族軍隊的突襲，全軍覆沒的戰場。

實際上，也有史家從文獻史料上推測該地為戰場。該名歷史學者是唯一榮獲諾貝爾文學獎的著名羅馬史家蒙森（Christian Matthias Theodor Mommsen，一八一七年～一九〇三年）。不過，支持蒙森說法的學者卻非常稀少。後來因為考古學使用金屬探測器等進步的發展，才讓史學界感嘆蒙森的先見之明。現今在該地建設了紀念博物館以及歷史自然公園，筆者造訪時正好舉辦「蒙森展」的主題展覽。

發生在當地的戰役，被稱呼為「條頓堡森林戰役（Battle of the Teutoburg Forest）」或是「瓦盧斯戰役」。羅馬幾乎是全軍覆沒的慘敗，讓聽聞敗戰消息的奧古斯都受到非常大的衝擊。據說奧古斯都好幾個月都穿著喪服，不剃鬍也不剪髮，有時還會用頭撞擊門扉叫換道：「瓦盧斯啊，還我軍團！」

或許會有人認為：「只不過是區區的三個軍團罷了。」但是，這樣的說法其實有欠公允。畢竟奧古斯都的基本方針，是將常備軍的人數控制在必要的最少數量之內，以確保國境的安全和國土的和平。亞克興角戰役後，軍團的數量驟減至二十八個軍團，幾乎全都被配置到帝國的邊境地帶。因此，就算只是喪失區區的三個軍團，對於以維持「羅馬和平」為目標的當政者而言，也算是一項令人悔不當初的巨大損失。後來，羅馬軍隊對於是否應該越過萊茵河，向東繼續拓展國土之事，抱持著躊躇不定的態度。或許也是因為如此，就連今日也還有德國人會自嘲道，萊茵河以西被稱為文明之地，以東則是野蠻之地。

◎在妻子懷中的臨終

在羅浮宮美術館中以及那不勒斯南方的帕埃斯圖姆（Paestum）考古學博物館之中所館藏著的莉維雅雕像，皆有著可愛動人的形象。與其說是美麗的五官與輪廓，不如說是在可愛之中還蘊含著一點男性的堅毅，令人感到安心——原來如此，這就是那位奧古斯都的愛妻，讓人不禁點頭稱是，並感受到其中所潛藏著的強大意志。

莉維雅堅守貞節，受到眾人敬愛的同時，還能夠默許丈夫在婚姻之外的風花雪月等韻事，並非是一般女性所能擁有的氣度。其實這也與她顧慮到和前夫之間所生的兒子——提比略與德魯蘇斯兩人的前途有關。特別是關於提比略繼承帝位之事，莉維雅竭盡全力地在旁給予協助。不僅如此，在丈夫奧古斯都的國政上，莉維雅也擁有非常大的影響力。一方面她是一位協助丈夫國政的忠實妻子，另一方面也可以說是巧妙的策略家。有人揶揄莉維雅是「女性版本的尤利西斯（Ulysses）」，可以說是一針見血的形容。

不過，在公私層面上能夠巧妙轉換態度的奧古斯都，在他人生的最後一日，特地向友人問道：「在這齣人生喜劇上，您們不覺得我將自己的這個角色，扮演地十分傳神且完美嗎？」並且就像是演員在閉幕之際會補足的問候台詞一般：「若是對

莉維雅（Livia Drusa Augusta）　奧古斯都的妻子，同時也是第二任羅馬皇帝提比略的母親。

這齣戲劇感到滿意，請給予拍手喝采。並請滿意地離開。」不久，所有的親信們全都退下，奧古斯都在莉維雅的懷抱之下，安詳地嚥下最後一口氣。

「莉維雅呀，請勿忘懷我們一同度過的日子，並請好好的活下去。再會。」

西元一四年八月十九日，奧古斯都在七十六歲的生日前，安詳永眠。

當政者的理想——日耳曼尼庫斯的幻影

◎娶奧古斯都孫女為妻

奧古斯都皇帝逝世後，五十五歲的提比略登上皇位。經過了五年的歲月，日耳曼尼庫斯（Germanicus Julius Caesar）這位貴族青年死去，享年三十四歲。父親德魯蘇斯是提比略的弟弟，母親小安東尼雅（Antonia Minor）則是先帝奧古斯都的姊姊小屋大薇與政敵安東尼之間所生的女兒。日耳曼尼庫斯在血統上，是無可挑剔的貴族名門。

在日耳曼尼庫斯逝世當日，神殿被人丟擲石塊，眾神祭壇被人推翻。羅馬家屋中的守護神——拉瑞斯（Lares）神像，甚至被從許多家屋中丟出，棄置於道路。就連妻子所生下的新生兒也被丟棄在外。（蘇埃托尼烏斯，《羅馬十二帝王傳（*De vita Caesarum*）》、〈蓋烏斯・卡利古拉傳〉）

日耳曼尼庫斯的意外身亡，激起了羅馬民眾的悲嘆與憤怒。他們將這份悲痛與怒火遷怒至眾神身上，不只是掀起抗議與暴動，甚至就連眾神所賜予的新生命，也將之拒於門外。

提比略（Tiberius Claudius Nero）　第二任羅馬皇帝。在提比略皇帝的統治期間，刮起密告、肅清的狂風暴雨，眾人噤若寒蟬，氣氛緊張。

這場露骨地、宛如年輕氣盛的球迷發起暴動一般的騷動，並非是偶然發生。正因為是非常少見的現象，顯示出日耳曼尼庫斯的聲望，想必是如日中天。究竟，讓人如此敬愛的日耳曼尼庫斯，是一位什麼樣的人物呢？

家世顯赫的背景已毋庸贅言。父親承繼著克勞迪氏族的血液，母親則是與尤利烏斯氏族的血緣相連，可謂是名門貴族中的名門。除此之外，日耳曼尼庫斯的妻子還是先帝奧古斯都的孫女——大阿格里皮娜（Vipsania Agrippina）。可說是找不到任何人比日耳曼尼庫斯更適合繼承帝位。實際上，日耳曼尼庫斯早已遵從先帝的命令，成為提比略皇帝的養子，被視為提比略後繼者的人選。

在先帝的晚年時期，日耳曼尼庫斯曾離開羅馬，前往北方的日耳曼戰線，指揮軍隊。當奧古斯都逝世的訃聞傳入軍中，在軍隊中期待恩赦的情緒高漲，士兵們內心的動搖也逐漸擴散。厭惡勞苦、身分卑賤的士兵們率先行動，闡述自己悲慘的現狀，高喊著希望早日除去軍役以及提高薪資的要求。情緒失控的士兵們變得兇狠殘暴，接二連三的突擊可恨的上司百夫長。

暴動逐步蔓延，就連與日耳曼尼庫斯同行的妻子也面臨危險。日耳曼尼庫斯對著四周包圍著他們的士兵們說道：

經過了多次的勝利，獲得了多枚的勳章與褒揚，你們這些傢伙是送上了多麼完美的感謝給我這位將軍？我倒不如早點死去，這樣就不用知道我的部下是多麼不知廉恥的士兵了。現在，你們這些傢伙的臉和靈魂都換了一個樣。如果還有那麼一點意思，想將權力還給元老院、想對元首表示恭順、想將我的妻子還給我的話，速速跳出謀反的傳染圈，把煽動者給揪出來吧。（塔西佗〔Gaius Cornelius Tacitus〕，《編年史》）

這段話宛如當頭棒喝，士兵們各個低頭不語，接受日耳曼尼庫斯的譴責。他們洗心革面，迅速地離開現場。日耳曼尼庫斯如此壓下了軍隊中的暴動。

不久，日耳曼尼庫斯率領軍隊渡過萊茵河，入侵日耳曼地區，持續著接連不斷的戰鬥。在六年前的條頓堡森林戰役中被奪去三個軍團的軍旗，在不久後由日耳曼尼庫斯所率領的軍隊奪回其中的兩面，並且厚葬散亂於各處的羅馬戰士屍骨。

如此，隨著北方邊境戰況的好轉，士兵們對於日耳曼尼庫斯的信賴也日益加深。日耳曼尼庫斯屢傳捷報，戰功彪炳，民眾的狂熱情緒也隨之升高。據說不管日耳曼尼庫斯前往哪一個城鎮，都會湧進大量熱情歡迎的群眾，擁擠的狀況有時甚至還會威脅到日耳曼尼庫斯的安危。

◎民眾悲嘆的英年早逝

日耳曼尼庫斯受到大眾熱烈支持的原因，不只是因為他是一位有才能的武將。眉清目秀、五官端正，加上身型高挑，讓人印象深刻。學識淵博且機智善辯，卻從不驕矜自傲。擁有過人的勇氣，在待人接物上總是溫和有禮，就連面對誹謗者也非常地寬宏大量，不願傷害對方。因此眾人對他滿懷感謝之情，日耳曼尼庫斯也從不辜負外界對他的期待。

日耳曼尼庫斯的德才兼備，周圍的人不可能視而不見。愈是有美德的年輕人，愈能受到眾人的喜愛，紛紛將未來的希望寄託在他的身上。先帝奧古斯都會將日耳曼尼庫斯視為已屆高齡的提比略皇帝之後繼者，也是可想而知的安排。

然而，即便是驍勇善戰的日耳曼尼庫斯，也還是無法將羅馬帝國的領土擴張至萊茵河以東的地區。評估現實的狀況後，提比略皇帝將日耳曼尼庫斯召回羅馬，進攻日耳曼地區的作戰宣告終止。

回到羅馬城的日耳曼尼庫斯舉辦了盛大的凱旋大典。當日耳曼尼庫斯愈是受到民眾熱烈的歡迎，當時最高權力者心中的不安與騷動更是激烈。對提比略皇帝而言，日耳曼尼庫斯的存在彷彿是一個不定時炸彈。不久後，皇帝便將他派遣至東方，處理地方行省的問題。

日耳曼尼庫斯遍訪希臘、色雷斯以及小亞細亞地區的各個城市，並前往特洛伊城參觀名勝古蹟。無論他前往哪一個城市，都像是凱旋大典中的行進隊伍一般，吸引眾人的目光。但是，到達敘利亞之後，與當地的行省總督皮索（Gnaeus Calpurnius Piso）的關係並不和睦。除此之外，日耳曼尼庫斯在尚未取得元首許可的狀況下，前往土地豐饒的埃及旅行，受到抨擊與譴責。但是，對行省居民而言，日耳曼尼庫斯救濟了亞歷山卓的飢餓，在當地的聲望逐漸水漲船高。

後來，日耳曼尼庫斯回到安提阿，與總督皮索之間的隔閡日益加深，不久後病倒。雖有暫時出現恢復的徵兆，隨後卻撒手人寰。病逝的訃聞傳達全國後，民眾各個悲嘆不已，讚美並追思這位敬愛的故人。就近得知死訊的地方行省人民，更是不禁悲從中來，潸然淚下。就連他國的國王與人民也同感惋惜，怨嘆天妒英才。日耳曼尼庫斯就是這樣的一位人物，對地方行省的民眾十分親切，對敵國人民也很寬大。

◎與亞歷山大的命運做比較

先不論是從何而來，日耳曼尼庫斯是遭到毒殺而死的流言蜚語開始四處流傳，並且大多認為是與日耳曼尼庫斯水火不容的總督皮索，下令部下毒殺。不久，皮索被指控涉有殺人嫌疑，最後被逼得走投無路，自殺身亡。另外，私下也流傳著，或許是提比略皇帝在背後操縱皮索的說法。諸如此類的風聲，不絕於耳。當然，我們已無從查明事實的真相。確實，在眾人的面前，提比略皇帝總是表現出悲痛欲絕的惋惜之情。但是，也有人們在背後議論紛紛，表示提比略皇帝應該是最期望日耳曼庫尼斯死去的人，正因為如此，才會比其他人還要誇大地表現出悲愴的情緒。

史家塔西陀認為，日耳曼尼庫斯與亞歷山大大帝兩人，不管是在外貌、享年抑或是死法都有著類似之處。因此他以亞歷山大大帝的人生作為基準，衡量並評論日耳曼尼庫斯的一生。

> 不知何故，兩人都擁有端正的容姿，生於高貴氏族，且都在三十歲過後沒多久，因為身邊人士的惡意，而病倒他鄉。日耳曼尼庫斯對待友人溫和敦厚、不貪圖快樂、婚姻

上忠於妻子一人，子嗣全為婚生子女。不過，日耳曼尼庫斯確實是欠缺了大膽的性格。因此，即便他在戰果上屢創佳績，擊退日耳曼人，卻還是無法奴役已淪為奴隸的日耳曼人。儘管如此，在武將的能力上，他絕對不會亞於亞歷山大大帝。假若他能夠有機會成為裁量萬事的大王，被賦予權限與名稱的話，在寬容、中庸以及其他的美德上，是真切地凌駕於亞歷山大大帝之上，在戰爭所獲得的榮耀上，一定也能夠與之匹敵。（《編年史》）。

日耳曼尼庫斯的前途可說是一片光明，並背負著眾人對於未來的期盼，因此，在他逝世後，聲望依舊居高不下，絲毫未見衰減。在史料上雖然並未明確地表示，但是，整個羅馬國家在往後數十年間的歷史，似乎是被日耳曼尼庫斯陰魂不散的亡靈纏身一般。在提比略皇帝逝世後，日耳曼尼庫斯的兒子卡利古拉（Gaius Julius Caesar Augustus Germanicus）坐上元首之位。短命的卡利古拉被暗殺後，日耳曼尼庫斯的胞弟克勞迪（Tiberius Claudius Nero Caesar Drusus）登上王位。克勞迪逝世後，則是由日耳曼尼庫斯的孫子，也就是女兒小阿格里皮娜的兒子尼祿（Nero Claudius Caesar Augustus Germanicus）即位。

在歷史上是不允許討論「如果」的假設。但是，「如果日耳曼尼庫斯能夠長命百歲的話」這一個假設的幻想，卻還是不由自主的冒出頭來。當然，有美德的人不一定都能維持著原有的性格，也有人會像是突然卸下面具一般的，犯下各式各樣的惡形惡狀。也有可能，本人其實並不具備作為一位領導者的氣度與能力。雖說如此，作為一位當政者的未來人選，日耳曼尼庫斯畢竟是眾所矚目的明日之星，這一項「如果」的假設，或許真的能夠大大地改寫歷史。但是，無論如何，現實的歷史還是無法允許這項假設的發生。

◎被迫勞燕分飛的首段婚姻

這位男性擁有強健的體魄與修長的身型，是一位戰績輝煌的武將，在教養與學識上也不落人後，更是一位疼愛妻子的丈夫。看到這段敘述，或許會認為文字中所描述的人物，是日耳曼尼庫斯，其實不然。這位男子的臉上始終顯露著嚴肅的表情，沈默寡言，幾乎不會和他人敞開心胸地對話。因此，他總是予人冷淡且傲慢的印象，恐怕不會有人對他懷有好感。這位男子的名字是提比略，羅馬帝國的第二任元首。

提比略是莉維雅與前夫所生的兒子。莉維雅的再婚對象是屋大維，因此，提比略在母親再婚後，便成為首任羅馬皇帝的繼子。雖然說提比略是一位疼愛妻子的丈夫，但其實這個角色只出現在第一段婚姻之中。奧古斯都為了讓提比略與自己和前妻所生的女兒大尤利亞結婚，命令提比略離婚，拆散提比略與首任愛妻的這對佳偶。據說提比略對於這場離婚感到無比的悲傷，後來只要一看到前妻，就不禁眼眶泛淚。

西元四年，提比略成為奧古斯都皇帝的養子，被眾人視為是奧古斯都的後繼人。奧古斯都曾言：「我是為了國家才結下這段養父子的關係。」可見對奧古斯都而言，選擇提比略作為後繼者雖然是一項妥當的決定，但是提比略卻不是他心中所鐘愛的人選。想必奧古斯都也認為，提比略是一位嚴厲、死板又頑固的男子吧。

儘管如此，提比略在軍事的才能上卻是非常地優秀。年紀輕輕就參加了羅馬與東方大國帕提亞之間的戰役，並且奪回過往被搶走的軍旗。提比略的壯年時期，是在率領軍隊遠征日耳曼和巴爾幹半島期間渡過。特別是在西元前一二年，名將阿格里帕病逝後，軍人身分的提比略便成為羅馬帝國所仰賴的有力武將。不過，光是憑藉著這些野戰經驗，並不能磨練出傑出的統治能力。

◎密告者無所不在

西元一四年，提比略皇帝即位，他所肩負的重要角色是在奧古斯都皇帝所一手構築起的體制之下，擔當首位元首的後繼者。在最初的數年之間，提比略皇帝比照先帝所立下的典範，扮演著一位良善的當政者。他毫不懈怠的出席元老院的議會，在競技場和表演場上也常常能夠看到他的身影，與民同歡。他縮小建設的規模、中止遠征及擴張，消滅國家財政的支出，支撐起一個健全的國家體制。

提比略皇帝遵從奧古斯都的方針，重視共和政體的傳統，試圖取得與元老院之間的平衡與協調。除此之外，他還是一位深思熟慮的人物。

> 元老院議員諸君，我在現在以及過往，曾屢次明言，諸君賦予我如此偉大的、自由的權力，我必須為元老院犧牲奉獻、為世界中的市民犧牲奉獻、甚至要頻繁地對每一位民眾犧牲奉獻。這一路走來，我所說過的這些話，絕不會有半點後悔之意。至今，我始終認為諸君是善良、公平、秉持著良善信念的主人，今後，我也將持續如此的認知，繼續走下去。（蘇埃托尼烏斯，《羅馬十二帝王傳》、〈提比略傳〉）

文中顯示，提比略皇帝重視並試圖與元老院取得協調，並且不加以干涉各項事務。然而，這只是表面上的說辭，實際上，誰都看得出來，提比略獨占實權的現實。況且，他原本就不是豪邁大方、善於交際的性格，與元老院之間的衝突不斷，不睦的鴻溝日益加深。

提比略皇帝厭惡交際的態度愈來愈引人注目，旁人評判他為人冷淡、頑固又帶有蔑視態度的說法，傳遍全國上下。不久後，他開始避免開辦那些會造成財政負擔的競技會和娛樂活動，民眾的不滿情緒隨之升高。

在羅馬帝國的社會上，讚頌提比略皇帝的聲音並未增強，反而是籠罩在陰險、幽暗的一團迷霧之下。因為元首幾乎沒有協助的友人，所以只能仰賴私底下的情報，密告的風潮宛如藤蔓一般迅速地蔓延開來。

在提比略皇帝當政時期渡過青年時光的斯多葛派哲學家塞內卡（Lucius Annaeus Seneca），曾如此說道：

> 在提比略皇帝的統治之下，發狂似地告發他人的惡習成風，幾乎席捲了全國各地。如此的狀況，比任何一場內戰所帶來的損傷還要嚴重，讓全羅馬市民疲憊不堪。不管是酒

後的醉話，還是無心的一句玩笑，都可能會因此被捉進牢去。沒有任何一處是安全的地方。他們編織出很好的藉口，表示不管是什麼事情都有可能會往壞的方向發展，成為罪惡。因此，對於被告的裁判結果，根本不需要抱持一絲一毫的期待——因為結果只會有一個。（塞內卡，《論恩惠》）

西元前二三年，提比略皇帝的兒子小德魯蘇斯離開人世。提比略被舊識們背叛，也發生了親人之間相互告發的事件，激起提比略皇帝內心的猜忌與懷疑，陰險、幽暗的氣氛四處蔓延。提比略彷彿是對宮廷及政治感到徹底厭倦及憎惡，隱遁至那不勒斯灣入口處的卡布里島（Capri）。

◎隱遁皇帝宛如暴風雨般的肅清

提比略皇帝的別墅建設在卡布里島東北角的斷崖絕壁之上。從該處可以遠眺那不勒斯灣的壯觀美景，彷彿身處世外桃源一般。在湛藍海面的彼岸，可以隱約看見維蘇威火山，東西兩側則是廣闊山麓的傾斜坡面向外延伸的模樣。能夠住在如此風光明媚之處，提比略的內心認為，就算是永久居住在這裡也不失為一個好選擇。實際上，這真的成為提比略皇帝永居的別墅，並未再回到羅馬城內。就連以八十六歲高齡逝世的母親莉維雅的葬禮，提比略也沒去參加。傳言提比略也是因為厭煩母親干涉國政的作為，才逃至卡布里島隱居。

在被稱為朱庇特別墅（Villa Jovis）的別墅遺跡觀光導覽看板中，揭示著「十年間，從此地向羅馬帝國全境下達命令」的文字。但是，與提比略皇帝之間的聯絡，被禁衛軍統領塞揚努斯（Lucius Aelius Sejanus）所獨占。這人狐假虎威，藉由自己擁有元首信賴的名義，恣意妄為的玩權弄勢。雖然他揭發了暗殺皇帝的陰謀，但是該項陰謀本身是否真的存在，也是令人懷疑之事。儘管日耳曼尼庫斯在離開人世後仍有保有極高的聲望，但其妻子、長男與次男卻陸續被逮捕，不久後命喪黃泉。塞揚努斯就是藉由這種手法，接二連三地排除有可能對他造成威脅的人物。在提比略皇帝發現就連自己的生命也即將受到威脅，感受到前所未有的危機感之時，才終於驚覺事態的嚴重性。原來塞揚努斯才是不可輕忽的逆臣。

不久，塞揚努斯派系人馬被捕，接受嚴刑拷打，才吐露出真相：原來提比略皇帝的兒子小德魯蘇斯的夭折，是塞揚努斯與他的妻子聯手毒殺所致。提比略展開復仇，其手段的殘忍暴虐，令眾人不寒而慄。

經過了一段時間，即使提比略並未打算離開卡布里島，但是他作為一位皇帝的實權已然回復。以元首為頂點的權力機構，成為國政的核心，並且要確切地扎根落實。然而，因為提比略內向且冷淡的性格，緊縮財政的政策被看作是吝嗇小氣，不前行遠征，保持國家平穩的狀態，也被認為是消極的安全主義。特別是他捨棄首都羅馬，隱居他處的作為，對民眾而言是令人失望的背叛行為，聲望非常低下。

西元三七年，七十七歲提比略皇帝的訃報傳來，據說全國民眾竟然流下歡喜之淚。不僅如此，甚至有人大喊：「把提比略那傢伙丟進台伯河！」當時，正困擾於無辜的嫌疑與密告事件的元老院貴族們，因此迎來了安心放鬆的時刻。

◎大逆不道之罪的濫用，招致暗殺

日耳曼尼庫斯與大阿格里皮娜之間孕育了六男三女。夭男蓋烏斯出生之時，只剩下兩位哥哥。那兩位哥哥與母親，一同死於提比略皇帝時代狂風暴雨裡的種種陰謀與肅清活動之中。在他們遭遇不幸之時，蓋烏斯還是個處於思春期的少年。親身經歷如此陰險、悲慘事實的少年，其內心想必受到非常大的傷害。

原本，與兩位兄長相較，蓋烏斯並不是備受期待的那一位人選。但是，無論如何，至少他身上承繼的是那位聲望極高的日耳曼尼庫斯的血緣。光是這個緣故，就足以讓他遭受到許多迫及生命威脅的危險，想必他自身也十分地驚恐害怕。不少人想盡千方百計，希望能夠從少年口中套出不滿與抱怨之詞。不過，這位善於猜忌、謹慎小心的少年並未讓外人有機可乘。不僅如此，據說他所表現出來的態度，就像是連親人的死去也能輕易忘卻般的無關緊要。

但是，蓋烏斯對於留下來的妹妹們，展露出近乎異常的愛情。或許是在極度隱匿自己的真實感情之下，只能將精神上的出口轉移到妹妹們的身上。站在同情的立場來看，在極度壓抑的悲哀之中，少年蓋烏斯的心靈，似乎病得不輕。

在父親日耳曼尼庫斯帶著蓋烏斯一同遠征之時，士兵們以「卡利古拉」（幼兒用的軍靴）的綽號暱稱蓋烏斯。承繼著日耳曼尼庫斯的血液，二十四歲的青年，在民眾仍舊熱切期待父親日耳曼尼庫斯的氛圍之下，登上了帝位。這位年輕有為、充滿希望的青年，似乎能夠將提比略皇帝時代的陰鬱一掃而空。

實際上，卡利古拉在統治初期確實是大刀闊斧地實施了許多政策。大赦政治犯、倍增士兵們的賞金、發送恩賜金給民眾。除此之外，施行減稅，並且大肆重新舉辦中止許久的娛樂活動，獲得民眾們的歡呼與喝采。

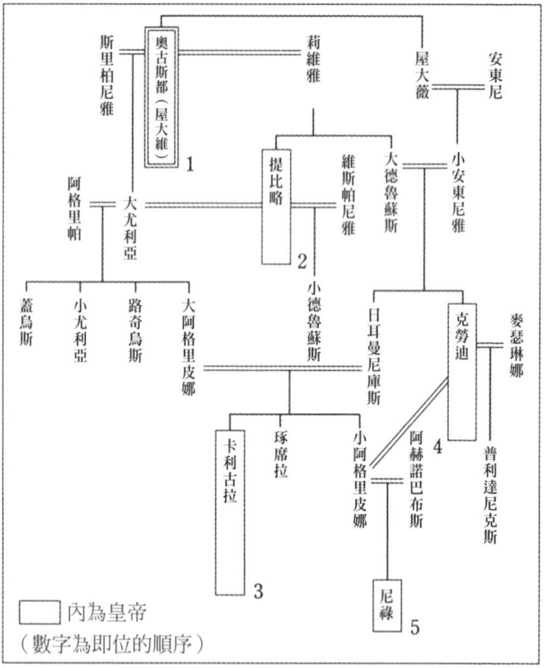

自奧古斯都皇帝至暴君尼祿為止的系譜

好景不常，卡利古拉上任不到半年，就身患重病。雖然在經過一段時日後，恢復了身體上的健康，但是卻開始出現某些奇妙難解的行動。也有學者因此推論，或許卡利古拉是罹患了精神上的疾病。他陷入了暗殺和陰謀說的被害妄想，並反過來將周圍的人士逼入死境。

另外，當他那寵愛備至的妹妹琢席拉（Julia Drusilla）死去後，卡利古拉的感嘆與落寞，非比尋常。他下令全國比照國喪的規格服喪，甚至要求將死去的妹妹神格化。除此之外，他讓寵愛的賽馬英奇塔圖斯（Incitatus）住在大理石打造的馬廄，宛如顯貴一般的極致呵護，幾乎等同於執政官等級的待遇。卡利古拉的荒謬行為愈來愈變本加厲，就連在羅馬帝國最下層階級的民眾之中，也失去了民心。特別是在他明顯展露出對東方君主政治體制的嚮往之後，每個人都以侮蔑和厭惡的眼神相待。墨守成規的提比略皇帝雖然也是令人生厭，但是破壞傳統的卡利古拉更是可恨。凱撒死後經過四個世代的當時，共和政體的傳統仍舊在羅馬人的心目中若隱若現，散發出微弱的光芒，並且呈現更加微妙的搖曳狀態。

卡利古拉皇帝開始濫用大逆不道之罪（*de Majestas*，原意為有關國家尊嚴的罪，引申為叛逆罪），反覆做出處刑、流放、沒收財產等懲罰，人民內心的反感與憎惡情緒逐漸升高，不久後燃起熊熊烈火。如此的皇帝，要激起被蔑視的親信們心中的仇恨，並不需要太長的時間。當卡利古拉步行在宮殿迴廊角落之時，被禁衛軍隊的將校軍官親手暗殺。當時，卡利古拉才二十九歲。

◎被眾人推舉出的日耳曼尼庫斯胞弟

當卡利古拉遭到暗殺的消息傳開，在元老院中將實行暗殺計畫的一行人讚譽為「自由的恢復者」。期待回歸共和政體的聲音雖高，卻遲遲未能做出決議。元老院已然不是過去那個「多位王者的集會」。於是，禁衛軍隊一行人推舉出隱姓埋名、苟且偷生的克勞迪。克勞迪因為是日耳曼尼庫斯的胞弟身分，很快的就被推上元首，或者說皇帝的位置。元老院即使百般不願，也只能予以承認。在日本雖然不太有人知悉，其實克勞迪對英國人而言，是十分親近、熟悉的皇帝，因為在他的統治期間，不列顛島被納入羅馬眾多的行省之一。二十世紀代表性的英國作家羅伯特·格雷夫斯（Robert von Ranke Graves）曾書寫《我，克勞迪（*I, Claudius*）》一作，該書迅速地登上暢銷書的排行榜。

然而，關於這位皇帝，與之生活於同一時代的古代人們，所給予的評價並不一致。而且，其整體的評論算不上是毀譽參半，應是貶毀多於褒譽，值得讚揚之處簡直到屈指可數的程度。

克勞迪被自己的母親稱為「人類模樣的怪物」，完全無法看到母親在他身上有傾注過溫暖親情的任何跡象。不僅如此，在叱責某人愚笨之時，還會嘲笑地說道：「竟然比我的兒子克勞迪還要愚蠢啊。」想必面對自己兒子之時，說出口的叱責話語是更加地不堪入耳，讓幼小的心靈留下陰影。就連祖母也表現出非常輕蔑的態度，幾乎不曾主動地向克勞迪說話。據說他的姊姊還曾經大放厥詞的公開表示，要是克勞迪當上皇帝的話，將是羅馬全國國民的不幸。

事實上，克勞迪自幼便遭受病魔的侵襲，動作遲緩笨拙、口吃嚴重、流著口水和鼻水的狀況似乎也不少見。特別是他健忘的程度，嚴重到令人目瞪口呆的程度。當上皇帝後，將皇妃麥瑟琳娜（Valeria Messalina）處死後，居然在食堂等待皇妃一同用餐，詢問旁人「皇后怎麼還不來？」依據史料上所敘述的症狀和疾患，也有學者推測，克勞迪或許是罹患腦性麻痺的疾病。

◎熱切渴望女性的情愛

即便如此，卻看不出克勞迪在智能發展上有嚴重的障礙。當奧古斯都皇帝看見少年時期的克勞迪，曾表示雖然克勞迪在日常對話上期期艾艾，但是在演講上卻能流暢的表達，雖然不被幸運之神所眷顧，但是本人的身體中卻藏有高貴的靈魂等。或許也是因為奧古斯都的激勵，克勞迪致力於學問與藝術的學習，不僅豐富了學識，就連口才也比一般人出色，能言善道，辯才無礙。其實，就連心懷好意的奧古斯都皇帝，也曾經顧慮是否該讓克勞迪出現在大競技會場的貴賓席之中，畢竟克勞迪在身體上的缺陷，太過引人注目。

兄長日耳曼尼庫斯的華麗光環，也更加凸顯出克勞迪與生俱來的缺陷。年長自己五歲的兄長，集各界民眾殷切盼望的視線於一身，就連伯父提比略皇帝也心生妒忌之意。也只有這位兄長願意接納、照顧自己。克勞迪二十八歲之時，顧念手足之情的哥哥猝然長逝，他內心所感受到的極大悲愴，可想而知。後來，因為被視為元首後繼者的親族接二連三的死去，只剩下他一人留在人世。這項殘酷的現實，想必也讓他驚恐地不知如何是好吧。

另一方面，十分耐人尋味的是，特別輕蔑、排擠克勞迪的是他的母親、祖母以及姊姊這些女性。或許是這些經驗的反動，克勞迪近乎異常的渴求來自女性的情愛。史料上記載：

「對於女性的情欲絲毫沒有設限，完全沒有親近男色的傾向。」

深好女色，也容易被女色所惑騙。年輕貌美的麥瑟琳娜是克勞迪的第三任妻子，生下兒子普利達尼克斯（Tiberius Claudius Caesar Britannicus），成為下任皇帝最有力後繼人選的母親。然而，宮廷之中是個污穢不堪的世界。不知何時會忽然出現其他人物推舉出更有力的後繼人選。因此，麥瑟琳娜想方設法地誣陷可疑的敵對陣營人士，相繼加以處刑，消滅對方勢力。最後，甚至打算與情夫結婚，迫不及待地想發動政變。向來對妻子的所作所為睜一隻眼閉一隻眼的克勞迪，也終於覺醒。麥瑟琳娜未被賦予前往元首面前辯解的機會，便遭到處死。據說是其他官僚們擔心，向來容易受到感情牽絆而影響決定的克勞迪皇帝會心軟，因而作出的決定。

◎將自幼扶養的解放奴隸活用於行政工作

不過，作為一位當政者，克勞迪絕非是無能的君主。他懂得發送賞金給禁衛軍，換取禁衛軍的忠誠。除此之外，在尊重元老院的原則上他也並未怠慢。並且在羅馬的外港奧斯蒂亞（Ostia）設置新的港口以及穀倉，致力於確保穀物儲量與價格的穩定。

在行政事務方面，他將自幼在皇室裡長大的解放奴隸，配置在各個部門。如此一來，有才能的解放奴隸就能夠被訓練成為專業的官僚集團，活躍於各個部門。要由皇帝來提高行政效率，或許這是最佳的方式。但是，即使是深得皇帝信賴的人物，也不一定就會具備為國家奉獻的公職人員自尊。不知從何時開始，一些居心不良的行政助手收取賄賂中飽私囊、假傳皇帝指令等，四處橫行，因此招來元老院貴族的反感。

擁有元老院議員身分的塞內卡曾經書寫過一部名為《阿波可羅辛托西斯（*Apocolocyntosis* 之音譯）》的奇書，其意為「克勞迪被葫蘆化」。內容為揶揄克勞迪皇帝死後的命運，帶有惡意的嘲弄。書中描述道已經成神的奧古斯都皇帝，得知居然連克勞迪也要進入神界的消息後，怒不可遏地表達出內心真實的情緒。眾神所居住的天界，要是像克勞迪這類人物也可以進來的話，這個世界也完了——奧古斯都皇帝雖然將這些內心話硬吞回肚子裡去，卻還是喊道：「要盡快處理，從天界的話期限是三十日之內、從奧林帕斯山（Mount Olympus）的話期限是三日內，將克勞迪趕出境外。」

塞內卡本人曾經因為通姦嫌疑而被克勞迪流放至科西嘉島，因此這本著作也可以說是他向皇帝克勞迪的復仇。即使如此，用葫蘆這種中空、乾癟的蔬果來比喻克勞迪，實為貼切，因為在妻子和親信的操控下，克勞迪幾乎成了一名唯唯諾諾的傀儡。如此愚弄克勞迪，對於身處克勞迪統治時代下的民眾來說，應該是一部令人忍俊不禁的諷刺作品吧。

◎殺害生母、同父異母弟以及兩名妻子的尼祿

將塞內卡從流放的小島上喚回的人物是克勞迪皇帝的第四任妻子小阿格里皮娜。她是日耳曼尼庫斯的女兒，也算是克勞迪的姪女。小阿格里皮娜相中塞內卡，打算讓他成為自己與前夫所生下兒子尼祿的家庭教師。這位繼室皇妃的手腕十分高明，她計畫將排除克勞迪的親生兒子普利達尼克斯，將尼祿送上皇帝後繼者的寶座。不僅安排克勞迪的女兒克勞迪亞・屋大薇亞（Claudia Octavia）與尼祿結婚，最後甚至等不及已被病魔纏身的丈夫死去，而在西元五四年，下毒殺害克勞迪，那是克勞迪登基統治後的第十四個秋天。

簡直就是以暴君為代名詞的尼祿皇帝，據說在統治初期的五年，還與元老院維持著協調的善政。雖說如此，年僅十六歲的少年成為羅馬帝國的最高權力者，應尚未具備所謂的政治判斷能力。因此，身旁有當代一流的哲學家塞內卡以及勇敢的禁衛軍統領布勒斯（Sextus Afranius Burrus）輔佐，實行慎重且溫和的統治。

但是，在克勞迪皇帝逝世後不到半年的時間，普利達尼克斯也遭到毒殺。五年後，尼祿也殺害了自己的生母小阿格里皮娜，似乎是因為母親總是干涉國政，令尼祿覺得厭煩。原本想要偽裝成海上活動的意外事故，不料擅長游泳的母親竟然游回了岸邊。最後小阿格里皮娜逃往別墅之時，死於刺客的刀下。尼祿「謀害生母」的行為，是他諸多惡行之中最令人印象深刻的罪行。

在謀害同父異母弟及生母之後，尼祿還殺害了自己的兩名妻子。克勞迪皇帝的女兒克勞迪亞・屋大薇亞是尼祿的首任妻子。不久後，尼祿被擁有沉魚落雁美貌、

尼祿皇帝（Nero）　第五任羅馬皇帝。雖然有著放肆殘虐的性格，卻受到民眾的愛戴。

已為人婦的波培雅（Poppaea Sabina）迷得神魂顛倒，聽信波培雅的教唆，誣陷克勞迪亞．屋大薇亞與他人私通，處以流放刑罰，並在幽禁之後處死。再婚的波培雅也並未因此得到幸福。波培雅有孕在身時，被暴躁易怒的尼祿踢打致死。雖說是過失致死，但是殺妻的原因，還是歸咎於尼祿本身的性格。除此之外，親信的勇將布勒斯和哲學家塞內卡，也因為尼祿的厭煩，而將他們追逼至自殺的絕境。

尼祿自認為是一位藝術家。據說非常賞識人稱「品味鑑賞家」的佩特羅尼烏斯（Gaius Petronius Arbiter）。後來，在陰謀事件被揭發之後，尼祿強迫涉有嫌疑的佩特羅尼烏斯自殺。不過，據說這位自詡為優雅浪蕩兒的佩特羅尼烏斯在割腕自殺之際，還口出戲言、怡然自得。他曾經將尼祿十分想要的華美瓶甕故意摔得粉碎，來激怒尼祿。此外，為了避免尼祿竄改他的遺囑，就連附有印鑑的戒指也一併敲毀。佩特羅尼烏斯這種露骨地展露出對元首的侮蔑之意，從容赴死的氣度，正是所謂羅馬人的氣概吧。

在元老院中，有位深受歷史學家塔西陀讚揚稱頌的名將。在克勞迪皇帝時代，寇布羅（Gnaeus Domitius Corbulo）在遠征日耳曼的戰役中，立下驚人的戰果。到了尼祿皇帝的時代，寇布羅駐留在東方行省，整頓軍紀，以武力拿下亞美尼亞。並且與鄰近的帕提亞達成和平協議，在東方行省地區被視為英雄來崇拜。寇布羅擁有氣宇軒昂的英拔風采，以及堅毅不屈的精神。因此。對尼祿皇帝而言，寇布羅過人的聲望是極為危險的威脅。當尼祿再次揭發陰謀事件之際，處死了許多元老院的貴族，也命令寇布羅自斷性命。然而，寇布羅所背負的嫌疑，想必是來自尼祿皇帝對英雄寇布羅所懷抱的妒忌之心。

◎尤利烏斯—克勞迪王朝的落幕

實際上，雖然親信和元老院的貴族們，對尼祿皇帝的反感與憎惡情緒已到達了沸點，但是羅馬民眾卻十分地愛戴尼祿。在民眾的跟前，尼祿總是以講究的衣裝登場，極盡豪奢地反覆開辦盛宴招待。他自詡為藝術家，是位期待眾人目光的元首，非常享受來自民眾們的歡呼喝采。也因為如此，尼祿在金錢上的肆意揮霍，導致國家財政面臨即將破產的危機。為了填補財政危機的大洞，尼祿肆意地流放、處死富裕階層和貴族世家，並沒收他們的財產。緊接著，又繼續揮金如土、毫無節制，或許是因為無法忍受民眾們不再對他投射出熱情崇拜的眼光吧。

關於尼祿皇帝時的國家財政，一定也有經濟學者會對於此種「寬鬆財政」給予高度評價。如果根據代表二十世紀的凱恩斯經濟學（Keynesian economics）的說法，積極性的財政支出，將會帶動有效的需求，拉高經濟的景氣指數。儘管如此，已經沒有時間，去等待景氣回升並加以維持至足以增加稅收的狀態。在此之前，眾人對於當政者寡廉鮮恥的諸多惡行感到不滿，持續積累的情緒，一觸即發。

尼祿皇帝幾乎完全無視元老院和軍隊的存在。西元六八年，各地軍隊揭竿起義，反抗壞事做盡的最高權力者。元老院甚至公開宣布失勢的尼祿為人民公敵。事已至此，尼祿被逼得走投無路、無處可逃，最後選擇自刎而死，享年三十一歲；他並於死前喃喃說道：「一位偉大的藝術家就要從這個世界消逝了嗎？」或許是因為尼祿在大眾之間仍保有聲望，據說即便是在死後經過數年的時間，他的墳前仍舊有人供奉著五顏六色的鮮花。

這位青年當政者，不只殺害了自己的同父異母弟、生母以及兩名妻子，甚至還接連地將身邊有才能的親信以及軍人處死或逼迫他們自殺。另一方面，他一味地迎合、取悅民眾，即使在政局混亂的狀況下，心中在意的還是自己在民眾心中的地位、形象與聲望。尼祿人生最後的終結方式，以他作為那位聲望崇高的日耳曼尼庫斯的孫子身分來看，讓人不忍卒睹。一方面，尼祿始終處於害怕權力遭旁人奪取的不安，另一方面，在以犯罪為名的藝術面上，可說是一位偉大的天才。

凱撒與奧古斯都皇帝出身尤利烏斯氏族，提比略皇帝則是出身克勞迪氏族。因此，後世將奧古斯都皇帝至尼祿皇帝之間的元首政治稱呼為「尤利烏斯—克勞迪王朝」。

奧古斯都皇帝的心願是不去突顯個人統治，而是在與元老院的相互協調下來統治。因此，奧古斯都強調的不是權力，而是道德威望。但是，在提比略皇帝以後的帝國政治，先不論表面上的狀況，至少在現實層面上，是逐漸遠離奧古斯都的統治模式。元首的親信若是有才能的人才，政事便能事半功倍的順利運轉。不過，愈是有能力的人，愈容易陷溺在自己的權勢之中，像是塞揚努斯之類的人士並不在少數。反之，也會出現像是尼祿這般的元首，毫無理由的厭惡來自親信的忠告與建議。

無論如何，若是我們將眼光放遠，將會看見羅馬帝國在地中海世界的巧妙統治。皇帝的道德威望雖然有下降的趨勢，但是伴隨而來的，則是皇帝在權力上的強化。羅馬帝國的穩固程度，是否真的到了不需要像是日耳曼尼庫斯或是寇布羅這般有為的人物坐上執政者的位置，便能持續運轉？又或者是，到了最後，權力始終比不上所謂的道德威望呢？

1 三人的結盟又稱「後三巨頭同盟」、「第二回三巨頭政治」。

第七章

多神教世界帝國的出現

圖拉真（Trajan, Marcus Ulpius Nerva Traianus）
五賢帝之一，將羅馬帝國拓展至最大版圖。

嚴格風紀的復甦

◎出身義大利城鎮貴族的皇帝

研究日本的學者諾曼（Egerton Herbert Norman），其實在世界史方面的學識教養上也是十分出色的歷史學家，卻在戰後成為麥卡錫主義下的犧牲者。諾曼在他所書寫的《克麗歐之臉（クリオの顔）》[1]一書中，曾評判塔西陀的著作，認為是部研究著名羅馬人之心理學作品，內容非常有趣，但卻也同時站在十分主觀的立場上書寫而成。除此之外，諾曼也認為，羅馬的史家們並未達到高程度的水準，其原因在於羅馬史家們對於歷史本身並未提出適當的問題。

然而，在接下來的敘述之中，塔西陀確實提出了恰當的問題，但難道這只是一個例外嗎？

但是，嚴格導正風紀的最大功勞者，應屬維斯帕西亞努斯（Titus Flavius Vespasianus）。維斯帕西亞努斯本人在生活態度和服裝穿著上皆崇尚古風。因此，民眾會對元首萌生恭順之意，心中湧起一股熱烈的欲望，盼望能與維斯帕西亞努斯皇帝看齊，這比起依法懲罰或是利用恐懼心理的方式，還更有效果。當然，也有其他的解釋。在世間萬事萬物之中，存在著所謂的循環法則，就像是四季的循環變換一般，風俗習慣也會不斷進行變遷。實際上，祖先們的風俗習慣，並非是在所有層面上都能夠超越過今日。在我們的時代之中，也會孕育出許多足以成為後世模範的高貴性格和才能典範。無論如何，在這一個層面上，我們與祖先在榮耀上互爭高下，並且不管時間如何流逝，都會希望良性競爭繼續流傳下去。（塔西陀，《編年史》）

塔西陀指出，至尼祿皇帝逝世為止，羅馬社會瀰漫著一股奢侈、放縱的風潮。其後，卻彷彿死而復生一般，社會回歸到嚴謹風紀的軌道之上。其原因在於歷史悠久的名門貴族和富豪們染上惡習，失去了榮耀的名聲、自己招致敗滅的後果。確實，只有那些歷盡千辛萬苦後才生存下來的貴族們，維持著謹言慎行、勤儉持家的生活態度。同時，從義大利和各個地方的羅馬行省加入元老院貴族的人們，也將故鄉純樸、簡單的生活方式帶入羅馬。

在尼祿皇帝逝世後，不同身分及各種階層的人們都開始懷抱著各自的想法。如今，已經沒有必要須從羅馬擁立皇帝，在其他的土地上也頻繁出現擁立皇帝的行動。伊比利半島擁立年邁的貴族加爾巴（Servius Sulpicius Galba），以及一方面表示支持加爾巴，另一方面卻又有意推翻政權的奧托（Marcus Salvius Otho），還有馬其頓軍團推舉的大胃王維特里烏斯（Aulus Vitellius Germanicus）。最後，終結「四位皇帝」這一年動蕩不安、內亂狀況的人物，就是多瑙軍團所擁護的維斯帕西亞努斯。

維希帕西亞努斯所出身的弗拉維烏斯（Flavius）氏族，是距離羅馬不遠的鄉下——薩賓地區的望族。能夠登上羅馬皇帝之位，恐怕是維希帕西亞努斯本人連做夢也想不到的事情吧。在西元六九年的羅馬內亂中，出現一個新的現象：無論是出類拔萃的高貴家系，或是以元老院貴族的身分而有傑出表現等，都已不再是必要的條件。最為重要的是在軍事力上的實力。因此，維希帕西亞努斯反而樂於向大眾宣揚，自己只不過是個鄉下貴族的身分罷了。

維希帕西亞努斯長時間在地方行省生活，軍隊經驗也非常豐富，正所謂時勢造英雄。當

維斯帕西亞努斯（Titus Flavius Vespasianus）
尼祿皇帝逝世後即位。建設羅馬競技場。

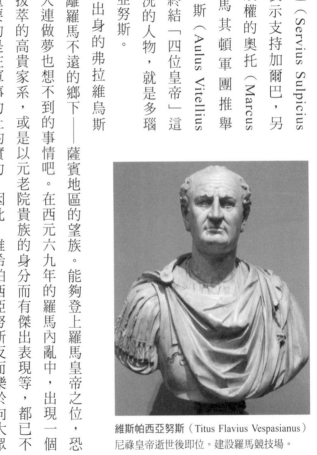

下的局勢與環境，簡直就是為了讓豪放不羈、粗枝大葉的軍人隆重登場而量身訂造的舞台。除卻執著於金錢的這一點，維希帕西亞努斯並沒有特別值得譴責的缺點。雖有勻稱的體格，但卻搭配著頑強且醜陋的五官面相。即便如此，仍有位女性深深地著迷於維希帕西亞努斯。在同床過後，維希帕西亞努斯贈送給女子一大筆金錢。當總管國庫財政的官僚詢問維希帕西雅努斯，該項支出的理由時，他答道：「是為了酬謝深厚愛意的謝禮。」據說維希帕西雅努斯就是偏好以幽默詼諧的瀟灑來為事情做出收尾。

◎唯一的奢侈——建造羅馬競技場

尼祿皇帝的處決貴族富人和沒收財產的施政，加上後來的內戰，這一連串的混亂，逐漸消滅了自古以來的名望貴族。然而，國家並未因此需要摸索出一個新的統治機構。此刻需求的只是新的人才，讓新進人才走上舊有公職秩序的道路。在維希帕西亞努斯的身邊，並未欠缺這類的人才。親戚、友人、或者是旗下的門客等，只要能夠重用這些人才，便不需過於擔心。

如此一來，維希帕西亞努斯的新體制，並未讓人感受到國政經過了激烈的改正與變化。

即便如此，維希帕西亞努斯皇帝公正光明、不矯揉造作的性格，得以在財政上徹底地嚴格執行緊縮政策，致力於端正風紀。在溫和敦厚的面貌下，也隱藏著不輕易妥協的堅定立場。也因為維希帕西亞努斯的性格與努力，突破了推行新體制時所遭遇的層層困難。

秉持勤儉治國的維希帕西亞努斯，在位期間唯一的華麗奢侈，就是建造了足以成為古羅馬的代表建築——羅馬競技場。當時，人們將之稱為弗萊文圓形競技場（Amphitheatrum Flavium），是在維希帕西亞努斯皇帝的兒子——提圖斯（Titus Flavius Vespasianus）皇帝在位時期完工。史上唯一公認的殺人競賽——角鬥士比賽，就是以羅馬競技場為舞台，隆重登場。

往往拿來作為影射「羅馬和平」的俗語——「麵包與馬戲」，其中的麵包意指穀物，馬戲則是表演、展示等娛樂活動。在此，馬戲並非是訓練動物野獸、利用各種道具進行表演的活動，而是拉丁文「*circus*」的英文讀音翻譯。拉丁文中的「*circus*」是指戰車競速時的橢圓形路線。

對閒得發慌的羅馬大眾們，最至高無上的娛樂活動就是觀看戰車競速和角鬥士戰鬥的表演。在兩匹或四匹戰馬拖拉著戰車奔馳競速的模樣，便足夠讓觀眾們陷入忘我的狂熱情緒之中。在羅馬的帕拉丁山和阿凡廷山（Aventine Hill）之間，存在著一個名為馬克希穆斯競技

羅馬競技場（圓形競技場）　上圖為羅馬競技場的外觀。四層樓高的建築，高四十八點五公尺。下圖為羅馬競技場內側，底部為與角鬥士戰鬥的猛獸柵欄及器材的保管室。

場（Circus Maximus）的巨大建築，據說該競技場的大小，可以容納超過四十萬的觀眾。

同時，觀眾們也十分沈浸在觀看角鬥士的對決表演之中：戰士與戰士賭上性命的流血對戰。原本在羅馬這個戰士國家中，流血、殺戮，和征服者的光榮，就是一體兩面的存在。或許，為了不讓大眾忘懷征服戰士的氣質與風格，即便是在和平與繁榮的社會之中，也有將此種殺人競賽延續下來的必要。在許多都市之中建造了這樣的人工戰場，讓樂在其中的觀眾，其內心追求勇猛的性格，也能夠被持續地刺激並喚醒。

除此之外，當懷抱著赴死決心的勇猛戰士登場之時，那激發旁人性欲的健壯體魄，往往讓女性觀眾們心動不已。雖然戰士們多是卑賤的奴隸身分，但是從另一方面來說，角鬥士卻也算是一種備受矚目的明星。無論如何，早在一百五十年前，龐貝城就已經出現圓形競技場的建築，羅馬圓形競技場的建設，在時間上可以說是非常晚。

◎為民服務的當政者

維希帕西亞努斯雖然是軍人起家，但是他在和元老院貴族合作交涉的政治手段上卻很出色。多虧他的政治手腕，政權安定穩固，國家的財政也非常地健全。政府免費配給糧食，並且提供民眾各式各樣的娛樂表演活動。因為這些善政，塑造出維希帕西亞努斯是一位為民服務的當政者形象。

如此性格頑固卻誠實寬大的男子，想必羅馬的大眾也無法對維希帕西亞努斯懷有一絲的憤恨吧。據說他在臨死前，還不忘詼諧地說道：「看來我就快要一步步走向成為神的道路了。」

繼承維希帕西亞努斯皇帝之位的是長男提圖斯。提圖斯可說是一位不可思議的男子，居然能夠受到民眾如此嚴重的厭惡與責難。在父親麾下，父親看見了他作為一位軍人的才能，但卻也展現了他殘酷無情的一面，甚至為達目的而不擇手段。

然而，就在他登上地位的那一刻起，居然就瞬間轉變成一位大善人的模樣。下令禁止密告，展現出無限寬大的態度。在羅馬

提圖斯（Titus Flavius Vespasianus）　維斯帕西亞努斯皇帝的長男，與父親同名，繼承父親的帝位。

競技場的落成之日，舉辦為期百日的競技大會，博得民眾的歡心。西元七九年，維蘇威火山爆發，龐培和赫庫蘭尼姆（Herculaneum）等城市被火山灰所掩埋。提圖斯皇帝提供了大量的救援物資至災區，並且親自前往當地慰問探訪。

無論是民眾或是貴族，無人不愛戴的皇帝在歷史的舞台上登場，彷彿是戴上面具，搖身一變地成為品格高潔的慈愛者。有人認為，或許提圖斯的本性並不壞，而是在父親的統治時代之下，為了葬送政敵，負責執行不適合搬上檯面的任務。總而言之，關於提圖斯皇帝的心性究竟如何，仍舊是無法解答的謎團。畢竟，在試圖解答這個問題之前，他就已經離開人世。突如其來的病逝，據說讓羅馬民眾悲痛欲絕，彷彿是自己的親人逝世一般。

不過，後世的歷史學家狄奧．卡西烏斯（Dio Cassius）則是提出疑問：「若是讓提圖斯再統治長一點的時間，他還能繼續維持如此完美的形象嗎？不會卸下他臉上所戴的面具嗎？」

確實，卡利古拉皇帝也好，尼祿皇帝也好，在登上帝位之時都戴著大善人的面具。但是，這兩位皇帝都是在十分年輕的時候成為政治上的最高權力者。與之相較，雖然提圖斯皇帝在位期間只有短短的二年三個月，但是他逝世的時候已是四十一歲。四十一歲已是能夠辨明善惡的年紀，或許是已有扮演好一位善良皇帝角色的覺悟。無論如何，提圖斯皇帝的一切，仍是一團迷霧。

◎恐怖統治的後果——暗殺

西元八一年，提圖斯皇帝的弟弟圖密善（Titus Flavius Domitianus），以三十歲的年紀繼承帝位。在父親和兄長的統治時期，行政體系健全，圖密善皇帝也將皇帝父兄的原則謹記在心，誠實且慎重地執行自己的職務，對於任何具有收賄嫌疑的陪審員處以罷黜的懲罰，並且嚴格地叮囑、規範首都官僚和行省總督的行為。他重視公眾道德，禁止去勢行為，並對同性戀進行監視。當得知應該維持處女之身的羅馬聖灶之女祭司（sacerdos Vestalis）與男性發生性關係之後，圖密善以大祭司的身分強迫該位女祭司自殺。

圖密善格外憂心帝國的安穩，因而同時重視宮廷親信以及行省總督的角色。然而，若是採取此種行政手段，勢必會使政治上尊重元老院意見的原則淪於禮儀上的形式化。即便如此，在圖密善的統治初期，在行為上仍舊有所節制與顧慮。經過數年之後，就像是卸下面具一般的出現巨大轉變。正如大家所熟悉的招式，圖密善接連處死元老院中的有力人士，並沒收他們的財產。這些事件發生的背景，是當時所面臨國家財政的困窘。財政困難的原因之一，是軍事費用的增加，另一項原因則是首都羅馬城的修建計畫。

重視軍事的羅馬十分仰賴士兵的信任。因此他將士兵們的年俸由原本的三百賽斯特斯（*sestertius*，古羅馬時代使用的金屬貨幣）增加為四百賽斯特斯。此外，與在猶太戰爭中立下戰績的哥哥不同，圖密善在軍事功績上並未有太大的貢獻，所以他想盡辦法地煽動住在萊茵河對岸的日耳曼人與住在多瑙河對岸的達契亞人（Dacians）戰爭。他雖然沒有為羅馬帝國貢獻輝煌的戰果，至少在守備國境上採取了明智的決策，證明執政者的耐心與智慧。

在哥哥提圖斯皇帝統治時期，羅馬曾慘遭祝融之災。圖密善皇帝所籌備羅馬城的重建計畫，可算是在奧古斯都皇帝之後最大規模的城市工程。他不僅修復、更新建了許多神殿、廣場與競技場等設施，其中包含了橢圓形的那沃納廣場（Piazza Navona）（原為圖密善競技場之場所），時至今日，仍舊有許多遊客前往參訪。

除此之外，他明確表示對於表演等大眾娛樂的態度，並為之投下巨額金錢。這一連串的城市與娛樂設施的建造，在財政上的支出不可小覷，也對國庫造成巨大的壓力。但是，圖密善皇帝處決有力人士與沒收財產的作為，並非完全歸因於國家的財政問題。圖密善原本就無法抹去自己內心不容於世的不安感，猜疑心重，感情的起伏十分劇烈。他對於暗殺陰謀過於敏感，還曾經自怨自艾地說道：「作為一位國王真是可悲。不到真的被暗殺致死的地步，就不會被外界相信他人確實有暗殺的陰謀計畫。」

在猜疑心日漸加劇的狀況下，圖密善皇帝陷入了偏執狂的狀態。無論是元老院的貴族、騎士抑或是宮中官員，接連出現無辜的犧牲者。嫌疑多來自密告或告發，最後招致鎮壓，宛如恐怖統治一般。最後，就連皇后也鎮日揣揣不安，決定與身邊的隨從們共謀，於西元九六年夏天，在宮廷之中暗殺圖密善皇帝。

得知皇帝遭到暗殺的消息，元老院的貴族們欣喜若狂，民眾們卻相對地冷靜。不過，總算是逃過恐怖統治劫難的貴族們，卻不忘要將圖密善皇帝烙上暴君、惡皇帝的刻印，決議在羅馬帝國的官方紀錄上，一律抹消圖密善皇帝的名字，是為「記憶的抹殺」（*damnatio memoriae*）。在這一點上，圖密善皇帝雖然與卡利古拉皇帝和尼祿皇帝並列，但是作為一位統治者，圖密善確實是一位有才能的君王，雖然在最後還是留給了後世陰險且殘酷的印象，說起來也是與提比略皇帝有相似之處。實際上，圖密善也格外關注提比略的性格和行政手腕。

◎「最好的元首」圖拉真

在圖密善皇帝遭到暗殺的同一日，元老院內高齡的涅爾瓦（Marcus Cocceius Nerva）被推舉為皇帝。由於這一連串的行動過於迅速，不禁讓人懷疑涅爾瓦本人是否也參與了暗殺先帝的計畫。涅爾瓦即位後，召回被前任流放的人，並將沒收的財產歸還原主，與元老院相互協調合作，提出重建財政的政策。據生活在該時代的塔西陀的說法，涅爾瓦皇帝是將自由喚回羅馬帝國之人。然而，所謂的自由，說到底也只不過是屬於元老院的自由。站在士兵的立場上來說，圖密善皇帝的死訊，是件值得哀悼、悲傷的消息。實際上，禁衛軍隊揭竿起義，軟禁涅爾瓦皇帝，並揪出暗殺計畫的首謀者，將之殺害。

涅爾瓦皇帝不僅年屆高齡，身體狀況也非常孱弱，眾人皆認為涅爾瓦所剩時日已不多。如此一來，他必須趕緊尋找值得信賴的後繼人選不可，而且希望是能夠讓元老院和軍隊雙方都能夠認同的人物。幸運的是，他非常迅速地就找到了符合條件的人才。

上日耳曼行省總督圖拉真（Trajanus），不僅是一位有才能的軍人，私底下的為人與性格也非常值得眾人尊敬。圖拉真與涅爾瓦皇帝組成養父與養子的關係，涅爾瓦皇帝的統治再度回歸穩定安泰的局勢。涅爾瓦皇帝曾言：「我將卸下皇帝之職。除去確保人身安全而無法回歸私人生活這一點之外，我已不再以皇帝之名干涉任何事務。」然而，或許也是因為涅爾瓦並未擁有子嗣，他在指名有才能的人才作為帝位後繼者的作為上，成為後世的典範。

涅爾瓦皇帝平時雖是非常溫和、沉穩的性格，卻在某回情緒激昂高漲之後倒下，不久後便咽下了最後一口氣。在位期間僅有短短的十六個月。

西元九八年，正值壯年的圖拉真，人還在上日耳曼地區，並未隨即趕往羅馬城。因為他必須前往萊茵河和多瑙河周邊，探訪邊境地區的軍隊，設法撫慰士兵們的情緒，讓他們心甘情願地服從自己的權力。畢竟當時軍隊中還存在著思慕圖密善皇帝的勢力。

西元九九年晚夏，在即位後經過了一年半的時間，圖拉真皇帝才進入羅馬城。群眾們熱烈夾道歡迎，盛況空前。圖拉真特地下馬，以步行的方式入城，沿途擁抱歡迎的民眾。其謙虛親切的態度，深受群眾喜愛。

當時的文人貴族小普林尼（Gaius Plinius Caecilius Secundus）曾獻上一首長篇的皇帝讚頌文。根據該篇讚頌文，圖拉真皇帝是一位強大、敦厚、誠實又充滿自信的人物。即便是到了元老院，也受到元老們溫情的對待，圖拉真本人亦重用有才能的元老院議員。並與派遣至地方行省的元老院議員進行書信聯絡，細心地看待各個地區的施政與對策。從現存圖拉真與在小亞細亞任官的小普林尼書信往來的內容來看，可以想像出皇帝日常生活中繁重的政務。

除此之外，圖拉真皇帝還修復了道路網，在要塞地區修築橋樑。就連後世的歷史家看見多瑙河上的橋樑，都不禁發出驚嘆，讚賞建築工程的精美。在首都羅馬城內，圖拉真建設了廣場、市場和浴場，並且架設最大規模的引水道橋。在外港奧斯蒂亞地區新建六角形的港口。在地方行省則是建立提姆加德（Timgad）（北非）和桑騰（Xanten）（日耳曼）等城市，讓退役後的士兵們在當地進行殖民屯墾的活動。

對於大眾的日常生活，圖拉真皇帝也並未輕忽。在救濟貧民的政策上，配給生活必需品，並且設立貧兒補助基金（*Alimenta*）。此項慈善的施政，在羅馬帝國延續了兩百年之久。也因為圖拉真皇帝接二連三地推出各種活動，向大眾展現統治者的誠意，因此獲得了「最好的元首」（*Princeps Optimus*）之美稱。

◎遠征至最大版圖

另一方面，圖拉真是軍人出身，戰爭可謂是他的天職。在圖拉真皇帝統治的時代，羅馬國境並未遭到鄰近過於喧囂勢力的威脅。況且，在奧古斯都皇帝以後的一百年間，除了克勞迪皇帝兼併不列顛（Britannia）的行動之外，羅馬人並未展開拓展版圖的大規模征服活動。

儘管如此，或許是作為一位軍人的熱血開始騷動不安，圖拉真皇帝燃起了大規模遠征的野心。

在圖拉真皇帝統治的十九年間，他兼併了達契亞、美索不達米亞、亞述等地，將羅馬帝

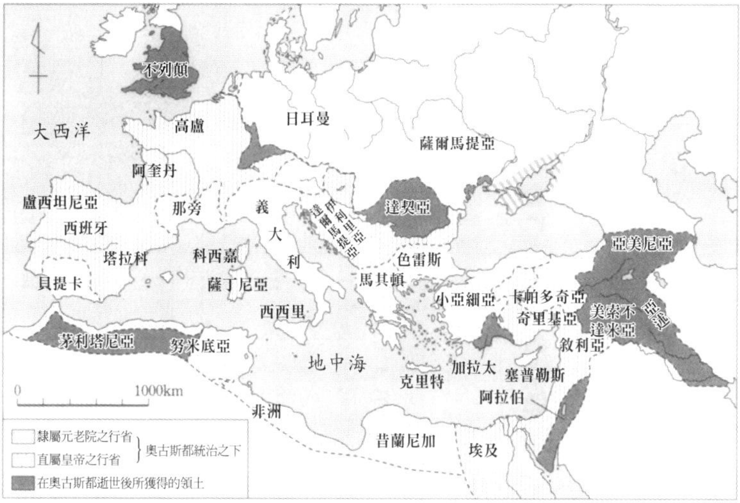

羅馬帝國的版圖（二世紀初葉）

國的版圖拓展至最廣闊的規模。其中，特別是達契亞戰爭（西元一〇一年～一〇六年）一役，最為世人所稱頌。聳立在羅馬城內一隅的圖拉真皇帝戰勝紀念石柱上，刻畫著達契亞戰爭繪卷圖像。在螺旋狀的浮雕圖繪上，身型高挑的圖拉真皇帝特別地顯眼。他以高貴、堅毅且強壯的風采接見使者、擬定作戰計畫、向眾神獻上祭品、接受敗者的降伏。在征服戰爭中所獲取的戰利品，豐厚了國庫，並貢獻在羅馬的公共建設和公共政策上的和平事業。

作為一位當政者，圖拉真確實是一位足以作為典範的人物，但是在私底下，卻也有人對於他嗜酒和同性戀的癖好，頗有微詞。但據說就算他盡情地喝完酒後，還是面不改色的一臉正經，宛如滴酒未沾一般的清醒，且他也從未傷害過任何一位美少年的心。如此看來，作為一位「最好的元首」，這些小癖好也可以算是瑕不掩瑜吧。

圖拉真是首位出身義大利以外行省的元首，生於伊比利半島南部的名門。因為他自己是以涅爾瓦皇帝養子的身分被指名為後繼者，關於自己的後繼者問題，也遵循前例。話雖如此，後繼者是圖拉真的甥孫婿哈德良（Publius Aelius Traianus Hadrianus Augustus）。事實上，關於如何指名這位後繼者，存在著不少謎團。由於圖拉真皇帝是在遠征歸途中去世，據說圖拉真在臨死之際，指名了後繼者，但消息封鎖數日後才傳出。我們雖然無法完全釐清，但是從元首圖拉真的夫人普洛蒂娜（Pompeia Plotina）完全沒有出面干涉的狀況下，至少可以確定，後繼者的指名問題應該與普洛蒂娜有關。

圖拉真皇帝的戰勝紀念碑　在螺旋狀的浮雕圖案上，描繪出在達西亞戰爭中的要塞建設與戰鬥的場面。

虔誠敬神的羅馬人的特質

◎道德威望的核心——眾神的光榮

從表面上看來，羅馬人似乎是偏向現世主義，並且是重視實際利益的實用主義。但卻出乎意料之外的，在宗教上卻是非常虔誠敬神的一支民族。看在希臘人波利比烏斯的眼中，羅馬人是「畏懼眾神的民族」，而土生土長的羅馬人西塞羅則是自豪地說道：「羅馬人對眾神的態度，比起其他任何民族都還要虔誠尊敬。」

凱撒可說是古典時期的理性主義與現實主義的實踐者。但是，如此的凱撒也曾經出現不可思議的行動。凱撒在二十七歲時成為某國家級祭司團祭司之一，負責國家祭祀事宜，並且在三十七歲之時，成為國家祭司中的領導人羅馬大祭司（*Pontifex Maximus*）的候選人。大祭司一職通常是選出公職經驗豐富的高齡者，而凱撒以三十七歲之齡申請，可說是十分有勇無謀。然而凱撒十分認真拼命。據說在競選大祭司一職的上午，他說道「母親大人，今日，您的兒子不是坐上大祭司的位置，就是成為亡命天涯之人，只有這兩個選項的其中之一了」，就踏出了家門。凱撒四處借款，進行巨額的賄賂工作，最後終於奏效，被選為大祭司。大祭司為終身職，因此凱撒至逝世前都是國家祭祀的最高負責人。
凱撒遭到暗殺後，大祭司一職由凱撒派系實力人物雷比達斯（Marcus Ameilius Lepidus）就任。成為元首的奧古斯都顧忌如父親般年長的雷比達斯，並未從他手上奪去大祭司的職位。西元前一二年，雷比達斯逝世後，奧古斯都接下大祭司之職。其後，歷代元首兼任大祭司的職位，成為後世的慣例。
究竟，凱撒為何如此執著於大祭司的職位呢？又，為何後世的元首會將兼任大祭司一職視為理所當然之事呢？羅馬人代代流傳著「以道德威望來統治吧」的說法，其道德威望的核心，便是眾神的光榮。若是這樣思考的話，在這句話之中，正潛藏著羅馬人的特質。
凱撒比任何人都還要自覺到羅馬是君臨地中海世界的巨大帝國。要成為巨大帝國的統治者，必須要擁有軍事力、權力和道德威望。而帶有道德威望之人，亦即非常虔誠敬神之人。羅馬人在這方面的意識上格外的強烈。
英文單字「religion（宗教）」的語源，是來自拉丁文的謹慎考慮、重視（*religio*）一詞。而與謹慎考慮、重視同義的詞語則是虔誠（*pietas*）。換言之，能夠謹慎考慮、重視眾神的人們就是虔誠的信眾。
在此值得注意的是：生存在羅馬帝國的人們，在他們的腦海中，對元首究竟存在著什麼樣的想像呢？從這個角度出發的話，便可以明白，舉目映入眼簾的雕像便扮演著十分重要的角色。其中，諸多奧古斯都皇帝的雕像被保存了下來，最為著名的就是第一門（*Prima Porta*）的奧古斯都雕像。雕像中伸直的右手臂，象徵作為軍隊最高司令官的強大姿態。另一尊雕像則是作為大祭司的奧古斯都，身著正式禮服的托加（*toga*）長袍，展現出內斂莊重，若有所思的模樣。該座雕像的姿態，與其說是要呈現出奧古斯都的力量，不如說是要展現奧古斯都的虔誠與敬神之態度。據說奧古斯都在晚年也十分鍾愛以大祭司姿態刻製的雕像。

◎重建萬神殿

在羅馬市街的古代遺跡之中，足以與羅馬競技場邊絡繹不斷的遊客人潮相提並論的景點，便是萬神殿。創建這座祭祀萬千眾神的萬神殿之人物，正是前文所提及的阿格里帕。阿格里帕是奧古斯都皇帝身邊的親信，同時也是奧古斯都的女婿。對於皇帝以及其得力助手而言，世界帝國的安寧當然是最為關心的要務。

原本對羅馬人來說，眾神的旨意是非黑即白，善意與敵意截然分明，並不存在所謂的灰色地帶。敵意即代表眾神的憤怒，善意便是眾神滿足的結果。若是崇拜眾神的儀禮能夠完

萬神殿　由阿格里帕創建，哈德良皇帝重建的神殿。

美周到地舉行，那麼社會便能保有太平盛世。反之，只要一旦觸怒眾神，便會招致災禍降臨，必須採取莫大的獻祭與禮拜行為，平息眾神的怒氣。

羅馬雖然在地中海世界構築起一個偉大的霸權，但是內部卻經歷了為期一百年的內亂，羅馬同胞自相殘殺，寫下一段苦悶的歷史。奧古斯都因此曾懺悔道，內亂別無其他原因，正是觸怒眾神旨意所招致的後果。他因此接二連三地下令建築或修復諸多神殿，萬神殿的建造也是其中之一。特別是由阿格里帕所創建的萬神殿，其目的是為了彰顯尤利烏斯家族的榮耀。

今日的萬神殿以壯觀華麗的圓頂天花板著稱。燦爛的陽光從內部天花板上的圓頂之眼（*Oculus*）潑灑下來，能讓人沉浸在虔誠敬神的氛圍之中。萬神殿的重建工作是在哈德良皇帝統治時期下令修築。原由阿格里帕所創建的方形萬神殿在西元八〇年時慘遭祝融之災，修復後又因落雷而燒毀。因此，在哈德良皇帝之時，將萬神殿改建為供奉帝國內部所有眾神的神殿，在這個擁有半圓形球狀天花板的圓形殿堂，潛藏並暗示著統治者的世界觀。哈德良皇帝認為，羅馬作為地中海地區的世界帝國，可說是一個已然完美成形的世界。

秉持擴張主義，將羅馬帝國版圖拓展至最大規模的圖拉真皇帝逝世後，哈德良皇帝回歸奧古斯都皇帝的初心，放棄一部分的領土，致力於國境的防備工作。哈德良皇帝對於重建萬神廟的工程費盡苦心的模樣，十分受人矚目。畢竟他耗費了幾乎一半的統治時期，前往各個地方行省進行視察，走向羅馬帝國的各個角落，試圖傾聽民眾內心的聲音。

他由高盧、日耳曼（一二〇年～一二一年）出發，途經不列顛（一二一年～一二二年）、西班牙（一二二年）、小亞細亞（一二三年）、希臘（一二五年），接著經由西西里島回到羅馬（一二七年）。其後，他又探訪非洲（一二八年）、雅典（同年冬天）、卡里亞（Caria）、奇里基亞、卡帕多奇亞、敘利亞（一二九年），不久後造訪埃及（一三〇年），再返回羅馬（一三一年）。因此，在帝國各個地方行省中，留下了各種刻有「皇帝陛下駕臨」的貨幣。

一位願意走遍帝國各地的當政者，當然不會輕視在各個地區的住民所崇拜的不同神祇，而是會認為要尊敬並崇拜所有眾神，才能夠為帝國帶來安寧與繁榮。由此，我們可以明白身為地中海世界帝國的羅馬，實為多神教的世界帝國。向眾神懺悔的奧古斯都皇帝，其內心的祈願在哈德良皇帝對眾神所表現的恭順態度上再次展現。

◎藝術與狩獵的愛好者

哈德良皇帝一家是出身自西班牙地區，因為與圖拉真之間有著密切的姻親關係，哈德良一家人很早就獲得出人頭地的機會。哈德良在四十一歲時即位，據說「他身形高挑，容貌端正，姿態優雅。髮型上使用梳子梳成捲髮，為了掩蓋與生俱來的傷疤而蓄鬍」（《羅馬帝王紀》）。由於哈德良皇帝十分適合蓄鬚的模樣，後來的皇帝們也都紛紛效法哈德良，在下巴蓄鬚。

雖然哈德良並不是天生的軍人，但是他贏得了軍隊的忠誠，並整肅軍紀。頑強守護國境以及保持帝國和平恐怕就是哈德良皇帝統治期間最大的功績。在行省不列顛地區建造的「哈德良長城」，正是暗示哈德良和平政策的最好證明。

雖然哈德良將重心放在視察地方行省與守備邊境，但是他也並未輕忽羅馬帝國的內政。

他重用騎士出身者，讓他們擔任文官職務，並且整頓皇帝的諮詢機構。不過，在他繼承帝位之後，曾經處死元老院中最有權勢的議員，因此與元老院之間的關係並不和睦。儘管在元老院貴族之間的評判不佳，哈德良仍舊是一位有才能的執政者。

不僅如此，哈德良還是一位藝術與狩獵的愛好者，並特別喜愛希臘文化，甚至被說是一位「愛好希臘」的皇帝。對哈德良而言，聖地當屬雅典，並在他有生之年曾經三度親自造訪。堅持和平政策以及充實文官組織的施政，多多少少能夠減輕一些皇帝的公務。他想必在繁忙的公務之餘，充分運用閒暇時間在個人喜愛的嗜好之上，這成為哈德良皇帝的精神食糧。他在羅馬近郊的蒂沃利（Tivoli）建造壯觀華麗的別墅，並且將地方行省時期的旅行回憶，重現在別墅的莊園之中。其榮華壯麗的模樣，如今已化為廢墟，但是那位愛好學問與藝術的皇帝，內心的夢想似乎仍舊長留於該處。據說哈德良皇帝的晚年生活，大多是在這處別墅之內渡過。

哈德良（Publius Aelius Traianus Hadrianus Augustus）　五賢帝之一，致力於國境的防衛與守備，並在不列顛尼亞建築長城。

◎孝子的政治手腕

於哈德良皇帝統治時期的西元一三〇年左右，在小亞細亞的帕加蒙（Pergamon）地區誕生了一位名為蓋倫（Galenus）的男嬰。蓋倫的父親是一位建築師，家境富裕。在父親的支援下，蓋倫前往各地遊學，並花費了數年的時間，在亞歷山卓勤勉地學習。他最初是學習哲學，不久後有志於醫學。當時，亞歷山卓是唯一允許醫學解剖行為的地方，蓋倫便在當地磨練醫學技術，累積經驗。這些經歷對蓋倫後來在醫學理論以及臨床試驗的成就上，提供了難以估量的重大貢獻。

蓋倫在二十七歲時返回帕加蒙，在故鄉擔任角鬥士的治療醫生。角鬥士因為競技比賽所遭受的傷害，大多是皮開肉綻、血流如注的傷勢，蓋倫同時也從治療中累積了作為外科醫生的寶貴經驗。

在故鄉擔任了四年的角鬥士治療醫生後，蓋倫在三十一歲之時踏上帝國首都羅馬的土地。當時是西元一六一年，正是哈德良皇帝的後繼者安敦寧（Antoninus Pius）皇帝逝世，由馬庫斯・奧理略（Marcus Aurelius）與其義弟路奇烏斯・維魯斯（Lucius Verus）共同統治，登上帝位的一年。

關於養父安敦寧皇帝的教誨，奧理略曾說道：

父親交代，必須保持溫和敦厚，若是經過深思熟慮後所做下的決定，就必須克服一切難關，堅毅地徹底執行。不得抱持任何有關榮耀等空洞的虛榮心態。勤於勞動，並保持耐心和毅力。為了公眾利益而前來進諫的人們，務必虛心受教、洗耳恭聽。對於每個人，應該公平分配給他們應得的利益。藉由親身經驗，學習體會何時該繃緊神經，何時該放鬆身心。對於少年的戀愛之情應當加以捨棄。（《沉思錄》）

安敦寧皇帝統治時期，大致上是維持著和平與繁榮的狀態。也因為太過於和平安泰，幾乎沒有發生特別值得記錄下來的史事。就算有政爭的存在，也從未發生過流血衝突。也有人諷刺地說道，安敦寧皇帝統治的時代，毫無歷史可言。安敦寧皇帝即位前，力排眾議，致力將養父哈德良皇帝神格化，因此獲得「孝子」之稱號。

安敦寧皇帝擁有高貴的氣質和溫和的性格，以及與生俱來的沉著冷靜。他雖然口若懸河、話術高明，但是卻能細心傾聽他人的話語。他生於資產家的貴族名門，卻從未誇示自己的財富和身分，簡直就是最適合出現在英雄傳記或是聖人傳記中的大人物。

當然，安敦寧皇帝也從不浪費公帑，在他逝世後國庫留下了六億七千六百萬迪納（denarius）。觀看安敦寧皇帝的性格，可以發現他不只是在德性上受人敬重，在政治手腕上，更是天賦異稟的一位人物。他並不賣弄權力，與元老院之間的關係十分地友好、相互協調。另一方面，安敦寧皇帝還整備羅馬帝國的官僚體制，構築起堅固、難以動搖的行政機構體系。

◎最初的皇帝共治時代

蓋倫醫師造訪羅馬城的時機，正好是安敦寧皇帝病逝後不久。當時在首都羅馬城內，各派醫學齊聚一堂。蓋倫在公開場合展示自己在解剖醫學上的技術，獲得名醫美稱，評價高漲。此外，蓋倫對於患者的症狀和後續狀況都能夠作出正確且明白的指示，讓首都居民驚嘆不已。聲名大噪的蓋倫名醫，其名聲也傳到了皇帝的耳中。因此，蓋倫被召喚入宮為奧理略皇帝看診，並贏得皇帝的信賴。

西元一六六年，傳染病流行蔓延，當疫情擴散到義大利之時，蓋倫離開羅馬，回到故鄉帕加蒙。也有人表示，傳染病的流行只是蓋倫離開的藉口，其真實的理由是蓋倫在醫學論爭之中，感受到來自論戰對象的敵意，顧慮到自己的生命危險，而離開羅馬。蓋倫的名字，雖然有「穩重、溫和之人」之意，但是蓋倫本人的性格卻與他自己的名字相悖，實為一名易於慷慨激昂、辯才無礙的人物。最後，王室無法捨棄對名醫的期待，下令召回蓋倫，任命他作為王室的隨侍醫官。

馬庫斯．奧理略自幼給人的印象，據說就是一位威凜成熟、氣宇不凡的小孩。自小奧理略便對哲學展露出高度的熱情，在他離開奶娘的照顧後，隨即被送至優秀的哲學家身邊學習。不久後，他模仿希臘哲學家，開始將粗糙的外衣披在身上，在地板上睡覺。在母親的再三懇求之下，他才心不甘情不願地睡回床上。

十六歲時，奧理略成為安敦寧皇帝的養子，在他的內心，很早開始就仰慕安敦寧皇帝。年少他九歲的路奇烏斯．維魯斯也同時成為安敦寧皇帝的養子、奧理略的義弟。二十三年後，羅馬歷史上首次出現皇帝共治的體制。

關於義弟維魯斯，奧理略烏斯曾說道：「弟弟的個性有時會讓我深刻反省自己，因而擾亂內在的思緒；但同時，他的尊敬與愛心卻也令我十分欣慰。」兩位皇帝共治的政局，雖然是以和平的狀態揭開序幕，但在不久後卻馬上面臨戰爭、洪水、饑荒、傳染病的考驗，加上接二連三的戰爭，共治的路途並不平穩，絲毫找不到歇息的空閑。

羅馬因為亞美尼亞的主權問題，而與帕提亞開戰；在取得勝利後，羅馬城舉辦睽違五十年的凱旋大典，這是自圖拉真皇帝時代以後的第一場凱旋典禮。然而從東方戰線帶回來的不只是戰利品，還有戰後返還的士兵們所帶回來的疾病。傳染病的擴散與蔓延異常地快速，特別是對人口稠密的大都市，造成難以想像的巨大打擊。

接著，位於北方邊境的日耳曼人展開侵襲，共治的兩位羅馬皇帝被迫前往戰場。據說奧理略皇帝期待遠征之途，蓋倫能與他隨行，卻遭到蓋倫堅定的拒絕。就在遠征的途中，維魯斯皇帝因腦溢血而死去，共治體制劃下句點，統治時間為期八年。

◎哲人皇帝的期待慘遭背叛

當時的羅馬帝國若是想要繼續維持過往擴張的版圖，必須面對的問題是堆積如山。奧理略皇帝的統治期間後半，幾乎是馬不停蹄地在戰場上來回奔波。在國境邊界發生的戰爭，是最為重要的防衛戰爭，而這些軍事上的支出造成國家財政的壓力，有時甚至為了和平的代價，必須繳交許多金銀財寶。

在北方戰線的戰場上，奧理略皇帝在營帳內挑燈寫下《沉思錄》，以希臘文道出世界帝國最高權力者的內在思緒。他遵循斯多葛學派的傳統原則，分述多個主題：作為皇帝的責任、與眾神之間的關係、宇宙的法理、人生的處世之道等。奧理略皇帝的人品高潔，天資聰穎，從《沉思錄》中可以感受到他在宗教與道德觀念上敏銳的洞察力。

奧理略在政治上雖然經歷了多災多難的考驗，但是與愛妻之間則是生下了十四名子女。不幸的是，平安無事地度過幼兒期的子女只有六名，兒子則是只有康茂德（Lucius Aurelius Commodus Antoninus）生存下來。奧理略皇帝將年幼的康茂德視為自己的後繼者人選，致力於康茂德的教育。當初，奧理略同意讓蓋倫留在羅馬城內的原因，也是期待蓋倫能夠成為康茂德眾多良師中的一人。

涅爾瓦、圖拉真、哈德良、安敦寧與奧理略烏斯被稱為羅馬史上的「五賢帝」。他們統治的時代是「羅馬和平」的巔峰時期，由皇帝指名最適任的人選作為後繼者，讓有為的人才以最高權力者的身分統治帝國。這幾位皇帝，有些是本身沒有子嗣，有些則是子嗣早逝。關

馬爾庫斯．奧理略（Marcus Aurelius）　五賢帝之一，同時也是斯多葛學派的哲學家，著有《沉思錄》一書。

於後繼者的選拔原則，他們都遵循前例，尋找最適任的人選。然而，即便是在世界史中難得一見的人格高潔、聰穎過人的哲學家皇帝奧理略，也會犯下無法預測的錯誤：對於他的親生骨肉康茂德所抱持的期待。

西元一八〇年，十八歲的康茂德跟隨奧理略皇帝前往多瑙河沿岸的戰場。就在當時，奧理略皇帝逝世，康茂德理所當然地登上帝位。孰料，他竟然馬上從北方戰線撤退，並且決定支付賠償金以維持和平。對於重視威信的眾人而言，想必是感到非常不悅。

此外，康茂德皇帝將政務委託給身旁的親信，怠惰與放蕩的性格展露無遺。他的暴行與荒唐行徑隨處可見，暗殺的陰謀浮上了檯面。最後雖以失敗告終，但是康茂德皇帝對元老院的不信任感日益加劇。或許也是因為他的生命安全屢屢受到威脅的緣故，連帶地也在精神狀況上出現了影響。康茂德的自傲與妄想症狀變本加厲，甚至將羅馬城改名為「科羅尼亞．康茂底亞（意為「康茂德的殖民地」）」。並且認為自己是海格力斯的化身，以角鬥士的模樣在競技場上登場。暗殺的陰謀再起，在西元一九二年的除夕夜，康茂德在妃子、侍從和禁衛軍隊隊長的共謀之下遭到殺害。

在奧理略皇帝、康茂德皇帝以及其後發生的內亂，至塞普蒂米烏斯．塞維魯斯皇帝（Septimius Severus）統治初期的這段期間內，蓋倫始終擔任宮廷的御醫。他身為羅馬帝國內首屈一指的名醫聲望已是眾所周知的事實，除此之外，作為一位臨床醫師、病理學者以及醫療教育者的名聲也是遠傳千里。在蓋倫的晚年生活中，能夠與之對抗的醫學各大學派皆已失勢。從這一方面來說，蓋倫可謂是地中海世界醫學領域的勝利者，甚至是醫學界的皇帝。

那以希臘醫學之父希波克拉提斯（Hippocrates of Kos）為本，集古代醫學大成的巨人眼中，皇帝以及其周邊所發生的事情，究竟是以什麼模樣呈現的呢？在蓋倫所書寫的眾多作品中，幾乎無法發現任何有關的蛛絲馬跡。又或者是，正因為他專心致志的埋首於醫學，對其他事物漠不關心，才能在勾心鬥角、充滿權謀名利誘惑的宮廷社會之中生存下來，在七十多歲逝世。

1 克麗歐（Clio）是九位繆思女神中掌管歷史之神。

第八章

混亂與不安的世紀

卡拉卡拉（Caracalla）　羅馬帝國第二十二任皇帝，在羅馬市街上建造大型公共浴場。於二十九歲時遭到暗殺。

由軍隊擁立的皇帝們

◎競標的帝位

對於十八世紀的啟蒙思想家孟德斯鳩（Montesquieu）而言，羅馬人的盛衰並不只是單純的歷史教訓；在路易十四的君主專政體制之下，他必須重新思考所謂國家的根本和型態等問題。關於羅馬五賢帝及其後的時代，孟德斯鳩表示：

涅爾瓦的英明睿智、圖拉真的光榮、哈德良的勇氣、奧理略和安敦寧的美德，都賦予了羅馬士兵崇高的自尊心。然而，新的怪物們取代他們登場，軍事政權的弊害發揮到了極致的境界。士兵們將帝國作為商品販賣，暗殺了幾位皇帝，並將後來的帝位與帝王權力貼上新的標價。（《羅馬盛衰原因論》）

路易十四曾誇下豪語：「朕即國家。」正因為有可能會出現像是路易十四這般專制獨裁的君王，因此當政者更必須要是德才兼備的統治者不可。提倡三權分立的孟德斯鳩，十分敏銳地注意到羅馬帝國皇帝權力的演變。

其實，皇帝權力的背後，軍事實力才是最為強大的支柱。如此露骨的事實，在尼祿皇帝逝世後的內亂之中，是任何人都心知肚明的道理。但是，權力通常不會赤裸裸地展露在世人面前，而大多會以像是薄紗頭巾包覆在外的形式現身。這裡所指的薄紗頭巾，也就是所謂的道德威望。在五賢帝的身上，如此輕薄宛如頭巾的道德威望，是十分自然地與他們的人格合而為一。當然，他們私底下或許下了許多功夫，隱藏諸多不為人知的辛酸與勞苦，來成就自己的道德威望，但在表面上，卻能呈現出若無其事的泰若自然。

另一方面，賢帝奧理略的兒子康茂德卻認為，那塊道德威望的頭巾，根本毫無魅力可言。他偏好披上外獸之王的毛皮，肩扛著棍棒，佯裝成海格力斯神的模樣。即便如此，他仍舊擁有靈敏的嗅覺，嗅到了權力的核心氣味——他寵溺軍隊中的士兵，讓士兵們耽於放蕩的生活模式。

康茂德皇帝遭到暗殺後，高齡的首都長官佩蒂奈克斯（Publius Helvius Pertinax）被擁立坐上帝位。但是這位愛好正義的老人在推動改革的方式上似乎有些過於急迫與激進。特別是禁衛軍隊專橫、粗暴的行徑讓他十分不滿，試圖要導正禁衛軍隊的風紀，卻反而招致禁衛軍隊士兵的反感。佩蒂奈克斯皇帝面對帶著怒意，簇擁而來的士兵們，雖然有意好言相勸，孰料反遭殺害，在位期間只有短短不到三個月的時間。

接下來的發展，可說是讓眾人瞠目結舌、驚訝不已。羅馬帝國的皇帝之位，竟然被拿來拍賣，佩蒂奈克斯的岳父和大資產家之間相互出價競標。最後由禁衛軍隊判定，能夠付出較多金錢者得標。當然，最後是由資產豐厚的尤利安努斯（Marcus Didius Severus Julianus）購得帝位。但是，與此同時，在地方行省則是出現了三位由軍隊所擁立的領導者。在這四雄鼎立的混亂局勢下，由萊茵．多瑙河流域全境軍隊所推舉的塞普蒂米烏斯．塞維魯斯獲得廣泛的支持。塞維魯斯於西元一九三年即位後，花費了數年的時間鎮壓並肅清政敵。

◎遺言：「讓士兵們富裕吧！」

塞維魯斯出身北非，當地屬於腓尼基人曾經殖民的迦太基勢力之下，應為閃語系民族。據說塞維魯斯本人的拉丁語有非常濃厚的非洲腔調，至於在和自己的姐妹說話時，則是只使用腓尼基語交談。十分諷刺的是，統治羅馬的皇帝，身上竟然流著曾經被羅馬人滅城屠殺的迦太基人血液。

由於塞維魯斯皇帝絲毫不須顧慮羅馬人的高貴氏族家門，在改革上能徹底推行。他解散了只限義大利人加入的禁衛軍隊，開放名額讓地方行省出身的人士加入。他除去軍隊中的身分階級差別，開放通往高階武官的門戶，讓士兵們依照實力升遷，並且讓有軍務經驗者也能轉往民政職務，為行政組織注入軍人色彩。除此之外，他增加士兵們的薪餉、禮遇退役士官兵、允許現役士兵結婚。如此一來，皇帝與軍隊之間建立起更加穩固的聯繫關係。

羅馬觀光勝地之一的古羅馬廣場，在廣場與神殿等公共建築集聚之處，有一道塞維魯斯皇帝的凱旋門，是為了祝賀帕提亞遠征勝利而建造。羅馬當時攻陷了帕提亞帝國的首都泰西封（Ctesiphon），這東方宿敵似乎已經失去了抵抗之力。羅馬軍隊在當地極盡掠奪之能事，畢竟能讓士兵們開心，就是最值得的收穫。

塞維魯斯皇帝的晚年，有五年的時間都在不列顛的遠征中度過。在他生命的最後時刻，他喚來兩名兒子，留下遺訓：「齊心協力吧！讓士兵們富裕吧！其他的都不須多慮！」便咽下最後一口氣。儘管如此，塞維魯斯皇帝的長男卡拉卡拉（Caracalla）和次男蓋塔（Publius Septimius Geta）的兄弟關係並不和睦。身邊阿諛奉承的人都各自煽動、離間兄弟兩人的感情，讓他們互持敵意。西元二一一年，哥哥卡拉卡拉佯裝要和弟弟和解，約出蓋塔並將之殺害。

卡拉卡拉皇帝最為人所知的事蹟，就是他在羅馬市街上建築了大型的公共浴場，至今仍能看見浴場的遺跡。公共浴場建築的規模空前絕後，其「光之屋」的建築設計，就連後世的建築師也發出望塵莫及、無力重現的感嘆。如今，公共浴場的上部建築雖然已經損毀崩壞，但是在如此巨大的遺跡之中，還是隱約可見往日的豪華與絢爛。

既然提及卡拉卡拉皇帝的事蹟，當然不能忽略著名的「安東尼努斯敕令」——將羅馬公民權賦予所有住在羅馬帝國內的自由人。早在父親塞維魯斯皇帝的統治時代，就向來不把羅馬和義大利放在眼裡，因此過往羅馬帝國所重視的特權和傳統，當然也就變得可有可無。這項敕令只是強調出所有地域的平等性，羅馬帝國是全體人民的帝國。乍看之下，似乎是賜予自由人大眾的歡喜恩惠。然而，據說卡拉卡拉皇帝真正的意圖是為了擴大國內的稅收。因為過往無法擁有公民權的民眾，也同時可以免除遺產稅和奴隸解放稅的徵收。

父親塞維魯斯皇帝留下了前所未有的龐大資產，但是對卡拉卡拉皇帝仍舊是入不敷出。針對父親的遺訓，卡拉卡拉只忠實地恪守「讓士兵們富裕吧」這一項內容。他將士兵們一年的薪餉由五百迪納增加至七百五十迪納。其實，卡拉卡拉可說是萬事依賴著士兵，因為在他殺害了弟弟蓋塔之後，必須時刻防備支持蓋塔的政敵，保護自己的人身安全。肅清掃蕩運動接二連三的展開，據說死者高達二萬人以上。其中也包含不少來不及經過審判，因冤罪而被處死的人。

卡拉卡拉皇帝的這番作為，當然無法與元老院維持和睦的關係。在羅馬城內待不下去的卡拉卡拉皇帝以出巡為藉口，前往各地旅行。他在士兵之間的聲望頗高，因此經常流露出愉悅之情。不過，前往東方的旅行卻突然轉變為遠征帕提亞的行程，利用敵國的內部糾紛，試圖擴張侵略。

然而，此時在檯面下卻悄悄擬定暗殺計畫。在行軍途中，暗殺者鎖定吃壞肚子、腹痛如絞的卡拉卡拉如廁之際。由於皇帝如廁時，礙於禮儀，護衛的士兵都必須採取背對的姿勢。就在卡拉卡拉脫下褲子的那一剎那，刺客便將刀刃刺向他。西元二一七年，卡拉卡拉皇帝年僅二十九歲的生命，就此畫上休止符。

◎四處獵男的女裝皇帝

暗殺卡拉卡拉皇帝的主謀者是禁衛軍隊的隊長馬克里努斯（Marcus Opellius Macrinus），他假情假意的悲嘆先帝之死，登上帝位。不過，遠征帕提亞的失敗卻成為他統治生涯中的致命傷，為了和平收場，馬克里努斯必須支付一大筆金錢，並因此收回了某些對士兵們的禮遇措施。此舉招來羅馬士兵們的不滿，似乎就只等著誰來點燃最後的那條導火線。

另一方面，塞維魯斯皇帝的妻子尤莉亞．多姆娜（Julia Domna）是敘利亞大祭司的女兒，以過人的美貌和聰穎的知性名聞遐邇。尤莉亞．多姆娜的妹妹是尤莉亞．瑪伊莎（Julia Maesa），育有兩位女兒，女兒們分別生下一位孫兒。姊姊的兒子是埃拉加巴魯斯（Elagabalus），妹妹的兒子是亞歷山大．塞維魯斯（Alexander Severus）。

尤莉亞．瑪伊莎從旁煽動著被馬克里努斯皇帝激怒的羅馬士兵們，私下擁立自己的孫兒埃拉加巴魯斯。由於卡拉卡拉皇帝在被暗殺後，仍舊在士兵陣營中擁有很高的聲望，因此瑪伊莎四處放出風聲，表示埃拉加巴魯斯其實是卡拉卡拉皇帝的私生子，是表兄弟姐妹之間所犯下美麗的錯誤。此舉成功點起了導火線。士兵們群起反抗，追擊馬克里努斯。馬克里努斯雖然喬裝出逃，不久後還是被士兵捕獲殺害。

西元二一八年，在敘利亞出生的新皇帝埃拉加巴魯斯才剛滿十四歲。雖說他曾是太陽神的祭司，但他現身羅馬城之時的衣裝，仍舊是過於怪異——紫色的絹質衣服上繡有金線，配戴珍珠項鍊與翠綠玉手鐲，頭上的黃金王冠也鑲有璀璨的寶石，除此之外，還畫眉點胭脂。看在羅馬人的眼中，簡直就是女性的裝扮。

不出所料，即使埃拉加巴魯斯皇帝曾與真正的女性結過三次婚，但是他熱愛同性的性傾向傳聞，始終不絕於耳，而且還是公認的獵男行動。眾人口耳相傳：「皇帝派出使者，尋找擁有巨大陽具的男性。」據說埃拉加巴魯斯皇帝不僅向情夫們頻送秋波，眉來眼去的魅惑調情，甚至還打扮成街頭的娼妓拉攏男性客人。最後，埃拉加巴魯斯在宮廷設置專用的情趣小屋，年輕的男娼以全裸的姿態，令人酥軟的聲調誘惑客人上門。皇帝甚至還明言，若是有人能夠在自己的身體內裝入女性的陰道，將提供豐厚的謝禮。熱衷於獵男活動的皇帝，喜於聽見自己被外界形容為「水性楊花的放蕩女人」，絲毫不見羅馬皇帝應有的偉大道德威望。

埃拉加巴魯斯皇帝的怪異行徑，不只出現在他的性傾向與性關係之上。尊敬太陽神的皇帝，建造了巨大且壯麗的神殿。他每日破曉時分前往神殿，斬殺為數眾多的牡牛與羊隻，獻上祭壇。身為大祭司的埃拉加巴魯斯在除毛之後，在臉上塗抹粉底與胭紅，在眼睛部分框上眼線，佩戴華麗飾品，再穿上絹質外衣。在祭壇的周邊，各式各樣的樂器奏起樂音，他穿著奇特的敘利亞風格女子們與濃妝豔抹的皇帝一同跳舞。

埃拉加巴魯斯皇帝還是個懵懂無知的少年，在政治事務上當然無法明辨事理，思慮也不夠周全。他採用出身卑賤的人士擔任要職，引起眾人七嘴八舌的評論道：「現在是由廚師、理髮師和馬伕在統治帝國。」

荒唐行徑層出不窮的皇帝，當然無法久居皇位。叛亂和暴動接二連三地發生，就連過去總是替埃拉加巴魯斯說話的家人與親信們，面對他變本加厲的怪誕行徑，也是眉頭深鎖，十分苦惱和不悅。最後，就連身旁的士兵們也放棄護衛，埃拉加巴魯斯在逃進廁所時慘遭殺害。死去的埃拉加巴魯斯和母親，皆被割下頭顱，赤裸的殘屍被帶出宮廷遊街示眾，最後丟棄在台伯河。埃拉加巴魯斯皇帝的統治時間僅有短短的四年，被殺害時才十八歲。後世的歷史學家感嘆道，如果沒有卡利古拉和尼祿的前例存在的話，「埃拉加巴魯斯曾經是羅馬皇帝的這項事實，恐怕也沒有人想以文字留下記錄吧」。

◎致命的減俸風聲

在埃拉加巴魯斯皇帝之後登場的是，他的表弟亞歷山大・塞維魯斯，當時也只是一位十三歲的少年。不過，與表哥不同，他沉穩、文靜的性格，十分受人喜愛。也因為他個性過於溫和，才會成為凡事聽命於母親的傀儡。儘管如此，母親過度干涉政事的作為，對亞歷山大・塞維魯斯皇帝而言，或許反而是件幸運之事——世人對於亞歷山大・塞維魯斯皇帝的評判，始終維持在一定的水準之上。亞歷山大・塞維魯斯皇帝將學識豐富、德高望重的元老院議員納為顧問團的成員，並且細心傾聽周圍的意見，他得以在統治期間維持穩健的政局。

但是，軍隊方面卻屢屢出現動搖的不穩跡象。其原因在於，在康茂德皇帝統治的四十年間，士兵們幾乎都習慣了被寵溺地對待，軍紀紊亂當然是不在話下，只要出現些微的變動或是不滿，就會接連地出現起身反抗的士兵。禁衛軍統領，同時也以法學家著名的烏爾比安（Ulpian），就曾經提出整肅軍紀的建議，但招致軍隊的反感，慘遭殺害。霸道橫行的不只是禁衛軍，駐屯在地方行省的軍隊中也隱藏著軍紀紊亂的弊害。

當時，在國境的東方正緩緩飄來大片的烏雲。因其騎兵的優秀戰力向來困擾著羅馬軍隊的帕提亞王國已經滅亡，此實為可喜之事。然而在西元二二六年，更加強盛的薩珊王朝波斯帝國（Sassanid Empire）的勢力抬頭。薩珊王朝信奉瑣羅亞斯德教（Zoroastrianism，又稱拜火教、祆教），重新燃起復古的民族主義風潮，其中也包含驅逐羅馬帝國位於東方的勢力。薩珊王朝出兵侵略美索不達米亞，威脅到羅馬敘利亞地區的行省。

西元二三一年，亞歷山大·塞維魯斯率軍出征，經過一番苦戰後，終於擊退了薩珊王朝的波斯軍隊。但是，羅馬方面陣營的損失也不小。最終，羅馬軍隊的士氣低迷，不僅無法彰顯皇帝的英明威武，反而成為譴責皇帝膽小、懦弱的證明。

不久後，二三三年，日耳曼人越過羅馬西北方的國境，襲擊羅馬軍隊，當地陷入一陣混亂。儘管如此，亞歷山大·塞維魯斯皇帝還是聽從母親的忠告，支付報酬金換取和平，其金額甚至比戰爭的賠償金還要高。眼看軟弱皇帝的作為，毫無軍人的大將之風，軍隊中的士兵們甚至開始蔑視亞歷山大・塞維魯斯皇帝的存在。不僅如此，甚至傳出皇帝為了刪減戰爭經費，打算減少士兵們薪餉的風聲，這引起士兵們的怒意。二三五年，亞歷山大・塞維魯斯皇帝與母親一同遭到殺害。他在位期間十三年，得年二十六歲。

被稱之為「軍人皇帝時代」的半世紀，正來到亞歷山大・塞維魯斯皇帝的跟前。這位善良敦厚的皇帝，因為疏於軍事，而無法讀透當下的局勢，這也成為亞歷山大・塞維魯斯統治生涯中的致命傷。

危機與混亂的三世紀

◎被擁立登基之年邁皇帝的悲劇

殺害亞歷山大・塞維魯斯皇帝的正是馬克希米努斯（Gaius Iulius Verus Maximinu）的反叛軍，元老院也只能心不甘情不願地承認馬克希米努斯登上帝位。他出身色雷斯的貧農家庭，是一位身高超過兩公尺的彪形大漢。不知是否是華麗輝煌的首都環境，對於卑賤無學的出身背景而言太過刺眼，馬克希米努斯在位三年期間，從未踏進羅馬城內一步。

但是，這位皇帝格外喜愛軍營生活，在軍事行動上擁有與生俱來的出色才能，並且天性好戰，擊退日耳曼人、襲擊達契亞人、征討薩爾馬提亞人。馬克希米努斯在這些戰役中大獲全勝，但是在戰爭上卻耗費了過多預算，只好藉由沒收財產和強制徵收的手段，將負擔加諸於富裕階層之上。

負擔加重的情況在地方行省也十分嚴重，特別是在北非地區，激起了眾多民怨。大地主們擁立地方行省總督戈爾迪安（Marcus Antonius Gordianus Sempronianus Romanus Africanus），展露出反抗馬克希米努斯皇帝的立場。不過，這支反抗軍的動態卻不如預期。領導者戈爾迪安在當時已是八十歲的老人，他所信賴的兒子戰死沙場。在元老院承認戈爾迪安的帝位之後，僅僅過了二十天，戈爾迪安便因為傷心過度而自我了結生命。

其實，元老院十分期待擁有深厚教養基礎的戈爾迪安父子，因此，得知消息後十分震驚，一時之間慌了手腳。假若那名粗暴蠻橫的馬克希米努斯帶著軍隊進入羅馬城的話，必定會刮起一陣肅清運動的腥風血雨。於是，元老院趕緊選出擁有豐富經歷的兩名耆老——巴爾比努斯（Decimus Caelius Calvinus Balbinus）和普皮恩努斯（Marcus Clodius Pupienus

Maximus）作為共同統治的皇帝。在這個新體制之下，一位皇帝留在羅馬城內，另一位皇帝則是準備迎擊進軍義大利的馬克希米努斯軍隊。

然而，馬克希米努斯軍隊中身經百戰的勇士們，曾輾轉於各個戰場之中，這次竟然是要和自己的同胞對戰，似乎讓他們感到非常地不悅。於是，出現企圖暗殺馬克希米努斯皇帝的一行人，趁亂混入軍營的營帳，將之殺害。馬克希米努斯皇帝遭到暗殺的消息傳開，有如晴天霹靂。然而，這份從天而降的勝利，並未延續太久的時間，兩位共治皇帝的關係日漸惡化，加上禁衛軍對於瀰漫著貴族風氣的新體制感到不滿，襲擊宮廷，捕捉兩位皇帝，在遊街示眾後殺害。

◎羅馬建國千年祭典與哥德人侵略

關於前文提及的戈爾迪安家族，似乎在民眾之間擁有非常高的聲望。戈爾迪安一世的孫子被帶出宮廷，以戈爾迪安三世（Marcus Antonius Gordianus Pius）的身分即位。當時才十三歲的戈爾迪安三世當然無法獨自擔起統治的重責大任，實權其實是落在身旁的親信手中。

從這個時期開始，關於歷史的記錄變得雜亂無章，只能在後世的傳記中，看見基於主觀、曖昧的口耳相傳歷史，這同時也暗示出當時的無秩序狀態。就讓我們在理解這個背景的前提之下，來看看這段時期曖昧、朦朧的故事輪廓。

在正直的岳父擔任禁衛軍隊統領之時，戈爾迪安三世在位時期的內政尚屬安泰。在岳父病逝後，後繼人選是阿拉伯人菲利浦（Philip the Arab）。這位男子設法讓眾人目光集中在這位年輕皇帝的無能上，自己去爭取士兵們的支持，最後在遠征波斯的途中，殺害戈爾迪安三世。

西元二四四年，當上皇帝的菲利浦，因為必須回到羅馬鞏固政權，而不得不與波斯軍隊談和，並且答應支付賠償金的要求。不久，菲利浦遠征多瑙河流域，取得勝利，舉行凱旋大典。西元二四八年，盛大地開辦羅馬建國千年祭典。然而，從這個時期開始，各地接連出現反抗勢力，菲利浦皇帝忙於鎮壓。除此之外，哥德人侵略多瑙河周邊地區，當地陷入一陣混亂。將軍德西烏斯（Caesar Gaius Messius Quintus Traianus Decius Augustus）被派遣至當地，擊退哥德人，加上他的受眾人景仰的聲望，讓數個軍團一同擁立他為皇帝。不久後，德西烏斯軍隊擊敗菲利浦軍隊，菲利浦皇帝也在戰役中犧牲。

出身巴爾幹地區的德西烏斯皇帝的在位期間僅有短短的兩年。不過，以當時的世道而言，也算是一位眾人讚譽有加的賢君。他遵奉羅馬的傳統秩序，將參拜羅馬自古以來的眾神視為皇帝之義務。在改革方面，也十分用心地計畫與推行。不久後，哥德人再次入侵，德西烏斯率軍迎戰，不料卻陷入敵軍設下的圈套，與兒子一同戰死。

在德西烏斯皇帝短短兩年的在位期間，曾出現兩位人物篡位，自立為帝，最後都被處死。當時，可說是才剛記住皇帝的名字不久，下一位皇帝就隨即出現的狀態，對記憶力不好的人來說，可真是件苦差事。或許，當時的政局，對羅馬民眾而言，不管是誰來當皇帝，都已經無所謂了吧。

繼德西烏斯皇帝之後，坐上帝位的加盧斯皇帝（Trebonianus Gallus），對外雖然以支付貢稅的方式與哥德人和解，對內卻苦於傳染疾病的擴散。隨後，薩珊王朝波斯帝國開始行動，侵略羅馬國境東部。與此同時，哥德人無視和平協定的內容，侵擾羅馬境內的土地。當時擔任多瑙河流域地方的行省總督埃米利安努斯（Marcus Aemilius Aemilianus Augustus）率軍擊退哥德軍。士兵們乘勢推舉埃米利安努斯為皇帝，並突襲義大利。這番巧妙的行動，讓加盧斯皇帝的部下內心受到動搖，起身謀害加盧斯。然而，新上任的埃米利安努斯皇帝，也只在位短短三個月的時間，便被葬送在自己士兵的手下。對加盧斯皇帝宣示忠誠的瓦勒良（Publius Licinius Valerianu），在加盧斯死後，自稱為帝。

◎東部有波斯猛攻，西部有異族入侵

西元二五三年，瓦勒良的皇帝身分迅速地獲得承認。他將長男加里恩努斯（Publius Licinius Egnatius Gallienus）立為皇帝，由父子兩人共治羅馬帝國。瓦勒良皇帝在公職方面的成就，眾人讚譽有加。六十歲的父親負責羅馬帝國的東部，四十歲的兒子負責帝國的西部，兩人同心協力，共同統治。

東部領域的秩序較為紊亂，加上外敵的威脅。沙普爾一世（Shapur I the Great）率領波斯軍隊，是相當難纏的對手。即便羅馬軍在局部戰取得勝利，但是波斯軍的攻勢仍舊威猛驚人。不幸的是，此時傳染病在羅馬軍隊內部不斷擴散，戰力低落已不可避免。不久後，羅馬軍在波斯軍的包圍之下慘敗，據說瓦勒良皇帝因此成為波斯的俘虜，受盡虐待。即便是如此賢能有為的皇帝，在人生的最後居然要承受作為俘虜的奇恥大辱，瓦勒良作為皇帝的聲望也因此蒙上一層陰影。

負責指揮帝國西方防衛戰略的加里恩努斯，也面臨異族接連入侵的困境。在位期間，他大刀闊斧地推行許多政策和軍事改革，其中特別值得一提的是，他創設了獨立、機動性強的騎兵軍團，戰力十分驚人。加里恩努斯除了具備深思熟慮的縝密心思之外，也富有當機立斷的勇氣。可惜他生不逢時，當時的羅馬帝國，已然不是誇耀軍事組織能力的時代，否則以他的才能與性格，必定能夠集武勳與賢能的讚譽於一身。

在萊茵河流域一帶有日耳曼人的部族出沒；在多瑙河流域一帶，則是有馬柯曼尼族（Marcomanni）、瓜迪族（Quadi）等異族部落接連地反覆入侵。羅馬帝國正面臨著國家存亡的危機，就像是航行在洶湧巨浪之中的一艘大船，無法預測未來的方向。

東方戰況的好轉，大約是羅馬帝國此時唯一的安慰與救贖。與羅馬結為同盟關係的帕邁拉（Palmyra）國王奧登納圖斯（Odaenathus），擊退波斯軍隊，甚至協助鎮壓地方行省的反叛軍勢力。加里恩努斯皇帝因其功勞，賜予奧登納圖斯「東方統治者」的封號，以示報答。另一方面，奧登納圖斯國王對波斯的攻勢，也並未手下留情，他甚至攻進泰西封，並且在小亞細亞北部擊退哥德人，充分展示了作為「東方統治者」名符其實的實力。孰料，奧登納圖斯最後卻不幸因為王國內部的糾紛而遭到殺害。

繼承帕邁拉王國的統治者為王妃潔諾比雅（Septimia Zenobia），在後世的史書中記載道：「其臉龐雖被日曬而變得黝黑，卻擁有驚為天人的美貌。」潔諾比雅王妃不僅才貌雙全，更是一位勇敢果決的女性，讓羅馬也不得不默認她的霸權地位。

讓我們將視野轉向帝國的西部，局勢走向難以控制的地步。在後來的《羅馬帝王紀》一

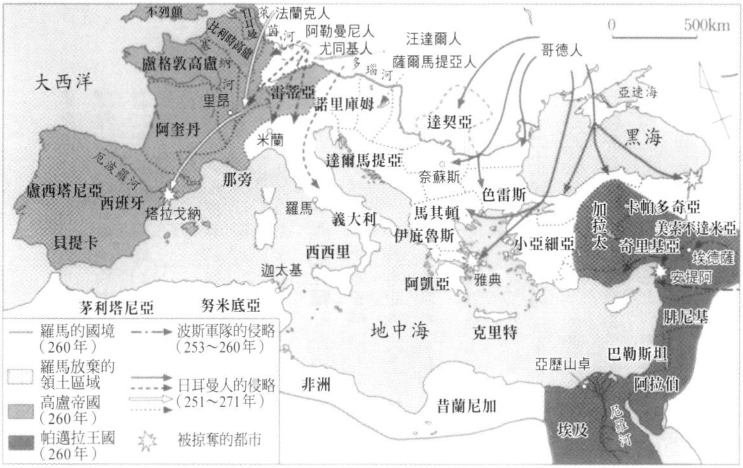

因異族入侵與反叛勢力而動搖的帝國（西元二五〇年～二七一年）

書中，將加里恩努斯皇帝稱呼為「邪惡之君主」，表示「與之對抗，自稱為皇帝之人居然多達二十人」。的確，帝國西部的混亂狀況十分嚴重，可稱之為敵手的勢力約有七人，其中最難以對付的是「高盧帝國」這一股勢力罷了。

西元二六〇年，日耳曼總督波斯圖穆斯（Marcus Cassianius Latinius Postumus）自僭為帝，宣稱掌握著高盧、不列顛、西班牙地區的霸權。經過數年的戰鬥，擊敗加里恩努斯皇帝的攻勢，維持著帝國分裂的局勢。

如今，加里恩努斯皇帝統治的羅馬帝國，東有帕邁拉王國、西有「高盧帝國」，加上異族未曾停歇的入侵行動，在如此內憂外患的多重侵擾之下，如果真的是一位「邪惡之君主」，想必是無法撐過十多年的歲月。事實上，加里恩努斯皇帝為了恢復帝國的秩序，走過了許多艱難辛勞、勤勉自勵的日子，至少在他的努力與誠意上，應該還給他相應的評價才是。但是，加里恩努斯最後還是死於身旁親信者的陰謀之下。

◎擊敗分離勢力的「世界復興者」

西元二六八年，加里恩努斯皇帝手下的將軍之一克勞迪二世（Claudius Gothicus）成為皇帝。他對於殺害先帝加里恩努斯的犯人並未做出任何處罰，可見克勞迪二世本身應該也參與了謀害先帝的陰謀計劃。克勞迪二世熱衷地投入遠征哥德人的戰役，並且取得完美的勝利，因而獲得「哥德征服者（Gothicus）」的稱號。不過，據說其實戰爭是經過一番苦鬥，費盡千辛萬苦才終於取得最後的勝利。不久後，羅馬軍隊在遠征途中受到傳染病的侵襲，二七〇年的夏天，克勞迪二世本人也因為感染而病逝。

在元老院的許可下成為後繼者的皇帝是克勞迪二世的弟弟昆提盧斯（Marcus Aurelius Claudius Quintillus Augustus），但是他並未取得軍隊的支持，在參透自己的命運之後，自殺身亡。而士兵們所期待的繼位人選是騎兵隊隊長奧勒良（Lucius Domitius Aurelianus）。他出身伊利里亞的貧農家庭，無論是身體或是心靈都十分地強韌。雖說他是軍人出身，但是卻也擁有過人的政治手腕。奧勒良認為四處征戰並不可行，因此採取恩威並施的策略，時而威嚇，時而懷柔。

對於侵略至帝國領地內部的日耳曼人部族，雖經歷一番苦戰，最後還是將之擊退，並且將汪達爾人驅趕至多瑙河的對岸。儘管如此，他面對哥德人這號強勁的敵手，雖給予痛擊，卻還是忍痛放棄了由圖拉真皇帝所征服的地區——達契亞行省，致力於維持國境的安定狀態。奧勒良皇帝便是利用這種方式，儲備國家的力量，以迎戰從東、西方接二連三出現的種種難題。

在羅馬的默認之下，潔諾比雅女王將帕邁拉王國的勢力擴張至埃及與小亞細亞地區。如此一來，羅馬也不能再繼續地默不吭聲，認可帕邁拉這個獨立王國的存續，只能出兵遠征，迫使帕邁拉王國屈服在羅馬之下。絕世美人潔諾比雅雖然被捕，押送至羅馬，但是據說在凱旋大典的遊行示眾過後，奧勒良皇帝將她幽禁在皇帝的別墅中，安度餘生。

此時，西方還有羅馬帝國內部的分離勢力——「高盧帝國」。不過，在奧勒良皇帝整肅軍紀，提升戰力之後，高盧帝國的士兵根本就不是羅馬皇帝軍隊的對手，戰爭以皇帝軍隊壓倒性的勝利告終，高盧地區也終於收復回皇帝的統治之下。

西元二七四年，除去東、西方憂患的奧勒良皇帝獲得「世界復興者」之稱號。儘管如

殘存於羅馬市街上的奧勒良城牆　為了防禦外敵的侵略，奧勒良皇帝必須在首都羅馬建造城牆。

此，奧勒良皇帝內心也非常明白，關於異族入侵的問題，只不過是暫時得以迴避罷了。他認為首都羅馬城街道的防備過於鬆散，必須建築城牆，防止得以預料的外敵侵略。因此，他構築了「奧勒良城牆」，至今仍殘存在羅馬的市街之中。

然而，這位「世界復興者」在遠征途中，正打算要渡過博斯普魯斯（Bosporus）海峽之際，被親信所害。殺害的動機不明，不知究竟是個人的怨恨，又或者是對違法行為採取嚴罰主義的皇帝感到反感，至今仍是一團迷霧。總而言之，奧勒良是一位實行眾多改革政策，戰果輝煌，並且受到士兵們敬愛的皇帝。

◎半世紀中出現七十位皇帝

奧勒良皇帝的後任是元老院議員克勞迪・塔西陀（Marcus Claudius Tacitus）。他是一位沉穩、慎重的退役軍人，但是在位不到半年的時間就被殺害。其次則是禁衛軍統領弗洛里安努斯（Marcus Annius Florianus），但就在同一時期，出現擁立幹練軍人——普羅布斯（Marcus Aurelius Probus）的一股勢力。不久，弗洛里安努斯軍隊的內部發生叛變，皇帝弗洛里安努斯遭到殺害。

新任皇帝普羅布斯是一位光明正大、充滿熱血的人物。當時異族不斷入侵、自僭為帝、與之對抗的勢力不斷地出現，這些狀況似乎是為普羅布斯這位軍人量身打造出來的環境。在他的墓誌銘上刻寫著：「於此長眠的普羅布斯，身為一位皇帝，是位高潔之人，是所有野蠻人征服者、僭稱帝王之輩的征服者。」即便如此，最後他還是因為禁衛軍隊隊長卡魯斯（Marcus Aurelius Carus）的背叛，被叛變的士兵殺害。如此的慘劇可說是軍人皇帝時代的通病。

繼任的卡魯斯皇帝將兩位兒子立為後繼人選，並接連派遣他們遠征。遠征雖然節節勝利，但卡魯斯卻在軍營中死亡。據說是死於落雷，但真相仍舊成謎。

在卡魯斯皇帝身旁的是次男努梅里安（Marcus Aurelius Numerianus），他是一位深受眼病所苦的詩人，因為父親死亡的理由，要求羅馬軍撤退。孰料卻在回程的馬車中發現他的屍體。事件的始末雖曖昧不明，但是據說其背後應與皇帝的貼身衛隊隊長戴克里先（Gaius Aurelius Valerius Diocletianus）有關。

卡魯斯的長男卡里努斯（Gaius Aurelius Carinus Augustus）是與父親共治羅馬的皇帝。在後世的《羅馬帝王紀》中指出：「卡里努斯皇帝的無理行為，三天三夜也說不盡。」但是應該考慮到的背景是那些讓人作嘔生厭的醜聞，大多是由支持戴克里先派系的人馬所散布出來的流言。率領大軍的卡里努斯與戴克里先的軍隊爆發激烈的衝突。當勝利就近在眼前之時，卡里努斯卻被身邊的將官刺殺身亡。或許是過往的恩怨情仇所招致而來的惡果。卡魯斯王朝三代，僅僅三年就拉下終結的帷幕，這同時也是軍人皇帝時代的落幕。

這半個世紀所經歷的變化與混亂，簡直令人頭暈目眩、眼花撩亂。在這段期間內，光是被承認為皇帝的人物就多達二十六人，若是再加上共治皇帝三人、僭稱帝王四十一人，五十年內總計出現了七十名皇帝。他們大多數是軍人，被駐屯的軍隊士兵擁立為帝，最後也是死在己方陣營的士兵手下，或是敵軍的刀刃之下。當皇帝的更迭如此迅速，其所象徵的榮耀與權威也隨之跌落谷底。

◎在社會危機中冒出新芽的基督教

假若我們只關注圍繞在皇帝周邊的勢力鬥爭，將會忽略一般社會大眾的生活。無論皇帝更迭的狀況如何劇烈且迅速，在如此的狀況下，對於一般庶民大眾而言，不管是誰坐上帝位，都已成為無關緊要之事。如果我們不去理解在這些平凡大眾的身邊，究竟發生了些什麼事情，那麼我們根本無法觸碰到歷史的實際內容。儘管如此，要在歷史紀錄中找尋出這些庶民生活的蛛絲馬跡，並不是件容易之事。

軍人皇帝時代又被稱之為「西元三世紀的危機」。偏重禮遇士兵的政策，造成國家財政上的負擔與混亂。即使國庫已經面臨破產的危機，上位者還是輕率地、一味地增加貨幣的發行數量，使得貨幣的價值暴跌，物價暴漲。特別是銀幣的價值急速跌降；為此貨幣的發行數量擴增至原來的七倍之多。

國家的財政危機，進一步地擴展成為經濟危機以及社會危機。位居社會底層的民眾無家可歸，只能露宿街頭，並且尋求在世俗彼岸的眾神賜予救贖。在這些懷抱著渴望被救贖的人們心中，所謂的眾神，究竟擁有什麼樣的形象呢？

早在提比略皇帝統治時期，有位名為耶穌的男子，在耶路撒冷被處以釘在十字架上的死刑。當時有群人深信，這位男子將會復活，成為救世主，他們被稱之為基督教徒。在尼祿皇帝統治的時代，基督教使徒保羅（Paulus）曾遠至羅馬傳教，被捲入宗教迫害之中，殉教犧牲。

確實，在羅馬帝國時代前期，曾經對宗教進行鎮壓與迫害。不過，若是我們以冷靜地眼光來看，直到三世紀中葉為止，在羅馬帝國內部，基督教並未成長至足以被認知為是一股可觀宗教勢力的程度。

在羅馬帝國全境，最早出現迫害基督教徒的行動出現在西元三世紀中葉，在德西烏斯皇帝統治的時期。儘管如此，迫害的原因也只不過是出自於要求尊重羅馬崇拜眾神的傳統，並非是單純針對基督教徒的追殺。因為在基督教徒之中，堅定拒絕參與對羅馬眾神的供奉與獻祭儀式的人們，其所作所為實在是過於顯眼。因此，有位公職人員曾說，「無法忍受那些傢伙蔑視羅馬人的宗教」，可說是道出了代表羅馬貴族階層的心聲。

其實，就像是哈德良皇帝時期的萬神殿一般，羅馬社會面對外來的宗教信仰，幾乎是無條件的寬容與接納。崇敬萬神的信仰，換句話說，就是承認宗教信仰上的自由。不過在這項認可與自由的背後，也同時存在著一項不成文的約定——關於他人的信仰、尤其是羅馬人的宗教，不可說三道四地出言批評。

埃及方面的伊西斯女神（Isis）在被掩埋的龐貝古城中也曾經建有富麗堂皇的神殿。伊西斯女神的丈夫是俄西里斯（Osiris），掌管陰間之神。俄西里斯也與阿匹斯神（Apis）合體，再生為塞拉匹斯神（Serapis），受到信徒的崇拜。尤其是在地中海沿岸各地，伊西斯女神被視為是象徵愛與豐饒的女神，成為眾人普遍崇拜的神祇對象。

敘利亞方面的神祇雖然較為分散，但是可以拿天空神、豐饒神——巴爾來作為代表。此外，在塞維魯斯王朝時期，有信徒特別崇拜永世不滅的太陽神，不只在敘利亞，就連在首都羅馬城也建有禮拜堂。埃拉加巴魯斯皇帝並以太陽神取代羅馬國家主神朱庇特的地位。

小亞細亞方面的希柏莉女神（Cybele）則是以大地母神的姿態，廣泛地受到眾人膜拜。早在漢尼拔戰爭時期，羅馬在遭受威脅狀況之下，便決定以國家祭禮來表示對希柏莉女神的崇拜。同時在神話中，被這位女神所深愛著的少年阿提斯（Attis）死而復活的故事，也深深地抓住民眾的心。

伊朗方面的密特拉信仰（Mithraic mysteries），是以屠殺牛隻、抽引牛血並祈禱來世幸福的秘密宗教。這支宗教在軍隊之中非常受到歡迎，同時也廣泛地流傳於商人之間。北至不列顛、萊茵河流域地區，南至撒哈拉沙漠都留存著密特拉禮拜堂的痕跡。

至於希臘方面的神祇，想必已毋庸贅言，當然是受到羅馬帝國的接納。或許應該說，希臘眾神已與羅馬的神祇相互融合，成為同一個神格。其中，酒神戴奧尼修斯（Dionysus）的祭典，誘惑著眾人沉浸在酩酊大醉和狂歡的氛圍之中，前往體驗眾神救濟的另一個世界。這項祭典隱含著對來世的期待，在當時具有廣大的影響力。

然而，在敘利亞與埃及之間的土地所誕生的猶太教與基督教，卻與上述這些宗教大不相同。他們不僅執著於唯一真神的信念，更試圖在多神教的世界中醞釀出一神信仰的氛圍。早在哈德良皇帝的時代，便有許多猶太教神殿及祭壇遭到破壞，猶太人也離散四方。對基督教的信徒而言，重視羅馬自古以來宗教祭禮的人士，只不過就是一群頑固、愚蠢的無神論者集團罷了。但是，基督教信仰的型態在後來卻反而切實、牢固地抓住了那些受苦於危機與不安的世人魂魄。

第九章 往一神教世界的大轉向

君士坦丁大帝（Flavius Valerius Aurelius Constantinus）　羅馬帝國第五十七任皇帝，也是第一位信仰基督宗教的羅馬皇帝。他在拜占庭建立新皇宮，並將之命名為新羅馬，但人們為尊君士坦丁之名，將此地稱作君士坦丁堡。君士坦丁堡在此後一千年均為拜占庭帝國的首都，因此君士坦丁也被認為是拜占庭帝國的創立者。

為動亂的時代帶來秩序

◎謀略興國的戴克里先

對日本人來說，一提到亂世，想必腦海中便會浮現日本戰國時代的歷史。從應仁之亂（一四六七年）開始，至織田信長流放足利義昭（一五七三年）為止，約一百多年的時間。然而，不久後天下的霸權卻還是落到了豐臣秀吉手中，接著又移轉至德川家康。在日本的俗語中，有個形容統治者度量與氣度的知名比喻——面對「不啼的杜鵑鳥」，織田信長是「殺之（殺了杜鵑鳥）」、豐臣秀吉是「試使之鳴（設法讓杜鵑鳥鳴叫）」、德川家康則是「待其鳴（靜待杜鵑鳥鳴叫）」。

「軍人皇帝的時代」，又或者是被稱之為「西元三世紀的危機」這半個世紀，在時間上只有日本戰國時代的一半。不過，當時羅馬激烈的動盪與混亂的局勢，卻絲毫不會遜色於日本的戰國時期。在走過了如此風雨飄搖、動盪不安的情勢後，地中海世界又再度恢復到安定的社會秩序，其中非常重要的人物就是戴克里先。這名男子究竟是織田信長、豐臣秀吉、還是德川家康類型的人物，就讓我們從這個切入口來看起吧。

其原因在於，如果我們從日本的戰國大名，經過織田、豐臣政權後走向幕藩體制的推移，那麼，在面對軍人皇帝時代以後出現的變化，我們也就更能思考、描繪出潛藏在其中的問題。戴克里先雖然統一了羅馬帝國的天下，但是眼前的情勢依舊不可掉以輕心，因為不知何時又會出現僭稱皇帝的人士，或是意圖篡奪帝位的人物。

在此，我們能夠確定的是，戴克里先的確是一名優秀的策士型人物。努梅里安皇帝的暗殺者，被認為是禁衛軍隊隊長，同時也是努梅里安的岳父阿培爾（Lucius Flavius Aper），阿培爾擁立戴克里先為帝，卻在戴克里先登上帝位後，隨即被判處死刑。如此迅速敏捷的處刑，也不禁讓人懷疑，在暗殺努梅里安皇帝的計畫背後，戴克里先應該也有些許的關係。

儘管如此，假若只將戴克里先看作是一名策士，也未免太低估他的能力。在弟弟努梅里安被暗殺後，哥哥卡里努斯還活在世上。只要擊退卡里努斯皇帝的軍隊，戴克里先就可以成為羅馬帝國全境唯一的統治者。然而，面對過去支持卡里努斯皇帝的有權有勢之人，戴克里先幾乎沒有採取報復的行動，不僅如此，他甚至還將許多支持卡里努斯派系的人物，安插到國家的重要官職崗位上，展現出他作為當政者的包容、慈悲心胸。

除此之外，還發生了讓人意想不到之事。戴克里先邀請過往的戰友馬克希米安（Marcus Aurelius Valerius Maximianus Herculius）與他一同統治羅馬帝國：戴克里先負責治理帝國東部，西部則是交由馬克希米安負責。最初的數年，兩人都各自忙於軍事行動。東北部邊境有薩爾馬提亞人，東部邊境有波斯人出沒，西部的高盧地區出現農民叛亂，而西北部邊境則有日耳曼人的威脅。

不久，為了讓政局安定、邊境平穩，於西元二九三年，採取四帝共治的制度——由兩位稱為「奧古斯都」的正帝和兩位稱為「凱撒」的副帝來分別負責治理。這一項共治體制的導入，也隱含著明示後繼人選的意味。畢竟，究竟有哪些人偷偷覬覦著帝國皇位，是無可預料之事。在四帝共治的體制之下，就算某日出現篡奪帝位者，也還有另外三位皇帝與之對立。只要避免讓多股反抗勢力在同一期間成功叛變，那篡奪帝位之事，難如登天。

除此之外，戴克里先還完成了一般人無法做到的事。對戴克里先而言，作為一位皇帝，極度繁忙的政務與責任，或許算是一種極為沉重又不可怠慢的負擔，尚未成熟的青少年無法勝任，在體力和精神上日漸衰退的老人也難以負荷。能夠如此孜孜矻矻地為國家服務二十年，也算是鞠躬盡瘁，功成身退之時。因此，在西元三〇五年，在位的第二十一年，六十歲的戴克里先從正帝的王位上退位，與他一同擔任正帝的馬克希米安，也有些不情願地在米蘭退下帝位。

◎最高神祇朱庇特之子

話說回來，雖然是四帝共治的體制，其實還是優先尊重戴克里先皇帝的智慧與判斷。歷史學家曾道：「他們仰望皇帝，宛如是仰望著自己偉大的父親或是最為崇拜的神祇一般。」在戴克里先的指導之下，四人一同推進各方面的改革。

戴克里先符合最後一位軍人皇帝的作風，首先著手的是倍增兵力、強化軍事能力。在帝國的行政體制上，將行省組織細分後重新整編，帝國全土分為十二個管轄區域。與此同時，致力於整備官僚體制，並且努力將文官與武官的制度做出切割。讓武官能夠專心致力於軍事行動，不受行省和管轄區域的限制。

為了能夠順利推展這一連串的改革政策，特別是在維持軍隊與官僚組織的運作之上，當務之急便是要整備稅制，讓通貨制度得以維持穩定的狀態。戴克里先將人頭稅與土地稅結合，導入卡皮塔蒂歐·路加提歐制度（*Capitatio-Iugatio*）[1]。為此，於西元二九七年，在羅馬帝國全境內實施人口調查與土地測量活動。而從軍人皇帝時代以來，通貨膨脹的狀況嚴重。戴克里先對此頒布最高物價指令，違反者將以重罪處之。不過這些改革究竟發揮了多少成效，卻仍有待商榷。

在戴克里先的改革之中，最大放異彩的是在宗教層面上的改革。戴克里先皇帝身穿金線繡飾的絹質禮服和鑲有寶石的鞋子，出席祭典。要求臣下謁見時必須遵從東方風格的跪拜禮儀，並稱呼皇帝為「主上」（*Dominus*，意指主人）。從尊重自由人的古典時代常識來看，戴克里先講求儀禮和稱呼的作法，是一個非常大的轉捩點。[2]

在西元三世紀的混亂之中，不管是在宮廷還是軍隊陣營，皆充斥著出身邊境的人士。不僅如此，甚至有出身蠻族的將校軍官在軍營中昂首闊步。多元人種雜處，無意通曉羅馬人的教養與習慣的人也不少。帝國人民之間幾乎失去了共通的聯繫，就連戴克里先這位不怎麼親近羅馬和義大利的皇帝，也不禁感到痛心。事實上，戴克里先在位期間幾乎未曾踏上羅馬這塊土地。[3]儘管如此，在他的內心，還是認為必須尊重羅馬自古以來的眾神。他自己成為了羅馬帝國最高神祇朱庇特之子，並且希望在這份神所賜予的權威之下，能夠讓底下的眾臣忠誠地跪拜在他的腳下。同時，戴克里先皇帝也期待著這份權威，能夠培育出臣民的愛國與忠誠之心。

因此，在戴克里先的統治晚期，試圖再度振興羅馬的傳統宗教。將祭拜羅馬眾神的儀禮定為義務，違反者必須接受處罰。特別是在基督教徒之中，拒絕崇拜羅馬眾神的態度格外醒目，不少基督教徒因此受到迫害、處死而殉教犧牲。

以復興拉丁文學為目標的戴克里先，邀請出身非洲的拉克坦提烏斯（Lucius Caecilius Firmianus Lactantius）至小亞細亞，擔任拉丁文的修辭學教授。但是這位文人信奉基督教，在宗教大迫害的期間失去了教授的職位。因此拉克坦提烏斯以十分嚴厲的態度看待戴克里先皇帝的所做所為，甚至表示：「戴克里先皇帝是犯罪的創造者，邪惡的企劃者。」

後來，在基督教受到官方的認可之後，像是戴克里先皇帝這一類採取過宗教迫害的皇帝，在死後也被追究責任。在基督教徒所撰寫的著作之中，五世紀的佐西姆斯（Zosimus）對於非基督教徒的皇帝，算是以非常公正的態度進行記述。但是在他的史書作品中，戴克里先皇帝統治的二十年記錄居然完全消失不見。或許是因為，看在狂熱的基督教徒眼裡，給予這位宗教迫害皇帝高度評價的文字記錄，實在是過於礙眼。儘管如此，戴克里先皇帝打開了新時代之門扉的這一項貢獻，是任誰也無法否認的事實。

◎君士坦丁公開承認基督教

戴克里先皇帝退位後，隱居在今日克羅埃西亞（Croatia），亞得里亞海沿岸的薩羅納（Salona，現今的史普利特 Split）。他住在田園地區的豪華別墅之中，只在公開場合中現身過一次。在後繼者之間反覆出現激烈地對立爭執之時，有不少人勸說戴克里先再度出馬，重回帝位。對此戴克里先只答道：「如果你們知道我是多麼用心盡力地在栽培菜園中的高麗菜，相信你們就不會對我提出這種要求了。」當然戴克里先並未理會復位的請求。他在西元三一一年初冬，於別墅中與世長辭。還有另一種說法，戴克里先是自願絕食而死，或許是想要像斯多葛學派的賢者一般，以高潔的姿態走向死亡。

話題回到本章開頭所述及的內容，戴克里先作為一位變革時期的統治者，究竟是像織田信長、豐臣秀吉、還是德川家康類型的人物呢？在果敢的決斷力和敏捷的行動力上，近於織田信長的風格；在擅於策略又不失人情的性格上，則是與豐臣秀吉相似；思路清晰、洞察秋毫且能沉穩、切實推進事務的作為，宛若德川家康的性格。與其勉強地將戴克里先歸納在這三個類型之中的其中之一，不如說他是兼備三人的長處，並且懂得隨機應變的大人物。若是他欠缺強大的自制心，想必是無法領導地中海世界帝國，安然度過這個前所未有的危機。

戴克里先雖然退位，但是在同一時期與他一同擔任皇帝的馬克希米安卻仍眷戀帝位。當時，馬克希米安的兒子馬克森提烏斯（Marcus Aurelius Valerius Maxentius）有意篡奪王位，將父親從隱居生活中喚回。馬克希米安將女兒許配給副帝君士坦丁（Flavius Valerius Aurelius Constantinus），與之結成同盟關係。其後，局勢變得更加混亂，馬克希米安敗在君士坦丁的手下，不得不選擇走上自殺的道路。

西元三一一年，隨著皇帝伽列里烏斯（Gaius Galerius Valerius Maximianus）的逝世，羅馬帝國的四位統治者分別是君士坦丁與李錫尼（Gaius Valerius Licinianus Licinius）的同盟，以及馬克森提烏斯與馬克希米努斯・代亞（Maximinus Daia）的同盟。雙方的對立日漸深化，局勢十分緊張。西元三一二年，君士坦丁在米爾維安大橋戰役（Battle of the Milvian Bridge）中擊敗馬克森提烏斯；翌年，李錫尼打倒馬克希米努斯・代亞。如此一來，君士坦丁坐上帝國西方的皇帝之位，李錫尼則是成為帝國東方的皇帝。

至此，登場人物的人名，多的令人頭昏腦脹。正如戴克里先所憂慮的一般，意圖篡奪帝位的人物四處冒出的混亂狀況，至今仍未見平靜。不過，性格正直、總是保持游刃有餘態度的君士坦丁皇帝，投下了一個巨大的賭注：面對不管經過多麼嚴厲的鎮壓與迫害，仍舊無法消滅的基督教徒問題，君士坦丁皇帝決定公開承認基督教的信仰自由，也就是西元三一三年著名的「米蘭詔書（Edict of Milan）」。根據傳說，在進軍羅馬途中，皇帝與士兵們都看見了天邊耀眼的十字架光芒以及「汝，依此取勝」的文字，才讓君士坦丁皇帝決定要公開承認基督教的合法性。

◎超越民族與階層的擴張

歷史學家卡西烏斯·狄奧出身小亞細亞的尼西亞地區，以希臘語撰寫《羅馬史》，記錄至西元二二九年為止的羅馬歷史。這部包含書寫同時代歷史的史書篇幅多達八十卷，卻幾乎沒有提到關於基督教徒的內容。在卡西烏斯·狄奧的故鄉，雖然早從一百多年前開始，基督教徒的問題就已經讓行政當局十分困擾，但是在同一時代的大眾眼中，卻似乎不是特別重要的問題。

但是，史家卡西烏斯·狄奧而後的三代子孫，就是親身經歷「米蘭詔書」的一代。如果說君士坦丁皇帝改信基督教僅只於是一個傳說的話，那麼卡西烏斯·狄奧的曾孫便已經生存在皇帝本身就是基督教徒的時代之中。在這樣的背景之下，顯示出在經過三個世代的推移之後，基督教徒的人數出現了驚人的增長。究竟是什麼原因，讓基督教能夠達到如此飛躍性的發展呢？

初期（約至西元二世紀末為止）的基督教徒大多是猶太人以及希臘人。加上經過種種原因的離散、移居之後，大部分都是居住在大城市的民眾。此時所發生的基督教徒迫害，雖然地點位於士麥拿（Smyrna，今日土耳其的伊茲密爾）、亞歷山卓、盧格度姆（Lugdunum，現今的里昂）、迦太基和羅馬等大都市，但是殉教者還是以猶太人和希臘人居多。另外，這些基督教徒多不富裕，據說大部分是中下階層的民眾。如此說來也不無道理，因為耶穌給予祝福的對象，是貧窮、悲苦、正在堅毅忍耐著的人們。

因此，基督教徒急速增加的狀況，顯示出原本的民族、居住區域和社會階層這三項限定條件正逐漸地模糊。換句話說，不再只限於猶太人與希臘人，在大都市的外部地區以及社會的上層階級，都正逐漸地在接納、吸收基督教的教義與信仰。

另一方面，基督教的普及不僅僅是民眾改信另一種宗教的現象，更重要的是它代表了由多神教世界轉換至一神教世界的變化。這可說是人類史上的一大事件。然而，為何居住在多神教世界中的民眾，會認同崇拜唯一神祇的行為呢？

在此，讓我們稍稍偏離主題。正如前文所述，地中海世界的「三世紀的危機」，與日本的戰國時代有些許的類似之處。除此之外，就在日本的戰國時代，基督教傳入日本，甚至連「戰國大名」之中也有人改信基督教。在十六世紀下半葉的日本，基督教達到最大規模的普及，教徒成長至二十萬人，教會數量也擴張至二百間。但因為反覆發出的禁令以及鎮壓運動的強化，信徒人數迅速減少，基督教因此在檯面上消聲匿跡。

當然，要成長至足以迅速擴張的膨脹時期，其時間的長短，也是一大要素。此時，在地中海世界的基督教已經擁有二百年以上的潛伏期。但是，從傳教士聖方濟．沙勿略（San Francisco Javier）登陸鹿兒島（一五四九年）起至豐臣秀吉頒布「伴天連追放令」[4]（一五八七年）為止，僅有未滿四十年的時間。因此，似乎無法將日本與地中海世界的狀況相提並論。不過，筆者認為，還是可以在兩者之中看出彼此在信仰心理上的差異，而且如此一來，更能觸碰到基督教信仰的核心價值。

◎耶穌犧牲之死

基督教信仰的核心中，存在著一段故事：「救世主耶穌背負著人類的原罪，被釘上十字架處刑。」其模樣可以從羅馬帕拉丁山丘上發現的著名塗鴉畫中窺見，被視為是諷刺基督教徒的作品。驢頭人被釘在十字架上，一名高舉單手的男子抬頭仰望著驢頭人可憐的模樣，下方潦草地寫著「阿列克沙梅諾斯（Alexamenos）膜拜他的神」。此幅塗鴉畫被認為是西元二世紀時期所留下，同時也直接指出了基督教信仰的核心。

基督教徒雖然經過反覆的鎮壓與迫害，在羅馬帝國統治下的地中海世界中，信仰人數反倒是有增無減。然而在十六世紀的日本，官方禁教與鎮壓的強化之下，基督教徒只能隱藏自己的信仰，在日本社會中苟延殘喘的生存下去。在信仰的土壤上，日本與地中海世界同樣都是多神教的世界，為何會出現如此大的差異呢？

當成群的斑馬遭受獅子襲擊時，只要有一隻斑馬受害，成為獅子口中的獵物後，倖存下來的斑馬們就能再次安心地低頭吃草。因為牠們本能地感受到，只要有一頭斑馬成為犧牲者，自己以及其他同伴就能免於受難。像是這種為了克服威脅與不安所孕育出的犧牲模式與認知，深深地刻印在同為生物的人類潛意識之中。

如此說來，在古代地中海世界的多神教中，名為犧牲祭典的儀式更是充分發揮了所謂犧牲模式的精神。遠古時期是以人身獻祭，不久後轉為屠宰羔羊、山羊等動物作為牲禮獻祭。崇拜超自然力量存在的信仰價值，是古代人精神世界中的核心價值，以我們現代人理性思考的角度看來，似乎有些難以置信。但是對於古代地中海世界的人們來說，獻祭的犧牲祭典，是在撫慰眾神上不可欠缺的重要儀式。

五賢帝時代的地中海世界，在「羅馬和平」之中展現出前所未有的繁榮盛世。然而，到了二世紀晚期，在背後支撐著皇帝權力的重要力量，明顯地轉變成為軍事力。皇帝開始偏重、禮遇軍人，對於其他國政置之不理。在邊境地區，異族的入侵不斷，有時甚至會侵略至地中海沿岸地區。

在如此動蕩不安的社會中，自古以來的人際關係開始出現動搖，傳統的共同體也一步步地走向崩壞。人與人之間的聯繫不再緊密，逐漸走向孤立個體的存在。在此種狀態下，自然而然地強化了各自渴求救贖的欲望，其中包含了不少將希望寄託在來世的人，也就是期待彌賽亞救世主的降臨。

在這股大潮流之中，有人將被釘死在十字架上後死而復生的耶穌，視為救世主崇拜。因為神之子耶穌的犧牲，所有的人類將因而獲得救贖，因為耶穌的復活，所有人類將能夠獲得永生。這也是古代人常識的實現——為了祈求神的寬宥而獻上祭品。況且，這個祭品還是神之子本人，以活生生的狀態獻出生命作為犧牲，其所帶來的衝擊力異常強大。如此一來，基督教的宗旨就顯得十分淺白易懂，在民眾間引起迴響與共鳴，信徒人數也隨之增長。

◎禁欲意識的土壤之上

除此之外，基督教教義宣揚正是貧苦的下層階級民眾才應該獲得救贖的說法，非常引人注目。下層階級民眾長期飽受虐待、忍耐艱苦，是最需要被救贖的一群人。「富裕的人真是不幸。因為他們已經在這個世界上享盡了撫慰」。這句話語可說是貧困民眾的福音，化解了他們對富裕階層的怨恨與嫉妒，並且給予他們希望，期待神在未來的恩賜。這個階層的民眾在社會上占有壓倒性的多數；不僅如此，就連富裕階層的人們，也出現自願將自己的財富奉獻給唯一真神的行為。正如某些社會心理學者的說法：此時，長期受到苛虐、壓抑的階層，他們內心所發出深沉的怒吼，終於像是怒濤一般地洶湧襲來。

話說回來，究竟為什麼非得是一神教不可呢？事實上，多神教世界中的眾神，並未窺伺信徒的內心世界，也沒有要求信者必須遵守嚴格的戒律，存在著許多苟且之處。相對地，一神教的唯一真神，則是深入到每一位信徒的內心。首先，要求信者只崇拜唯一真神的信念，並且將「盡心盡力、全心全意地敬愛你的神、你的主」作為絕對的信條。此外，過去只是命令「不許行姦淫之事」，禁止行為上的越軌，如今則是「只要心存姦淫之念看待他人妻子，既已在心中犯下姦淫他人妻子之罪過」，剖視個人的精神及靈魂並定下罪行。在物質上的貪欲，也必須做到長久的自我克制。

換言之，基督教的教義隱藏著濃厚的禁欲意識，將人類的欲望本身視為骯髒污穢之念。如此的禁欲意識早在希臘化時代以來的斯多葛學派以及伊比鳩魯（Epicurus）學派中便已成型。畢竟地中海世界長期維持著前所未有的和平與繁盛，或許在這樣的背景之下，空有物質的豐饒生活，反倒讓人感到空虛。因此，這不單純僅是禁欲意識的作祟，不如說是民眾開始渴望追求心靈上的豐饒，尋求精神上的滋養土壤。在這樣的土壤之上，一神教的基督教才得以播下種子，日漸茁壯成長。

綜合上述，可以簡要歸納為三點：耶穌在十字架上的犧牲故事簡明易懂、備受壓抑的人們心中所懷的怨念，以及追求心靈豐饒的禁欲意識。這三點相互結合、影響，讓基督教得以在混亂與不安的時代之下，廣泛地撼動眾人的靈魂。到了三世紀下半葉，基督教超越民族、居住區域以及階層的限制，出現飛躍性的成長。這也顯示出背後環境所需要的條件已備齊完整。

事實上，關於從多神教世界轉向一神教世界的巨大主題，是無法在區區幾頁的篇幅內便能夠一語道盡的內容。其中包含著各式各樣的說法與論點，就算是費盡千言萬語也無法論述完全。是故，筆者在此只簡要歸納出這三項背景條件。

◎維持七百年的貴金屬貨幣

讓我們轉換主題，思考為何美金的記號是S而非D呢？想要解開這個謎題，就必須上溯至羅馬帝國君士坦丁皇帝的時代。

負責治理帝國西部的皇帝君士坦丁，擊退帝國東部的皇帝李錫尼，成為唯一的統治者。他繼承前任皇帝戴克里先的改革路線，整合以官僚制度為基礎的階級社會。另外，他還創設了機動野戰部隊，讓帝國內部軍隊的移動變得更加敏捷。在大眾生活上，他禁止佃農遷徙，企圖使職業世襲化，以維持社會和稅收的安定。他將首都遷至拜占庭（現今的伊斯坦堡），將帝國的重心東移。

與此同時，君士坦丁皇帝推行貨幣改革政策，態度非常地果斷堅定。或許是他已經察覺到所謂的「格雷欣法則（Gresham's Law）」，也就是劣幣驅逐良幣的現象。

在三世紀時期，仰賴軍事力的皇帝為了支付士兵們的薪餉，不斷地改鑄銀幣，逐漸降低銀幣中銀的含量，造成貨幣價格一落千丈，物價飛漲，米珠薪桂。小規模的貨幣改革政策並無法停止通貨膨脹的現象，在戴克里先皇帝時期，曾經公告各項商品的最高價格，違反者以重罪處之，卻未見成效。

在自己活著的這段期間，要是能夠完成些什麼的話就好了。如此的思考模式，可說是人類的天性。先不論是否會考慮到自己小孩成長的時代，要一個人去顧慮到自己的孫子、曾孫甚至是更為後世的子嗣所生存的時代而行動，可不是一件簡單的事。然而，君士坦丁皇帝在這種為後世子孫著想的精神上則是擁有非常堅毅不屈的態度，為了讓混亂的經濟活動回到安定的軌道上，他深信必須構築起一套堅固、完備的貨幣制度。

羅馬人的重量單位一磅，可以鑄造出七十二枚的金幣，金幣的名稱為「蘇勒德斯（*solidus*）」。在英文中，將緊擠壓成固體的狀態稱之為「solid」，其語源便是拉丁文的「*solidus*」。蘇勒德斯金幣（在希臘文中稱之為諾米斯馬 *nomisma*）的金含量有四點四八公克，是純度非常高的錢幣。同時，君士坦丁皇帝還發行了含銀量二點二四公克的銀幣。若是金與銀的比率為一比十二的狀況下，一枚蘇勒德斯金幣等同於二十四枚銀幣的價值。

令人更為驚訝的是，這款純度相當高的金幣，流通時間維持了近七百年之久。至一四五三年君士坦丁堡被攻陷為止，理論上以相同的基準維持流通，實際上到了西元十一世紀下半葉，金幣的價值幾乎沒有任何的改變。

因此理所當然的，蘇勒德斯金幣在國際交易上的通用狀況，被評價為信用最高的貨幣。今日，不過是用紙張製成的美國紙幣，之所以能夠作為國際通用貨幣，在國際交易上受到信任的原因，在於其背後擁有出色的經濟力與軍事力的美國政府作出保證。但是，在受到貴重金屬含量左右著貨幣價值高低的時代，必須提高貨幣的純度並維持穩定的狀態。蘇勒德斯金幣在這一點上作出非常完美的典範。

由此可見，君士坦丁大帝從過去大量發行劣幣，導致經濟與社會發生混亂的歷史中吸取教訓，因而展現出頑強堅定的決心。但是，光是如此，卻不能保證後世的皇帝便不會輕率地重蹈覆轍，再次進行劣幣的改鑄。

君士坦丁皇帝曾說：「所謂最好的方法，完全是神的旨意，因為人類就是要將神的命令付諸實行。」君士坦丁皇帝擁有巨大的權力，在公開承認基督教後，禮遇基督教徒，並且為了羅馬帝國的重建，大膽地推行遷都之政策。這或許就是一位神聖且受人崇敬的皇帝姿態，其耀眼的光輝持續數百年的歲月，照耀在以地中海世界為中心的歐亞大陸西部。這也正是讓蘇勒德斯金幣的高純度足以持續閃耀的原因之一。使用S作為美金的貨幣記號，展現出美國對於本國貨幣的期望——能夠效法蘇勒德斯金幣，長期維持安定與流通的信用。

從叛教徒的逆說到全面禁止異教

◎聲望逐日攀高的副帝

西元三三七年，六十五歲的君士坦丁大帝與世長辭。據說他在臨死之際接受了基督教洗禮，埋葬在君士坦丁堡的教會之內。這對於當時仍舊認為羅馬才是帝國首都的羅馬市民而言，是一項巨大的衝擊，並且十分氣惱已故先帝的決定。不過，君士坦丁大帝的喪禮，也正好將他公認基督教的意志廣詔天下。同時，這也是一位將救贖寄託在唯一真神之上的民眾心情，與一位企圖重建帝國的統治者意志相互重疊、合而為一的時刻。如此一來，多神教世界帝國轉向了一神教世界帝國的方向。

儘管如此，轉向所歷經的道路絕非平坦穩順。在君士坦丁大帝逝世後，首都君士坦丁堡內出現了軍隊叛亂。除了君士坦丁大帝的三位兒子之外，其他親族幾乎被屠殺殆盡。倖免於難的親族成員中，包含君士坦丁的外甥尤利安二世（Flavius Claudius Julianus，「二世」的稱呼是為了與西元一九三年在位的羅馬皇帝尤利安做出區分），幸虧他當時還只是年僅五歲的幼兒，才順利的逃過一劫。

而後，君士坦丁大帝的三位兒子在協調之下，決定將帝國分割統治。但在不久後，彼此開始進行對抗與爭執，後來還有篡奪帝位者的出現，使得局勢更加混亂。最後在三位兒子之中，由二子君士坦修二世（Flavius Iulius Constantius，「一世」為君士坦丁大帝的父親君士坦修）成為唯一的皇帝。雖有歷史學家批評君士坦修二世為「空有虛榮心的愚蠢之人，被身旁的宦官們蠱惑」，但在實際上，君士坦修二世強化父親所留下的體制，致力於維持統治局勢的安定。

君士坦修膝下無子，並且深切地體會到獨自一人統治偌大帝國的艱難之處。西元三五三年，他迎回已經長大成人的堂弟，提拔正在雅典留學的尤利安作為副帝。隨後，他派遣尤利安前往邊境高盧，穩定當地動蕩不安的局勢，而尤利安也不負期許的擊退了日耳曼人，並且在安定的行省施行減稅政策，聲望日漸高漲。趁著這個大好時機，軍隊擁立尤利安作為帝國西部的正式皇帝，但是君士坦修皇帝並未予以承認。隨後，君士坦修率領軍隊向西前進，準備討伐尤利安篡位，不料在征途中猝死。然而，當翻開君士坦修遺書，卻意外發現他指名尤利安作為自己皇位的繼承人。

◎敬神的尤利安

尤利安雖是以基督徒方式被撫養長大，但因試圖復興自古以來對眾神的祭典儀式，而有「叛教徒」的稱號。在某層意義上，他或許是最具有當代氣質的人物。當時，追求物欲的時代已逝，人們對於被財富和欲望耍得團團轉的生活，感到空虛。也正因為如此，崇尚清貧的基督教才有機會壯大聲勢。

在這般風潮之下，官方公開認可基督教的合法性，基督教因而受到禮遇，並且將上位權力者的保護視為理所當然。愈是在如此的狀況下，已完成體制化的宗教愈是容易出現妄自尊大的傾向。原本像是一潭清澈見底的池水，也會開始出現混濁、沉澱的現象。若是睜大眼睛、靜下心認真去思考和看待當時的基督教內部，便會使人爆發出不悅與厭惡。像是尤利安這般擁有纖細精神性格的人物，基督教在他的眼中所反映出的不過就是一個欺騙大眾、愚蠢至極的宗教。更讓他惱怒的是，眼前所充斥的全是基督教的信徒。

如同「不畏眾神的加利利人」們屢屢用甜食誘騙幼兒的方式，他們還運用友愛、鄰人愛以及自我犧牲等糖衣包裹的話語來欺瞞世人，讓世人日漸疏遠那對於崇拜眾神所應有的敬畏之心。尤利安醉心於哲學，甚至曾經加入以密特拉信仰為首的各種秘密宗教。對一位如此敬神的信徒而言，那些拒絕向守護全人類的眾神舉辦禮拜祭典的一神論教徒，才是所謂的「無神論者」。

即便如此，尤利安並未以暴力鎮壓基督教教徒。原因在於，他假若展開迫害行動，殉教者的美談佳話又會如雨後春筍一般的冒出頭來。尤利安以言論強烈地抨擊，認為應該要打醒這些誤入歧途的「無神論者」，但是成效不彰。除此之外，也由於他對於劇場和戰車競速等大眾娛樂表現出輕蔑的態度，招來民眾的反感。

諷刺的是，尤利安的作為反而像是一位基督教徒原本應有的虔誠、敬神態度。或許他比誰都還要早一步地察覺到基督教的墮落。尤利安的復興異教政策，與其說是時代錯誤，不如說是他靈敏地感知到潛藏在時代底部的細微聲響。

不幸的是，命運之神對待敬神的尤利安，還是過於殘酷。西元三六三年，尤利安在遠征波斯途中，被勢如雨下的長槍所傷，不久後便傷重與世長辭。他獨自擔任帝國皇帝的時間，還未滿兩年的時間。

◎禁止異教，獨尊基督教為國教

尤利安二世逝世後，羅馬帝國再次瀰漫著烏雲密佈、暗潮洶湧的氛圍。在一陣混亂之中，「偏愛基督教，厭惡知識分子」的兄弟檔皇帝——瓦倫提尼安一世（Flavius Valentinianus Augustus）和瓦倫斯（Flavius Julius Valens Augustus），欠缺實務能力青年皇帝格拉提安（Flavius Gratianus Augustus）以及幼兒皇帝瓦倫提尼安二世（Flavius Valentinianus Iunior Augustus）、篡位皇帝馬克西姆斯（Magnus Maximus Augustus）等接連出現。然而，經過這些更替之後，混沌的局勢尚未終結，反而更加惡化。

同一時期，住在邊境外部的日耳曼人部族突然開始騷動了起來。其背後的原因是，位在東方亞洲內陸的騎馬遊牧民族大舉侵入，壓迫到日耳曼人的居住區域。西元三七六年，西哥德人渡過多瑙河，開始移居至羅馬帝國內部，也就是俗稱的日耳曼民族大遷徙。但是，當地的官僚態度蠻橫粗暴，糧食上也有不足的傾向，導致日耳曼移民化為暴徒，掀起動亂。官方雖然出動羅馬軍隊前往鎮壓，卻不敵日耳曼移民，皇帝瓦倫斯被殺，幾乎全軍覆滅。

三七九年，在軍事狀況呈現一團混亂之中，軍人狄奧多西一世（Flavius Theodosius）成為羅馬帝國東部的皇帝，他不管是在軍事還是行政方面都充分展現了出色的才能。狄奧多西一世在帝國東部將日耳曼人視為同盟部族，賦予他們定居的合法性；在西部則是出兵鎮壓叛亂，打倒篡奪帝位的政權。不過，值得一提的是，在狄奧多西一世所運用的軍事力量之中，是由日耳曼人等異族占據著主力位置。這或許也是羅馬帝國正逐步走向衰頹的警示徵兆之一。

狄奧多西一世皇帝是一位虔誠的正統派信徒，極力地擁護基督教。西元三九二年，狄奧多西一世皇帝完全禁止對眾神禮拜的異教祭典儀式，這也就是在事實上，認定基督教為羅馬帝國的國教。

在這一連串變化的背後，有位值得一提的人物，就連嚴謹又不失勇猛的狄奧多西一世皇帝也必須敬他三分——米蘭主教安波羅修（Sanctus Ambrosius）。前一年，狄奧多西一世的心腹手下遭到薩洛尼卡（Thessalonica）市民的殺害；為了報仇雪恨，狄奧多西一世下令對該市市民展開大規模的屠殺行動。對此，勇敢的聖徒安波羅修立即將狄奧多西一世逐出基督教。後來，狄奧多西一世展露出悔改、反省之誠意，才被認可得以重新回到教會門下。

另一方面，當基督教的勢力愈是無邊無際地不斷擴張，異教徒的貴族們也只能奮力地捍衛和抵抗。當勝利女神雕像即將被從元老院撤出之時，出現了像是辛馬克斯（Quintus Aurelius Symmachus）這般堅毅不屈的人，提出強烈的抗議。不過，米蘭主教安波羅修敏捷地察覺到辛馬克斯的動向，因而書寫信件上呈皇帝（瓦倫提尼安二世與狄奧多西一世的共治皇帝時代）來進行反制。

> 正如在羅馬帝國統治下的千萬人民為了這塊土地的統治者，元首陛下您們，而戰鬥一般，陛下也正在為了全能的神以及神聖的信仰而戰鬥。假若沒有每個人都崇拜真神，亦即崇拜統治萬物的基督教徒的真神，便無法確保未來的救贖。無論如何，這是我們必須打從心底尊敬、崇拜的唯一真神。正如聖書所示一般，異教徒的眾神皆為惡魔。（《西洋古代史料集》，後藤篤子譯）

如此一來，在四世紀末，異教的神殿遭到關閉、封鎖，被全面禁止的同時，基督教也就成為羅馬帝國的國教。其三年後的西元三九五年，未滿五十歲的狄奧多西一世皇帝，在米蘭逝世。他將羅馬帝國分割為兩部分，讓兩位兒子分別繼承皇位，而這東西兩部分的帝國，自此之後，便再也沒有迎來統一的時刻。

1 原文「*Capitatio-Iugatio*」，「*Capitatio*」意指勞動力，亦即人頭稅，「*Iugatio*」是耕地面積，代表土地稅。
2 因此之前的「元首政治」（*Principate*）現在被「主宰政治」（*Dominate*）所取代。
3 戴克里先在三〇五年和馬克希米安一起宣布退位。
4 「伴天連」為葡萄牙語「Padre」的日文漢字音譯，意指神父、傳教士；「追放」則是放逐之意。

第十章

文明的變化以及帝國的終章

聖奧古斯丁（Aurelius Augustinus） 早期西方基督教的神學家、哲學家，其著作《懺悔錄》被稱為西方歷史上「第一部」自傳，至今仍被傳誦。

巨大的變動與民眾之心

◎奧古斯丁的精闢洞見

在西元三八七年的復活節前夕，有一名帶著小孩的中年男子，在米蘭主教安波羅修主持下進行受洗儀式。這名男子雖有結髮十五年的妻子，兩人卻在不得已的狀況之下分離。不久，這名男子回到故鄉非洲，與數名友人一同過著閑靜的修道生活。由於他豐富的學識與高潔的人格，被選為沿海都市希波（Hippo Regius）的長老，三九六年時成為主教，其後三十多年的餘生都奉獻給基督教會。

這名男子的名字為奧古斯丁（Aurelius Augustinus），為古代最偉大的教父。當時，羅馬帝國的光環正逐漸褪色，讓人實際感受到帝國正逐步走向衰退的下坡。特別是在西元四一〇年的夏天，亞拉里克一世（Alaric I）率領日耳曼西哥德人的軍隊入侵羅馬城，占領首都，鬧得民不安枕，人心惶惶。異教徒們藉此機會攻擊基督教，表明是因為基督教的廣泛普及才會讓羅馬陷入災難。在這些譴責的聲浪之下，奧古斯丁為了擁護基督教，開始著手撰寫《上帝之城（*De Civitate Dei*）》，共二十二卷。

這部鉅作與其說是一本信仰之書，不如將之歸類在歷史哲學書籍的範疇內較為恰當。在基於上帝意志所導引的道路這一個大前提之下，奧古斯丁試圖說明在歷史上堪稱是大轉換時期所代表的涵意。首先，表示就算在基督教出現之前，認為對眾神的崇拜是為了社會繁榮所不可欠缺的行為，但奧古斯丁還是在文中譴責異教徒，因為無論是在哪一個時代，災難仍舊無情的降臨，就代表在人類寄託來世的救贖之上，對於眾神的崇拜是完全無濟於事的信仰。接著，奧古斯丁以上帝之城和地上之城的對立構圖，描繪人類的歷史，並且寫道，每一個國家終將迎來命運所定的終亡。所謂的上帝之城是由敬愛唯一真神的謙虛信徒所構成的神之國度；地上之城則是由自私傲慢、只愛自己的愚民所組成的惡魔之國。

深具知性與洞察能力的奧古斯丁認為，人類的行為背後，有著雙眼無法看見的巨大力量在推動著。因為這份力量而生存著的自己，才是真正的自我，也就是所謂的靈魂本身。

早在西元三世紀的哲學家普羅提諾（Plotinus）就提出，萬物本為「一（The One）」、融合在獨一無二的「一」的概念。普羅提諾是新柏拉圖主義者，並非是位基督徒，但是據說在他臨終之際曾說：「如今，我正致力於讓我身體內某種神聖的東西，上升回歸到萬物內含的神聖性本質之中。」這段臨終前的遺言，讓奧古斯丁視為仰慕的賢者名言一般的記錄了下來，其中隱含的深意，不管是一位異教徒或是基督教徒，都能將自己所凝視的方向轉向所謂的內在，反省內心某種神聖性質的存在。

儘管如此，光是提高對於來世的好奇與關心程度是無法解決內心的疑慮。人類在這個世界上能夠感受到某種潛藏在深處的巨大變動，卻無法得知其真實的面貌與型態。因此，自然而然地會傾向仰賴一個能夠超越未知巨大力量，更為巨大、絕對的存在。面對如此的狀態，只能施展弱小力量的眾神也是束手無策。在此，唯一能夠救贖全人類的，只有全知全能的唯一真神。奧古斯丁一方面統整了當下的時代氛圍，另一方面也從雜亂無章的眾多事態之中，找尋出神的真理。

◎遭到虐殺的女性哲學家

從奧古斯丁的時代上推至六百年前，希臘歷史學家波利比烏斯因為切實感受到世界正被一項巨大的力量所吞噬，而著手書寫羅馬帝國崛起的《歷史》。在那個時代，擁有強大軍事能力的羅馬，正一步步地吞併其他城市，整合出一個新的世界。其過程不管是看在誰的眼中，都可以映照出一個確切的型態。但是，生於六百年後的奧古斯丁所感受到的巨大變化，卻是與波利比烏斯大相徑庭。因為這個變化是無法用雙眼觀察出的樣貌，而是在更為深層的底部，以更大規模的形式逐步發生轉變的世界。

這個變化有時也會掀起一陣狂風暴雨的肆虐。在亞歷山卓這個城市中，有一位名為海帕西雅（Hypatia）的中年女性。她就像男性一般身著哲學家的外衣，不管是誰向她提出問題，她都能夠以符合對方學識與心態的口氣作出答覆。假如被問到關於柏拉圖、亞里斯多德、普羅提諾的問題，據說她能夠在不翻閱任何書籍的狀況下，口若懸河、條理清晰的向對方說明，是當代首屈一指的哲學家。

但是，看在基督教徒的眼裡，海帕西雅就是個淫亂、經常出入妖術者饗宴的女子。除此之外，她還經常造訪行省長官的宅邸，那位行省長官曾對投擲石塊的基督教徒進行嚴刑拷打，最後將之處死。因此，基督教徒們將海帕西雅列為獵殺的目標人物。

在某日夕陽西下時分，有人向歸途中的海帕西雅投擲石塊，海帕西雅只能拔腿奔跑。但是投擲而來的石塊宛如暴雨一般，兇猛襲來，海帕西雅只好逃進附近的教會。孰料該處教會正有神職人員靜待海帕西雅前來，是準備將之撲殺的場所。當海帕西雅被攻擊到無法動彈之後，眾人剝去她的衣服，將她身上的肌肉一片片地割下來。據說這些基督教徒們一面高舉著海帕西雅血肉模糊的肉片，一面在街上遊行示眾。

這起事件發生在西元四一五年，是奧古斯丁仍舊在世的時代。如果是虔誠的基督教徒，應該接受過「愛汝之敵」的教誨才是。原本應該虔敬的基督教信徒，究竟為何會成為如此瘋狂的信眾呢？

至少，在當時基督教已成為羅馬帝國的國教。儘管如此，還是存在著不願改信基督教的民眾。許多基督教徒都以非常敵視的眼光看待著這些異教徒，其中甚至有人認為，非基督教徒的身分是不可被容許的存在。當這些情緒不斷地茁壯滋長，也就隨之出現各地的基督教徒迫害異教徒的場面。海帕西雅的故事其實只是眾多迫害案例中的一例。

◎反映出民眾心理的聖人傳

話說回來，假若只要信仰的熱情升高，就會出現迫害他人的舉動，那麼這項信仰可以說是帶有負面的內在，甚至可以說是一門邪教了吧。正確的道路應該是讓信仰的熱情與信徒的理想相互連結才是。而信徒內心所描繪的理想，也包括仰慕聖人的部分。聖人傳就是旨在描述這些理想人物的事蹟與生平。

所謂的聖人傳，原本應該是後世的人們所撰寫的作品。但是在生活於古代晚期的民眾，也有不少人是被寫入聖人傳的記錄之中。在傳記中登場的人物，大多是當時眾多民眾所尊敬的對象。諸如此類的事蹟記錄，從三世紀下半葉起，至四世紀、五世紀左右的期間，有日漸顯著的跡象。

過去，大多認為這些聖人傳的內容，是書寫有關超能力者荒誕無稽、怪力亂神的故事，不適合被運用在歷史學的實證研究上，幾乎是被歷史學者們束之高閣，不予理會。然而，在二十世紀下半葉，事態出現了轉變，有一位研究古代史的歷史學家——出身牛津大學的彼得・布朗（Peter Robert Lamont Brown），以及支持彼得・布朗論點的人認為，即便是荒誕無稽的故事，其中也隱藏著民眾對於苦行僧侶和聖人的期待與憧憬，正好能夠反映出民眾內心的狀態。民眾大多是住在小鎮或是村落之中，生活在那樣環境下的人們究竟會懷抱著什麼樣的期待和憧憬呢？這必須以人們的心性為基礎，來思考他們的社會生活，其背後所顯示的省思，就是如果單純地將眼光放在當政者或是高級神職人員這類的重要人物身上，將無法理解當時的時代與社會上的實際狀況。

成為聖人傳的主角人物是修道士，其中特別多的是在埃及以及敘利亞的荒山野嶺中苦行的隱修士。他們住在人煙罕至之處，專心修行。若是要追溯其典型，當然就是耶穌基督這號人物。

在《新約聖經》之中，描述了耶穌在荒野中絕食四十日的模樣。在這段期間，惡魔試探忍耐著空腹的耶穌，催促他：「你若是神的兒子，吩咐這些石頭變成食物。」對此，耶穌答道：「人活著不是單靠食物，乃是靠神口裡所出的一切話。」而後，惡魔讓耶穌站在神殿的屋頂上，細語道：「你若是神的兒子，就跳下去。」耶穌反駁：「不可試探主你的神。」最後惡魔將世上的榮華顯現在耶穌眼前，誘惑地說道：「你若俯伏拜我，我就把這一切賜給你。」耶穌則是大叫：「走吧，撒旦！」

聖經中描寫出苦行的典型，就像是要效法典範一般，荒野上的隱修士們隆重登場。諸如此類的隱修士事蹟，多被描寫在後世的聖人傳中。帶起這股趨勢的是四世紀亞歷山卓主教阿塔拿修（Athanasius of Alexandria）所撰寫的《聖安東尼傳》。

根據該書，選擇苦行的隱修士們居住在埃及的深山之中，他們捨棄俗世的一切，宣示要在這個世界上過著天上的生活。據說在當時，隱修士們擠滿了各處的荒野。如此的文字表現雖然略顯誇張，但是隱修士們確實是相繼登場。在這些隱修士之中，安東尼被稱之為聖人，並且成為隱修士的原型典範。

這位名為安東尼的隱修士，據說是在若冠之年聽見耶穌的聲音：「捨棄一切，將之賜與貧者，跟隨著我的腳步而來吧。」安東尼認為，所謂苦行，必須以「德」之原則從事修行，因此他一頭栽入冥想與斷食的生活之中，並且持續了十五年之久。儘管如此，他仍舊覺得如此的苦行有所不足，因而退隱到渺無人煙的荒野之中，進行更為激烈的苦行修道。

在這些苦行的修道生涯中，聖安東尼究竟思考著些什麼呢？換言之，自己究竟是為何而奮戰？對此，聖安東尼歸結出他的答案：欲望。想要聽到旁人的聲音、想要和他人說話、想要看見不同的事物等，他壓抑住這些欲望，一而再、再而三地將自己逼入絕境。最後，他終於探尋到了關於欲望的終極答案。人類欲望中的最基層，究竟是什麼呢——他認為是淫欲邪念的欲望，對於異性的渴求，果然還是會殘留到最後的階段。他否定肉欲的同時，將所有的欲望視為來自惡魔的誘惑，並與之戰鬥。最終，他以一位戰勝誘惑、擊退惡魔而參悟一切的聖人角色，在基督教徒的世界中，隆重登場。

◎修道院的誕生與修行傳說

諸如此類住在荒漠的苦行僧侶，其修行的故事廣泛流傳至各地，喚起許多人內心的感動。仰慕聖安東尼的人群四處湧現，不久後，仿效這位聖人，捨棄俗世塵埃的人士，前仆後繼的出現。

如此一來，吸收這些捨棄塵世之人，將之聚集為一個集團的修道院，也因而誕生。關於

聖凱薩琳修道院（Saint Catherine's Monastery）　東羅馬帝國皇帝查士丁尼一世（Flavius Petrus Sabbatius Justinianus）在西奈山上所建造的修道院。

修道院的歷史，一般來說，認為最初的創始處是在六世紀義大利的本篤會派（Benedict）修道院。不過，在此之前，在埃及和敘利亞便已出現隱修士的集團。一開始，隱修士是逐一登場的，在不久後逐漸以集團的方式進行組織化，由此誕生出規定與戒律。這也是近年來關於修道院成立過程的說明。如此說來，《聖安東尼傳》在修道理念的普及之上，可說是擔任了一個非常重要的角色。

除此之外，還有許多其他的聖人傳。例如與奧古斯丁同時代的主教帕拉第阿斯（Palladius）也曾經撰寫有關修道士的故事。在文中登場的馬卡里奧（Macarius of Egypt）便是隱居在洞窟之中。他為了不讓自己陷入惡魔所設下的圈套，比起外來的欲望，他更細心地傾聽自己內心欲望所發出的細微聲響，並且藉由苦行的修道，依靠自己的力量去否定、擊退那些內心潛藏的欲望。至今還留有記錄，描繪出馬卡里奧苦行修道的象徵性模樣。

根據帕拉第阿斯所書寫的傳記，馬卡里奧在修行的過程中，一面編織籃子，一面虔誠祈禱。突然，有一隻蚊子叮咬他的腳，馬卡里奧一怒之下，大手一揮，打死了蚊子。後來，他為自己在冥想之中所突發的暴行感到羞恥，因此決定讓自己赤裸著身體，潛進滿是蟲類蠕動的沼澤內。這可真是需要高度忍耐力的艱苦修行啊。

事實上，這份記錄原本是由希臘文所書寫而成，據說是在翻譯為拉丁文時，出現了些許的誤譯。在拉丁文的記錄中，關於蚊子之事是隻字未提，取而代之的故事內容是，馬卡里奧羞於自己的性欲，為了懲罰自己而決定赤裸著身體走入沼澤。

我們可以從文中看出當時人們的思考與感知模式。在惡魔的誘惑之中，當時的人們認為，最根本的罪惡就是性欲的誘惑。究竟要用什麼方式才能夠斬斷自己對性的嚮往欲望，又或者是，能夠超越性欲所生存下來的人，是如何被視為聖人，受到眾人的崇拜？在這些疑問的深處，潛藏著虔誠信眾在心靈上的動搖與期待。因此，在他們眼中所閃耀著的場景是這些聖人們為許多人治癒了各式各樣的疑難雜症，讓信眾們見證奇蹟。

除此之外，在聖人傳中還描寫到一位人物——柱頂聖人西梅翁（Saint Simeon Stylites）。他生於敘利亞北部，是一位沒有受過任何教育的牧羊人。在他十歲之時，痛改前非決定投入禁欲的生活，展開嚴厲的修行。不過他無法在集團式的禁欲修行中得到滿足，轉而進入洞窟之中，開始斷食生活。不久後，他前往人煙罕至的沙漠地帶，爬上高聳的柱子，並站立在上頭冥想苦修。由於他徹底地實踐了許多令人痛苦難耐的禁欲修行，因而被稱之為柱頂上的聖人。西梅翁的事蹟被廣泛地流傳至各地，而後出現了許多仿效者。也有許多人聚集到西梅翁的周圍，前來瞻仰聖人的苦行。

羅馬帝國滅亡？

◎關於他殺說法的犯人

話說回來，古代晚期經常被視為是羅馬帝國沒落、走向衰退的時代。十八世紀的啟蒙思想家吉朋（Edward Gibbon）因著有《羅馬帝國衰亡史》而一躍成為時代的寵兒，他所提出的這項說法也就廣泛地受到大眾的認同。

從帝國的興起，經過成長與發展後，在和平與繁榮中綻放出華麗、光榮地耀眼光芒，最後羅馬帝國也終將走向衰落。即便曾經是如此偉大的世界帝國，依舊難逃滅亡的命運。關於羅馬帝國的死因，不只是專門研究羅馬歷史的史家，對於許多人而言都是一個非常耐人尋味的難題。

關於沒落原因論的說法，自古以來便有各式各樣的議論和看法。二十世紀法國的著名學者皮卡尼奧爾（André Piganiol）所提出的說法，應該最為簡明易懂——羅馬帝國並非是自然死亡，而是被他人殺害致死。這也可以說是羅馬帝國他殺說的意見，假如真的是他殺，那麼殺人犯到底是誰呢？想當然爾，大家腦海中所浮現的嫌疑犯便是日耳曼人，因為日耳曼人大舉入侵、移居至羅馬帝國的領土內部，被認為是帝國沒落的原因之一。

為了能夠更為清楚地描繪出詳細的過程，筆者在此想要引用一項史料，被認為是五世紀時期的資料，就讓我們暫且將這項史料命名為「精通多國語言的東羅馬軍人手記」：

我生於君士坦丁堡的商人家庭之中，自幼學習拉丁文和希臘文，在閱讀和書寫上均無所礙。在青年時期，被拔擢為皇帝隨行部隊的成員，前往黑海西岸的色雷斯駐屯地。

在某一時期，傳來風聲表示，強勁可畏的外敵即將侵略進攻而來，據說其兇殘、野蠻的程度，他族無可匹敵。甚至為了讓自己的孩子不要長出鬍鬚，會親自在孩子臉頰上劃下縱橫的傷痕。體型矮胖，頭部比例異常的大，就是像是一頭怪物。他們所吃的食物，不須經過火烤，像是野獸一般找尋草木的根部或是腐敗的肉類來作為食物。此外，因為他們是遊牧民族，經常遷徙，所以他們自小就非常習慣忍受寒冷與飢餓。

這支外族被稱呼為匈奴人（Huns），每到戰鬥之時，便會突然發出嚇人的吼叫聲，展開襲擊。匈奴人一旦遭受到抵抗，會暫時四處逃散，卻又能敏捷地再次回到原地，所經之處皆會被他們破壞殆盡。但是，匈奴人無法使用梯子攻略要塞，也不會襲擊有壕溝圍繞的軍營陣地。儘管如此，他們在射箭技術上的卓越技巧，超乎常人的想像程度，會在箭的尖端綁上削尖的骨刺，具有如同鐵器一般的破壞力。

這項傳聞並非無中生有、空穴來風。數日後，大群的匈奴人逼近我軍的駐屯陣地。襲擊近郊的村莊與街道，我軍也因而出動，奮死應戰。但是，匈奴人擅於騎乘之術，他們神出鬼沒的功力令我軍措手不及。那是在進入茂密的森林之中追擊的瞬間，不知從何處射來的箭，擊中我的右手手腕，我在落馬後被敵軍所擄。

當時，不管即將面臨多麼殘忍的對待，都已在心理上做好了覺悟，殊不知通曉希臘文和拉丁文的語言能力，救回了我的一條命。因為匈奴人在反覆侵略西方的同時，需要能夠協助外交交涉的翻譯人員。約有半年的時間，我接受了匈奴人徹底的語言教育。所幸我擁有聽覺上的天賦，從一開始完全無法溝通的狀態，學習到後來已經能夠十足通曉匈奴人的語言。

不久，我被宮廷召喚，晉見匈奴人的國王阿提拉（Attila）。阿提拉國王身高雖矮，但是擁有寬闊的胸膛，看起來十分地健壯，如同一般匈奴人的外型，大大的頭顱配上深陷的眼骨，粗獷的眉毛搭配寬低的鼻樑，膚色如炭一般的黝黑。

阿提拉國王對於不願服從歸順的人總是毫不留情地大發雷霆，但是面對誠實、柔順的屈服者則是展現出他寬厚溫情的一面。在生活上則是出乎意料之外的樸素風格，沒有金銀製的器具，完全使用木製品。但是，他嗜酒如命，對於占卜之事更是盲目的信從。

當時，由於西羅馬帝國的和平貢納金遲滯已久，阿提拉國王的內心十分不滿。出兵的理由已經多得不勝枚舉，阿提拉國王對羅馬帝國的東、西部展開反覆的攻擊，宛如巨浪怒濤一般地洶湧襲來。阿提拉國王的舉動，甚至可以說像是野心勃勃地要構築起匈奴人帝國般的堅毅。其後，大部分的匈奴人鎖定西方的高盧地區。不過，此時的日耳曼人族群在民族防衛的行動上有所覺醒，加入羅馬援軍的行列之中，原本屈居於劣勢的羅馬軍隊因此得以擺出堅強的陣容迎戰。當時的我是以翻譯官的身分從軍，這是第二次與羅馬軍隊對戰的大局面。

最初，在順沿著羅亞爾河（Loire）的城市（現今的奧爾良）進行包圍戰，長達三十日以上。但是羅馬援軍接二連三的逼近，匈奴人軍隊不得不做出中斷侵略行動的決定。羅馬與日耳曼人的聯合軍隊並未停止追擊，一步步地逼近後方。

終於迎來決戰的時刻。決戰的舞台是在坎普斯．毛利奧克斯（*Champs Mauriaques*）。在廣闊的平原中央有一處隆起的小丘陵，兩軍以該處為分隔點展開對戰。在極為激烈地戰鬥下，戰場上屍橫遍野、血流成河。特別是日耳曼人軍隊，將襲擊作戰的對象鎖定在阿提拉

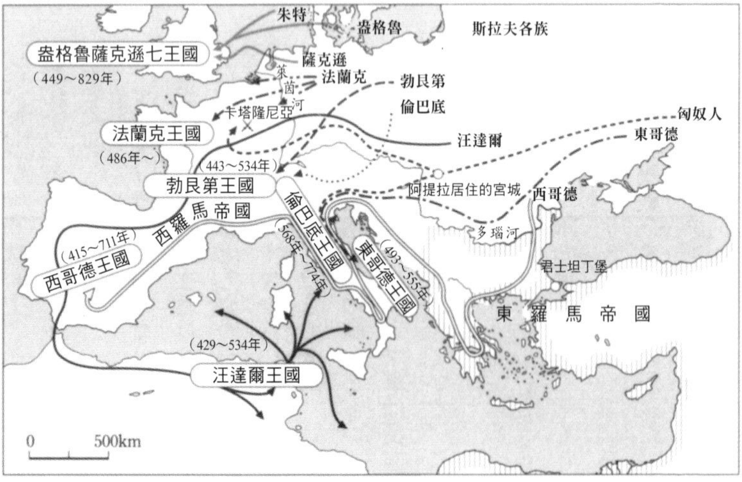

匈奴人的入侵與日耳曼人的大遷徙

國王身上，阿提拉國王則是隱身在陣地之內，就像是等待著被團團包圍的時刻來臨一般。此時，不可思議的事情發生了，羅馬軍居然與阿提拉國王聯手合作。當時我擔任翻譯官，雖然理解其中的緣由，卻無法得知詳細的實情。合作的原因是，羅馬方面害怕，一旦匈奴人被攻擊地體無完膚甚至滅亡，日耳曼軍隊的勢力將會因為戰勝而更加高漲。

此時，我趁亂摸黑混進羅馬使者之中，順利逃出匈奴人的陣營。在這場戰鬥之後，匈奴人對於帝國的野心便隱藏在檯面之下，雖曾經一度有侵略義大利的企圖，但是匈奴人已經失去當年在阿提拉國王率領之下的威猛與強勁。

◎西羅馬帝國最後的皇帝

這篇「精通多國語言的東羅馬軍人手記」的可信度，在許多方面都值得懷疑。或許應該這麼說，實際上這的確是一篇創作，毫無疑問地是一篇偽造的史料。但是，其內容與史料中的史實，雖不中，亦不遠矣。其原因在於，著者是參考馬切利努斯（Ammianus Marcellinus）、希多尼烏斯（Sidonius Apollinaris）、普里斯寇斯（Priskos）、約達尼斯（Jordanus）等多位古代晚期作家的敘述編寫而成。雖說是創作作品，但是在時代背景上還是盡量根據史實狀況進行設計。此外，古戰場坎普斯・毛利奧克斯就是今日世人所知的卡塔隆尼亞平原。

在狄奧多西一世皇帝逝世後，羅馬帝國便分裂為東、西兩帝國。西羅馬帝國在西元五世紀中葉，已宛如風中殘燭之姿。一方面苦惱於日耳曼人的入侵與移居問題，另一方面，在東方又有匈奴人的威脅，令西羅馬帝國膽顫心驚。過往的強盛帝國，如此只能採取「以毒攻毒」的戰略，選擇仰賴強勢的日耳曼人。

然而，西羅馬帝國的戰勝不過是落日前的餘輝。西元四五五年，前往北非構築王國的日耳曼部族之一，汪達爾族，攻陷羅馬，其所造成的損害甚大，不久後，就連皇帝的位置也形同虛設一般。不僅如此，支撐著皇帝權力的羅馬軍中樞權力，幾乎全被日耳曼人的傭兵所掌控。

西元四七六年夏天，日耳曼人傭兵領袖奧多亞塞（Odoacer）企圖顛覆國家政權，逼迫少年皇帝羅慕路斯・奧古斯都路斯（Romulus Augustulus）退位。被奪去皇位的失意少年只能退至那不勒斯灣沿岸獨自生活。甚至就連他逝世的時間，也沒有留下任何記錄。能夠確定的只有，皇帝這一個位置永遠地從西羅馬帝國之中消失無蹤。這也是羅馬帝國的他殺劇情中，毫無驚艷的平淡完結。

◎走上另一條命運之路的東羅馬帝國

拜占庭位於地中海至黑海地區的入口處，是由北岸的金角灣（Golden Horn）、南岸的馬摩拉海（Sea of Marmara）、以及東岸的博斯普魯斯海峽（Bosphorus）所環繞起的小型聚落，在君士坦丁大帝時代展開擴張成為大都市的建設計畫。經過六年的全力建設，都市的樣貌大致成形，西元三三〇年，君士坦丁大帝宣布，當地將成為帝國的新首都君士坦丁堡。

這項新首都的建設計畫，其實是為了與異教徒的舊首都羅馬城進行對抗，意圖將君士坦丁堡塑造成為一個基督教徒的首都，因此在當地建設教會及稱為巴西利卡（Basilica）的大會堂格局設計上，盡了最大的努力。彷彿是為了與異教劃清界線一般，君士坦丁大帝在最後的二十年期間，踏進羅馬城的次數，只有僅僅一回。

雖說君士坦丁堡是帝國的新首都，但是皇帝並未長住在當地。在後來的五十年間，皇帝的宮廷位置是在小亞細亞東北部的尼科米迪亞（現今的伊茲密特）。不僅如此，東羅馬帝國的皇帝們經常更換住所，甚至有皇帝從來沒有踏進過君士坦丁堡一步。因此，對同時代的人們而言，幾乎都沒有意識到遷都是一件值得關注的大事。或許應該說是在後世的時代，人們過於強調遷都這件事的重大性。新首都的城牆雖然將過去的聚落範圍土地擴大了數倍，但是在城牆之內，卻沒有與之相應的建設。

然而，未來能夠牽引羅馬帝國的力量，很明顯地已經不存在義大利半島之上。在帝國的西部，面對異族入侵、交易停滯、都市居民減少的問題，但是在東部卻幾乎不需要煩惱外族侵擾的威脅，因此，在貿易上呈現繁榮的盛況，都市居民人數也逐漸增長。

伴隨著都市的成長，東羅馬帝國也需要面對新的難題：貧困族群的出現以及日漸成長的現象。皇帝除了要供給這些貧困者們糧食之外，也必須提供生活上的娛樂活動。所謂「麵包與馬戲」的施政原則也同樣在君士坦丁堡內被施行著。代表「麵包」的穀物糧食，是由產地埃及以貢品的形式進口，進入到民眾的肚腹之內。代表「馬戲」的戰車競速比賽，成為市民們關注的目標。現今留存在伊斯坦堡的戰車競速場遺跡，與羅馬的馬克希穆斯競技場相比，場地顯得非常狹小。但是觀看戰車在折返地點處急轉的彎道上競速疾駛，在速度的刺激感上想必更能讓觀眾們血脈賁張。注視著競速場的遺跡，腦海中彷彿可以想像出當時民眾們在觀賞席上聲嘶力竭、熱情叫喊的模樣。

狄奧多西一世皇帝（在位期間西元三七九年～三九五年）是首位在君士坦丁堡度過大部分統治時期的皇帝。在他逝世後，羅馬帝國分裂為東、西兩部分，未能再度統一。其後，帝國東部的皇帝開始長住在君士坦丁堡。由於宮殿鄰近戰車競速場的緣故，經常可以看見皇帝在場內現身。對民眾而言，戰車競速場也成為政治的舞台。戰車競技比賽分為藍、綠兩組後援團（尚有紅、白兩組，但仍以藍、綠最為重要）。以後援團為首發起浩浩蕩蕩的請願和抗議活動，也已成為當地茶餘飯後的日常。

狄奧多西一世的孫子狄奧多西二世（在位期間西元四〇八年～四五〇年）在即位東羅馬帝國皇帝之時，年僅七歲。其後的四十多年，雖然安坐在皇帝的位置上，但是實權卻是掌握在姊姊帕兒凱莉亞（Pulcheria）的手上。因為她是虔誠基督教徒的緣故，據說宮廷中瀰漫著一股宛如修道院般莊嚴、肅敬的氣氛。

而皇帝本身似乎是為了遠離政爭，埋首於信仰與學問的知識之中。或許也是因為如此，狄奧多西二世下令編纂《狄奧多西法典》，統整君士坦丁大帝以後所發佈的法令，名留青史。此外，以匈奴人為首的外族入侵之威脅尚未除去，因而建築「狄奧多西城牆」，在舊有的君士坦丁

伊斯坦堡的戰車競速場遺跡（Hippodrome）

城牆外圍，由南方的馬摩拉海至北方的金角灣，構築起高聳的城牆。後來曾因地震而進行改修工程，成為擁有三重城牆的構造，宛如銅牆鐵壁，讓外敵難以攻陷。

實際上，直至十五世紀鄂圖曼土耳其軍隊攻陷為止，這道防衛城牆抵擋外敵的侵略，長達了一千年之久。其壯觀的城壁至今仍能親眼目睹。與在西元五世紀後半葉便崩壞的西羅馬帝國相較，這道城牆似乎是暗示著東方帝國的命運。該霸權以拜占庭帝國之姿強韌地生存了下來，正適合「中世紀羅馬帝國」的稱呼。

◎死因是癌症還是腦溢血？

讓我們將話題再度轉回西羅馬帝國的身上。或許我們可以將羅馬帝國的衰亡比喻為人類病逝的狀況。假若是病逝，那麼應該存在著病因。最為有力的說法是癌症致死論。這麼說來，在體內擴散的癌細胞當屬基督教。

正如前文所述，在三世紀後半葉過後，基督教徒的人數持續增加。從那時候開始，異教徒們便開始譴責，因為基督教的擴張，異族侵略、內亂糾紛以及各種災難才會降臨在羅馬帝國內部。確實，對於多神教社會的地中海世界而言，崇拜唯一真神的基督教屬於異端的一種，其擴張的現象大大撼動了羅馬帝國的根基。因此，在古代晚期的同時代中，也有人認為羅馬帝國的持續衰退應該怪罪到基督教徒的頭上。對此，像是奧古斯丁等基督教的領導者們，必須一而再、再而三地駁斥這一類言論。

話說回來，為何異端的出現會帶來衰退呢？如果我們舉在法西斯主義下被趕出義大利，以研究古代史著名的學者莫米利亞諾（Arnaldo Dante Momigliano）的說法來解釋，應該能夠達成簡明扼要的說明。問題就在於，基督教普及後，優秀的人才將會被教會所吸收，與此同時，國家便無法將優秀的人才聚集在一起。這也成為羅馬帝國沒落的主因之一。以癌症導致人類死亡的比喻來說，就像是癌細胞逐漸吞噬了人體內良好的細胞一般。

若是我們考慮別的病因，腦溢血應該也可以用來解釋西羅馬帝國的衰退。因為腦溢血而導致半身不遂，會是什麼樣的狀況呢？在西元四世紀末分裂為東、西兩部的羅馬帝國，東羅馬帝國以拜占庭帝國的姿態，持續在後來的數個世紀繁盛發展，但是西羅馬帝國卻在五世紀後半葉走向滅亡。於此，我們可以看見半身不遂的病徵。

本來，如果是將軍事力視為國家的支柱力量，那麼就必須不斷地增強軍事能力不可。站在這個立場上來思考的話，當羅馬帝國愈是往專制國家的形勢發展，自然而然的就會更加重視軍隊的力量。也因此，將會在國家的財政上造成龐大的負擔。對該時代的當政者而言，增強軍事力在延長帝國生命力上是極為重要的決策，甚至可以說是無比重要的當務之急。如果拿人類健康狀況來做比喻的話，那就是自覺到體力的衰退，因而持續地服用滋養強壯的藥物一般。原本應該會呈現更為老化和衰弱的模樣，因為服用藥物而變得強壯。

或許，羅馬帝國要成為環抱地中海世界全體的肥胖身軀，本來就是一件十分吃力之事。在分裂為東、西部帝國的階段，右半邊的身體與左半邊的身軀在動作上不協調的狀態，是顯而易見的事實。換言之，東、西兩方已經無法取得平衡，彼此在發展上出現顯著的差異，或許也可以說，因為如此不平衡的壓力，導致帝國軀體的動脈硬化，呈現半身不遂的狀態。

◎生產力的枯竭與自然死亡之說法

除此之外，還存在著各式各樣的思考模式與說法。舉例來說，像是人力資源的枯竭，可以解釋為熱量不足的症狀。正如某些學者所指出的，羅馬帝國明顯地在國內全體的人口上出現持續減少的趨勢。其原因與氣候變遷緊密相關，因此也不能輕忽氣候史學的研究成果。約以西元四百年為分界線，歐亞大陸整體出現寒冷化的現象。如此一來，在人口減少的背景上，氣候變遷也並非是不可思議之事。另外，若是將視野轉向社會經濟的構造，也可以發現羅馬帝國的骨骼出現了巨大的扭傷變形，其中則是隱藏了五花八門的原因。

古代地中海世界屬於奴隸制社會，但是在經過長久和平的狀態之後，奴隸的人數開始出現供不應求的現象。大部分的奴隸都是從戰爭的俘虜人員中獲得補給，在缺乏大規模戰爭的時代之下，奴隸資源枯竭的狀態也是早晚都要面臨的問題。因此，奴隸供給來源的枯竭，被視為是一項重大的社會問題。雖然原本在羅馬社會中，將棄子拾為奴隸的狀況就十分常見，其普遍的程度，是在討論社會底層歷史時不可忽視的現象。

此外，農耕地的減少與面積的縮小，也是社會經濟骨骼變形扭曲原因之一。早在二十世紀初葉，著名的學者馬克斯・韋伯（Max Weber）就曾經指出，與羅馬帝國龐大的身軀相較，由奴隸和土地所構成的社會生產力之骨架，有逐漸縮小的現象。

不僅如此，問題還隱藏在其他的層面。羅馬帝國在各地設置行省，而這些行省各自進行著活躍的生產活動。原屬於帝國中心的義大利，也逐漸喪失作為生產地的主力角色，成為沒落的原因之一。這項說法是由二十世紀初研究古代歷史的代表性史家——羅斯托夫柴夫（Michael Rostovtzeff）所提出。

上述所列舉的說法，只不過是羅馬帝國沒落原因論中的一小部分。若是要探究羅馬帝國沒落的真正原因，各家的說法與診斷結果可說是五花八門，簡直令人眼花撩亂。

確實，如果只關注事態的單一方面，我們便能夠描繪出關於羅馬帝國衰退的劇本。然而，筆者認為，如果我們是以所謂的羅馬世界、古典時代文明這一個整體的角度來看，羅馬帝國衰亡的診斷結果，或許可以說是自然衰老後的死亡現象。即便是文明，也存在著生老病死，古代地中海世界就像是走到了自然死亡的狀態。

◎死而復生的傳統世界

關於羅馬帝國的衰退，自古以來便經常被拿來作為借鏡，與當代的狀況進行比較。畢竟曾經是如此繁盛光耀的文明，也會逐漸褪去光芒與喪失活力，其中應該會存在著某些警惕，值得投影至當代世界，引以為鑑。

不過，到了二十世紀下半葉，此舉被批判為是以歐美為中心的思考模式。如此一來，對於過往所謂的衰退、沒落史觀便出現了否定的看法。除此之外，對於「古代晚期」這個時代所具有的意義，也開始從基礎上進行重新審視。這是在一九七〇年代，特別突出的意見與思維。

在此，就讓我們再次提出彼得·布朗的看法。在《古代晚期的世界（*The World of Late*

Antiquity）》一書中，他提出了一個非常龐大的問題意識。這本著作雖然是以一般民眾為閱讀對象的啟蒙書籍，但是在內容上卻處處充滿著對於歷史的嶄新見解。根據彼得．布朗的說法，自西元二〇〇年至七〇〇年間的地中海世界，是存在於一種雙方前後拉扯的緊張關係之間——延續古代傳統古典文明的部分，以及持續出現變化的部分。在這個時代中，有著不少難以用沒落或是衰退等觀點來解釋的歷史。

三世紀中葉的人們，仍舊持續著古代的古典制度與社會。但是在經過半世紀後的四世紀時期，就連當時的人們也無法想像的制度和社會，儼然成形。確實，在西元四七六年，西羅馬帝國滅亡；西元六五一年，西亞的薩珊波斯王朝也走到了盡頭。假若將目光集中在這些史事之上，古代晚期確實就像是一部衰退與沒落的陰鬱故事。然而，這只不過是出自於單方印象的評論罷了——從西洋的角度來看，羅馬帝國呈現沒落的趨勢；從伊朗的角度來看，波斯帝國走向了衰亡。

反過來看，在古代晚期這個時代，正開展出一道嶄新的局面。在歐洲，基督教受到公認，並廣泛地普及於社會。在西亞，伊斯蘭教成立於七世紀。關於我們對於這個時代的認知，應該要以更為積極的眼光去重新看待。換句話說，彼得．布朗明確地提出，古代晚期應該是奠下嶄新基礎的時代。

那麼，關於宗教的世界又是如何呢？在西歐構築起了天主教的世界，東歐則是成立了希臘正教的世界，西亞地區則是有伊斯蘭世界的登場。

若是針對這三個世界來思考，自希臘化時期起，就是由羅馬帝國統一地中海世界全體的時代。但在不久後，卻認為是被分割成為這三個世界。然而，事實果真是如此嗎？如果我們上溯歷史的軌跡，以眺望的方式來觀看這段時期的宗教，未必是呈現所謂分割的現象。

原本在這三個宗教世界中，應該就存在各自古老積累的地層歷史。擁有著古代的拉丁文化、日耳曼文化、凱爾特文化等地區，整合為西歐天主教的世界。東歐希臘正教世界則是容納了眾多希臘人文化的地域。至於西亞則是帶有自古以來東方世界延綿不絕的高度文明傳統。

對羅馬帝國而言，古代的地中海世界是以政治形態做出統合的形式。到了古代晚期，一方面讓統合前地域上土著性的傳統世界再度復活的同時，另一方面也要構築起羅馬帝國本身自古以來的一片天。若是我們能夠以如此的角度來分析，古代晚期這段期間，確實存在著許多無法以沒落、衰退等語詞來解釋的史實，而是一個隱藏著多樣、多元可能性的世界。

◎古代晚期的同時代性

儘管如此，在這些多樣性之中，仍舊存在著均質的部分。特別值得注目的是，在古代晚期的宗教與文化上所呈現出的同時代性。舉例來說，像是在觀賞壁畫等表現藝術之時，看在現代人的眼中，彷彿就是所謂抽象藝術登場一般，充滿象徵、抽象的技法。

古代晚期的藝術與古典時期生動、寫實的雕刻、繪畫風格完全不同，呈現出極為單純化的作風，想要以象徵性、觀念性的方式表現出某些意涵。古典時代的作風，是對外生動地重現出實際狀態；但是古代晚期的藝術，則是想要對內闡述某些觀念性的意象。表面上看起來彷彿是將一切事物以單純化的手法表現，實際上在技法的背後卻是象徵著更為深奧、隱晦的理念與意義。

這不僅僅出現在表現藝術之上，更切實的體現在當代人們的思想之中——正如前文所述的聖人傳記事例。聖人們雖然同時展示出禁欲者的理想形象，但是在生活方式上，卻是帶有抽象的氣質。

然而，針對上述將「古代晚期」視為一個嶄新時代的說法，也並非毫無對立論述的看法。其批判的觀點在於，這是侷限在狹窄的宗教與文化層面上的論點，在經濟及政治層面上根本毫無依據。假若根據此種看法，那麼根本就無法看見古代晚期在經濟和政治上有任何成長與發展的痕跡。

對此，當然也出現了反駁的論述。在四世紀以後的時代，出現了新興的領導階層，並且至少持續了兩個世紀的時間。在這些新興領導階層中也形成了新的秩序。當時有許多刻印上「時代之復興」（*Reparatio Saeculi*）文字理念的貨幣和碑文，能夠從中觀察到新秩序的形成樣貌。

在古代晚期的北非和敘利亞地區各處，製作了華麗的馬賽克裝飾作品。但代表性的作品為留存在西西里島內陸的皮亞扎阿爾梅里納（Piazza Armerina），讓世人驚嘆不已的華麗馬賽克。在這塊土地上，留有大地主們享受極為豐饒富裕生活的痕跡。由此能夠想像，在政治及經濟層面上也孕育出新的秩序，重新喚回豐壤富饒的社會樣貌。

總結上述，我們提出了各式各樣觀看古代晚期的不同視角。但是，現今的趨勢則是傾向於認為衰退、沒落史觀存在著某些偏頗的看法。由此可見，現今對於古代晚期民眾心性的關注。三世紀起至七世紀的這段期間，不應該被看作是「古典時代的黃昏遲暮」，不如說是一個孕育新秩序、萌生前所未有的思維和感知模式新芽的時代。

揭開二十一世紀的帷幕，在觀看歷史結構的問題上，古代晚期社會論正在迎接一個巨大的轉換時期。或許也可以說，關於古代晚期社會的狀況，已經成為最新的歷史話題。在讀者闔上「興亡的世界史」系列的本書之際，也同時接收到了這項新訊息。

在世界史之中，想必沒有其他國家擁有如同羅馬帝國這般典型的興亡史。雖說如此，羅馬帝國的滅亡，卻也不是像毀滅迦太基城之時，小西庇阿心中所描繪的那般賺人熱淚、令人悲從中來的場面。倒是可以讓人重新感受到，觀看歷史的奧妙之處。

關於古代晚期，就讓我們先捨去衰退和沒落的思考模式，嘗試從人類的行為去理解這一個時代。人類總是經常挑戰新穎的事物，因此，我們對於古代晚期民眾勇於挑戰的時代，應該也要給予重新審視和評價的機會。如此一來，在我們對觀看歷史的途徑方法上有所反省之時，古代晚期社會論也就能夠成為一種解釋的典範。對於羅馬帝國抑或是古代地中海文明，用世界史的方式來思考時，足以成為指針的材料，不就俯拾即是了嗎？

- クセノポン『キュロスの教育』松本仁助訳 京都大学学術出版会 2004年
- キケロ『キケロー選集』全16巻 岩波書店 1999-2002年
- スエトニウス『ローマ皇帝伝』上下 國原吉之助訳 岩波文庫 1986年
- セネカ『道徳論集（全）』茂木元 訳 東海大学出版会 1989年
- セネカ『道徳書簡集（全）』茂木元 訳 東海大学出版会 1992年
- セネカ『悲劇集』１・２、小川正廣ほか訳 京都大学学術出版会 1997年
- タキトゥス『年代記』上下、國原吉之助訳 岩波文庫 1981年
- タキトゥス『同時代史』國原吉之助訳 筑摩書房 1996年
- タキトゥス『ゲルマニア・アグリコラ』國原吉之助訳 ちくま学芸文庫 1996年
- パウサニアス『ギリシア案内記』上下 馬場恵二訳 岩波文庫 1991-1992年
- プリニウス（大）『プリニウスの博物誌』1-3 中野定雄ほか訳 雄山閣出版 1986年
- プリニウス（小）『プリニウス書簡集』國原吉之助訳 講談社学術文庫 1999年
- プルタルコス『プルタルコス英雄伝』上中下 村川堅太郎編 ちくま学芸文庫 1996年
- プルタルコス『モラリア』2・6・11・13・14 戸塚七郎ほか訳 京都大学学術出版会 1997-2004年
- ペトロニウス『サテュリコン』國原吉之助訳 岩波文庫 1991年
- ポリュビオス『歴史』1 城江良和訳 京都大学学術出版会 2004年
- マルクス・アウレーリウス『自省録』神谷美恵子訳 岩波文庫 2007年
- マルティアーリス『エピグランマタ』上下 藤井昇訳 慶應義塾大学言語文化研究所 1973-1978年
- ユウェナーリス『サトゥラエ　風刺詩』藤井昇訳 日中出版 1995年
- ヨセフス『ユダヤ戦記』1-3、秦剛平訳 ちくま学芸文庫 2002年

- F・キュモン『古代ローマの来世観』平凡社 1996 年
- P・グリマル『古代ローマの日常生活』白水社文庫クセジュ 2005 年
- K・グリーン『ローマ経済の考古学』平凡社 1999 年
- P・クルセル『文学にあらわれたゲルマン大侵入』東海大学出版会 1974 年
- L・ケッピー『碑文から見た古代ローマ生活誌』原書房 2006 年
- M・ゲルツァー『カエサル』筑摩書房 1968 年
- K・ケレーニイ『神話と古代宗教』ちくま学芸文庫 2000 年
- A・N・シャーイン＝ホワイト『新約聖書とローマ法・ローマ社会』日本基督教団出版局 1987 年
- E・R・ドッズ『不安の時代における異教とキリスト教』日本基督教団出版局 1981 年
- Ch・ハビヒト『政治家キケロ』岩波書店 1997 年
- M・フーコー『性の歴史』II・III 新潮社 1986-87 年
- P・ブラウン『古代末期の世界』刀水書房 2002 年
- P・ブラウン『古代末期の形成』慶應義塾大学出版会 2006 年
- J・ブルクハルト『コンスタンティヌス大帝の時代』筑摩書房 2003 年
- T・ホランド『ルビコン』中央公論新社 2006 年
- K・ホプキンス『古代ローマ人と死』晃洋書房 1996 年
- K・ホプキンス『神々にあふれる世界』上下 岩波書店 2003 年
- E・マイヤー『ローマ人の国家と国家思想』岩波書店 1978 年
- E・S・P・リコッティ『古代ローマの饗宴』平凡社 1991 年
- J・ルージェ『古代の船と航海』法政大学出版局 1982 年
- M・ロストフツェフ『ローマ帝国社会経済史』上下 東洋経済新報社 2001 年

◎史料（在本文的引用中，部分為筆者之意譯）

- 『西洋古代史料集』第 2 版 東京大学出版会 2002 年
- 『西洋法制史料選 1　古代』創文社 1981 年
- アエリウス・スパルティアヌスほか『ローマ皇帝群像』1-2 南川高志ほか訳 京都大学学術出版会 2004-2006 年
- アプレイウス『黄金のろば』上下　茂一・國原吉之助訳 岩波文庫 1956-57 年
- ウェルギリウス『アエネーイス』岡道男・高橋宏幸訳 京都大学学術出版会 2001 年
- エウセビオス『教会史』全 3 巻 秦剛平訳 山本書店 1986-1988 年
- エウセビオス『コンスタンティヌスの生涯』秦剛平訳 京都大学学術出版会 2004 年
- カエサル『ガリア戦記』國原吉之助訳 講談社学術文庫 1994 年
- カエサル『内乱記』國原吉之助訳 講談社学術文庫 1996 年
- ガレノス『自然の機能について』種山恭子訳 京都大学学術出版会 1998 年

- 高田康成『キケロ』岩波新書 1999 年
- 土井正興『新版スパルタクスの蜂起』青木書店 1988 年
- 豊田浩志『キリスト教の興隆とローマ帝国』南窓社 1994 年
- 長谷川博隆『カエサル』講談社学術文庫 1994 年
- 長谷川博隆『ハンニバル』講談社学術文庫 2005 年
- 長谷川博隆『古代ローマの政治と社会』名古屋大学出版会 2001 年
- 長谷川博隆『古代ローマの自由と隷属』名古屋大学出版会 2001 年
- 半田元夫『キリスト教の成立』近藤出版社 1970 年
- 比佐篤『〈帝国〉としての中期共和政ローマ』晃洋書房 2006 年
- 秀村欣二『ネロ』中公新書 1967 年
- 平田隆一『エトルスキ国制の研究』南窓社 1982 年
- 保坂高殿『ローマ帝政初期のユダヤ・キリスト教迫害』教文館 2003 年
- 松本宣郎『キリスト教徒大迫害の研究』南窓社 1991 年
- 松本宣郎『ガリラヤからローマへ』山川出版社 1994 年
- 松本宣郎『キリスト教徒が生きたローマ帝国』日本キリスト教団出版局 2006 年
- 南川高志『ローマ皇帝とその時代』創文社 1995 年
- 南川高志『ローマ五賢帝』講談社現代新書 1998 年
- 南川高志『海のかなたのローマ帝国』岩波書店 2003 年
- 本村凌二『薄闇のローマ世界——嬰児遺棄と奴隷制』東京大学出版会 1993 年
- 本村凌二『ローマ人の愛と性』講談社現代新書 1999 年
- 本村凌二『優雅でみだらなポンペイ』講談社 2004 年
- 本村凌二『多神教と一神教』岩波新書 2005 年
- 安井萠『共和政ローマの寡頭政治体制』ミネルヴァ書房 2005 年
- 山形孝夫『砂漠の修道院』平凡社ライブラリー 1998 年
- 弓削達『ローマ帝国の国家と社会』岩波書店 1964 年
- 弓削達『地中海世界とローマ帝国』岩波書店 1977 年
- 弓削達『ローマはなぜ滅んだか』講談社現代新書 1989 年
- 吉野悟『ローマ法とその社会』近藤出版社 1976 年
- 吉村忠典『支配の天才ローマ人』人間の世界歴史 4 三省堂 1981 年
- 吉村忠典『古代ローマ帝国』岩波新書 1997 年
- 吉村忠典『古代ローマ帝国の研究』岩波書店 2003 年
- L・アンビス『アッチラとフン族』白水社文庫クセジュ 1973 年
- P・ヴェーヌ『パンと競技場』法政大学出版局 1998 年
- M・ウェーバー『古代社会経済史』東洋経済新報社 1959 年
- A・エヴァリット『キケローーもうひとつのローマ史』白水社 2006 年
- L・カッソン『古代の旅の物語』原書房 1998 年
- P・ガーンジィ『古代ギリシア・ローマの飢饉と食糧供給』白水社 1998 年

落至共和政治末期的通史類代表書籍。作者學識之淵博，至今仍舊令人讚嘆不已，甚至被稱呼為羅馬史學的創始人，此書榮獲諾貝爾文學獎，為首位獲得諾貝爾文學獎的史家。

- G・フェレーロ／C・バルバガッロ『古代ローマ一千年史』騎虎書房 1988 年
  - ◆ 作者費雷洛（Ferrero）從原本研究法律制度的專業領域，轉而埋首於羅馬興亡史的研究，並在研究世界史的史家巴爾巴卡洛（Barbagallo）的協力合作下撰成此書，適合學生、教師閱讀的通史類書籍。
- 村川堅太郎／長谷川博隆／高橋秀『ギリシア・ローマの盛衰』講談社学術文庫 1993 年
  - ◆ 一方面關注著古代的市民模樣，一方面又能綜觀地中海世界由都市國家走向大帝國的興亡歷史。
- 弓削達『永遠のローマ』講談社学術文庫 1991 年
  - ◆ 將主題放在羅馬理念的成型，集中講述羅馬帝政時期的社會與政治之一大力作。
- 桜井万里子／本村凌二『ギリシアとローマ』世界の歴史 5、中央公論新社 1997 年
  - ◆ 關於希臘、羅馬方面簡潔明瞭的通史書籍。在提及羅馬之際，特別將社會與制度作為背景，關注當時生活在其中的居民樣態。
- 塩野七生『ローマ人の物語』全 15 巻、新潮社 1992-2006 年（手機版本以新潮文庫的形式，現正刊出第 28 冊）
  - ◆ 由作家所書寫歷史敘述的通史。獨自一人以如此大規模的形式撰寫一千二百年的羅馬歷史，應為世界首例。其中隱含了作者的人生觀與歷史觀，作為論述領袖精神的歷史教科書來閱讀，實為秀逸之作。

◎值得深度學習的外國文獻

- The Cambridge Ancient History: VII-XIV, Cambridge UP 1984-2005
- Stories di Roma: I, II 1/2/3, III ½, IV, Torino 1988-1993

◎特定主題之參考書籍

- 青柳正規『皇帝たちの都ローマ』中公新書 1992 年
- 石川勝二『古代ローマのイタリア支配』 水社 1991 年
- 岩井経男『ローマ時代イタリア都市の研究』ミネルヴァ書房 2000 年
- 大月康弘『帝国と慈善——ビザンツ』創文社 2005 年
- 小川英雄『ローマ帝国の神々』中公新書 2003 年
- 島田誠『古代ローマの市民社会』山川出版社 1997 年
- 島田誠『コロッセウムからよむローマ帝国』講談社 1999 年
- 新保良明『ローマ帝国愚帝列伝』講談社 2000 年
- 砂田徹『共和政ローマとトリブス制』北海道大学出版会 2006 年

參考文獻

從寫作之時所參考的文獻中，列舉出重要性較高、最新的作品。

◎研究古代史的基本書籍

- 伊藤貞夫／本村凌二編『西洋古代史研究入門』東京大学出版会 1997 年
  - ◆ 為了深入研究希臘歷史以及羅馬歷史的學生所出版的研究導覽書。觀察每一道主題，將能夠抓出整體研究動向的概況。
- 松本宣郎／前沢伸行／河原温編『文献解説　ヨーロッパの成立と発展』南窓社 2007 年
  - ◆ 概觀古代史與中世紀歷史的同時，針對主要的題目，傳達出當前的研究動向。特別是該書列舉出日本國內的最新研究文獻作品，可以作為上述『西洋古代史研究入門』一書的補充讀物。

◎概說、辭典、通史等

- 岩波講座『世界歷史』4・5・7 巻、岩波書店 1998 年
  - ◆ 在這幾卷著作中，有不少關於羅馬從成立至古代晚期階段的基本性問題討論。
- D・バウダー『古代ローマ人名事典』原書房 1994 年
  - ◆ 簡明扼要的解說在羅馬歷史中的登場人物及作家。
- Ph・マティザック『古代ローマ歴代誌』創元社 2004 年
  - ◆ 詳細解說羅馬王政時期的七代帝王以及共和政治時期的領導性人物。適合拿來作為概觀羅馬興盛時期人物群像的參考。
- C・スカー『ローマ皇帝歴代誌』創元社 1998 年
  - ◆ 正如題名所述，詳細的解說從羅馬首位皇帝奧古斯都至西羅馬帝國最後一位皇帝的人物與事蹟。
- 長谷川岳男／樋脇博敏『古代ローマを知る事典』東京堂出版 2004 年
  - ◆ 提綱挈領的解說關於羅馬歷史的種種話題。
- E・ギボン『ローマ帝国衰亡史』1-10、ちくま学芸文庫　1995-1996 年
  - ◆ 由英文學者中野好夫等人所翻譯，為十八世紀啟蒙思想方面擲地有聲的著名巨作。
- E・ギボン『図説 ローマ帝国衰亡史』東京書籍 2004 年
  - ◆ 由研究羅馬歷史的史家吉村忠典與後藤篤子所翻譯上述巨作的縮譯版，加上圖像的解說，有助於讀者的理解。
- Th・モムゼン『ローマの歴史』I-IV、名古屋大学出版会 2005-2006 年
  - ◆ 由研究羅馬歷史的史家長谷川博隆所翻譯，十九世紀時期討論羅馬由初期聚

《羅馬帝王紀》作家

（*Scriptores Historiae Augustae*，四世紀後半葉？）

《羅馬皇帝群像》的內容雖然有部分的缺損，但卻是記錄哈德良皇帝至戴克里先皇帝即位前的各皇帝傳記資料。過去認為，這些傳記分別是由六名作者撰寫，獻給戴克里先皇帝以及君士坦丁大帝。不過，現今卻認為該書是出自一人之手，關於撰寫的年代也眾說紛紜。雖然作為史料來運用的話欠缺信度，但是該時代的相關史料有限，因而經常被提出引用。

優西比烏

（Eusebius，約260～339）

巴勒斯坦都市該撒利亞的主教。躲過了戴克里先皇帝及其後繼者所發動的基督教迫害活動，活躍於君士坦丁大帝統治時代。他所撰寫的許多基督教著作皆十分知名，其中特別是《教會史》一書，引用了豐富的史料，介紹在羅馬帝國下基督教的樣貌，對於後世的教會史家有極大的影響。此外，他的頌詞演講和《君士坦丁生平》等作品，則是以基督教徒的視角來解釋當時皇帝的政策。

馬切利努斯

（Ammianus Marcellinus，約330～391）

西元四世紀的史家。出身於敘利亞的安提阿。以拉丁文撰寫羅馬帝國史，年代斷限是由西元一世紀末涅爾瓦皇帝的統治起，至西元三七八年在阿德里安堡戰役中瓦倫斯皇帝戰死為止。馬爾切利努斯志在繼承塔西陀的歷史敘述。在他的歷史著作三十一卷中，現今留存的是十四卷以後的內容。雖然在他的筆觸之中，可以感受到他對尤利安皇帝的鍾情，不過，他本身也是一位軍人，將古代晚期的政治、社會樣貌鮮明的傳遞至今。

蘇埃托尼烏斯

（Suetonius，約70～130）

被認為是出身北非的希波地區。以傳記作家的身分為人所知，其代表作《羅馬十二帝王傳》，書寫對象為凱撒至圖密善為止的十二位羅馬皇帝。其記述的風格並非是採用編年史的方式，而是關注在皇帝個人身上進行論述。正如小普林尼的書簡中記載的一般，是一位羅馬知名的作家。此外，歷任諸多騎士身分的公職，活躍於圖拉真皇帝以及哈德良皇帝的統治時期之下。

塔西陀

（Tacitus，約56～120）

出身義大利北部或是南法地區。擔任元老院議員，累積許多經驗後，於西元九七年擔任執政官。與其說是一位政治家，倒不如說是他作為一位歷史家的身分，較為人所知曉。其著作除了《歷史》、《編年史》等史書之外，還留下他書寫岳父的傳記《阿格里科拉傳》以及日耳曼人的民族記《日耳曼紀》等作品。與小普林尼之間也有書信的往來，可以看出塔西陀在當時名聲遠播的模樣。

普魯塔克

（Plutarchos，約50以前～120以後）

出身希臘中部喀羅尼亞的名門氏族，著名的傳記作家、哲學家。雖然其生涯的大半都在喀羅尼亞度過，但也曾造訪羅馬、雅典和埃及，與元老院的議員們也有所交流。其著作在早期便已十分知名，早在西元四世紀就已經被視為是古典的作品。代表作為《希臘羅馬名人傳》（*Vitae parallelae*，英文直譯為 *Parallel Lives*），其中為二十二組的「對比列傳」以及四篇單獨傳記。此外，還留下許多作品，集結成為《道德論集》（*Moralia*）一書。

狄奧・卡西烏斯

（Dio Cassius，約164～229以後）

出身小亞細亞的尼西亞（Nicaea），元老院議員，歷任法務官（Praetor）、亞細亞總督等職務後，於西元二二九年與亞歷山大・塞維魯斯皇帝一同擔任執政官。他所留下的史書記錄羅馬建國以來至西元二二九年的時期，因此他的逝世時間被推斷至少是在西元二二九年以後。其著作雖然只留下斷簡殘篇，但是在共和政治晚期至元首政治初期這段期間，保留的較為完整的珍貴且重要史料。

尤利安「叛教徒」

（Julianus，在位期間361～363）

在正帝君士坦修二世驟逝後，成為正帝，大幅改革君士坦丁大帝以來的政策，像是縮減宮廷官僚人員、對宗教展現寬容的態度、免除君臣間的繁文縟節等。此外，雖然接受基督教教育，卻醉心於新柏拉圖主義，並且公布法令禁止基督教徒擔任教職，以「叛教徒」之名著稱。對外政策方面，雖然對薩珊王朝波斯帝國進行大規模的遠征，但是皇帝本人也戰死沙場，遠征以失敗告終。

狄奧多西一世

（Theodosius I，在位期間379～395）

羅馬軍在三七八年於阿德里安堡（Adrianople）戰役中敗給哥德人，在如此混亂的局勢下，狄奧多西一世即位，致力於軍隊的重整以及鎮壓哥德人的軍事行動。並在與帝國西部被擁立的僭稱帝展開兩度內戰，獲取最終的勝利。在內政上，擁護尼西亞信經派的基督徒，向米蘭主教安波羅修表示悔改的軼事，以及公布嚴格禁止異教、異端的敕令等，皆為狄奧多西一世的著名事蹟。逝世後，羅馬帝國東西分治的狀態成為常態。

奧古斯丁

（Augustinus，354～430）

北非都市希波的主教。他曾經運用人脈關係，請託親近的摩尼教徒，在米蘭宮廷中能夠覓得出人頭地的職務，擔任拉丁文教授一職。後轉而改信基督教，在故鄉北非與異教徒、摩尼教徒和基督教分離派系多納圖教派（Donatism）展開激烈的論爭。著名的作品有將自己改信基督教的過程，寫成《懺悔錄》一書，還有以哥德人劫掠羅馬城為題材而寫成的歷史哲學書籍《天主之城》。他將希臘哲學與基督教思想做出結合，為西歐中世紀的神學思想帶來了重大的影響。

李維

（Livius，前59～17）

出身於義大利北部帕多瓦（Padua）的史家。其著作《羅馬史》的涵蓋範圍是自羅馬起始至西元前九年，共一百四十二卷。不過，現存的著作只剩第一卷至第十卷、第二十一卷至第四十五卷的部分。書中雖然記述了羅馬興盛昌隆時期的歷史，但也可以看出李維認為道德日益低下的批判眼光。約與奧古斯都同時，並且確實地懷抱著共同的理想與願景，但並非是奧古斯都在政治上的辯護者與發言人。

加里恩努斯

（Gallienus，在位期間253～268）

父親瓦勒良皇帝於西元二五三年加里恩努斯提拔為正帝。西元二六〇年父親瓦勒良敗給波斯成為俘虜後，開始獨自統治帝國。在位期間哥德人入侵的狀況日益惡化，在高盧地區也形成分離帝國，東方的帕邁拉勢力亦不斷擴張。加里恩努斯最後被部下暗殺。在位時期局勢始終混亂不堪，在史料上對他的評價並不高。但近年來，在他推進軍制改革的政策上，開始出現了正面評價。

奧勒良

（Aurelianus，在位期間270～275）

出身多瑙河地區，以軍人身分展露頭角。即位後，放棄了多瑙河對岸的達契亞行省等，並在羅馬市建造城牆。擊潰潔諾比雅率領的帕邁拉軍隊，並且戰勝高盧地區的分離帝國，恢復帝國的統一。雖然著手進行貨幣改革，卻在遠征東方的途中遭到暗殺。

戴克里先

（Diocletianus，在位期間284～305）

出身達爾馬提亞，於西元二八四年在尼科米迪亞（Nicomedia，今伊茲密特）即位。即位後不斷應對內亂與外敵，於二八六年將同僚馬克希米安立為副帝，之後提拔為正帝；兩人同時在二九三年將同鄉的君士坦修和伽列里烏斯立為副帝。為了收拾三世紀下半葉的混亂局勢，進行了稅制、地方統治制度、通貨制度、宮廷禮儀等種種改革，為帝國的安定開闢了道路。另一方面，在統治期間晚期的西元三〇三年開始對基督教徒進行迫害之事，也為世人所知。晚年或許是因病，於三〇五年退位，過著隱居的生活。

君士坦丁一世

（Constantinus I，在位期間306～337）

父親君士坦修死後，在西元三〇六年於約克即位。收拾戴克里先皇帝退位後所留下的政治亂局，三二四年將帝國全境納入統治範圍之下。期間，於三一三年頒布「米蘭詔書」，公開承認基督教的合法性，其後也採取支持基督教的立場。君士坦丁確立新的貨幣制度以外，還於西元三三〇年遷都君士坦丁堡，為後來的羅馬帝國奠定基礎。於遠征波斯的途中，在尼科米迪亞逝世。

安敦寧

（Antoninus Pius，在位期間138～161）

出身有權勢的富裕氏族。西元一三八年成為哈德良皇帝的養子，不久後即位。與養父相反，統治時期的大半都在首都羅馬城內度過，靈活地統率各地總督，維持帝國安穩的局勢長達二十三年。其寬容、公正的性格受到當時民眾的愛戴，世人贈與「孝子」之名。

奧理略

（Marcus Aurelius Antoninus，在位期間161～180）

五賢帝的最後一位皇帝。出身西班牙南部的名門氏族，但出生於羅馬，於西元一三八年安敦寧皇帝即位前，被安敦寧收為養子。西元一六一年，與義弟路奇烏斯．維魯斯一同登基，成為羅馬歷史上首度出現的共同統治皇帝。在東方對帕提亞的戰役勝利之後不久，奧理略忙於處理遭受疫病侵襲的羅馬，以及多瑙河地區日耳曼人的侵擾。在他遠征途中，寫成《沉思錄》，展現了他高尚的精神與哲學的素養。

塞普蒂米烏斯．塞維魯斯

（Lucius Septimius Severus Augustus，在位期間193～211）

出身北非的馬格納．萊普提斯（Leptis Magna），在羅馬成為元老院的議員。西元一九〇年擔任執政官，一九三年擔任潘諾尼亞（Pannonia）行省總督任期中，在佩蒂奈克斯皇帝被暗殺後，軍隊推舉塞維魯斯為帝。一九七年在內戰中取得勝利，將帝國全境納入統治勢力之下。對帕提亞之戰取得勝利，在美索不達米亞設立新的行省。此外，改善軍隊士兵的待遇等，明確表現出皇帝地位是以軍事力量為基礎。在遠征地約克逝世。

尤莉亞．多姆娜

（Julia Domna，170～217）

敘利亞都市艾梅沙（Emesa）的大祭司女兒，於西元一八七年，與尚未即位的塞維魯斯結婚。兩人之間育有兩子——後來的皇帝卡拉卡拉與蓋塔。在丈夫塞維魯斯皇帝逝世後，卡拉卡拉殺害了蓋塔。尤莉亞以富含學問、藝術素養的母親著稱，也鼓勵斐洛斯托拉德（Philostratus）撰寫《提亞納的阿波羅尼烏斯（*Apollonius of Tyana*）》。

維斯帕西亞努斯

（Titus Flavius Vespasianus，9～79）

自父親的世代才取得騎士身分，出身新興氏族，成功進入元老院。在尼祿皇帝逝世之際，正坐鎮指揮平定猶太人叛亂的軍事行動，在東方及多瑙河軍隊的支持下稱帝（西元六九年）。擊敗維特里烏斯皇帝，終結尼祿皇帝逝世後的混亂局勢。雖然維斯帕西亞努斯並不是出身於尤利亞．克勞迪王朝的血統，但是元老院通過決議，承認新任皇帝在政權上的正當性。維斯帕西亞努斯本人過著勤儉樸素的生活，另一方面在政策上實行增稅，並著手建設知名的羅馬圓形競技場。

阿格里科拉

（Agricola，40～93）

不列顛行省總督。出身南高盧，擁有元老院議員身分。為史家塔西陀的岳父，透過塔西陀的著作《阿格里科拉傳》可以得知他詳細的人生經歷。根據該書，阿格里科拉歷經在不列顛和高盧的軍事、行政職務，於西元七八年成為不列顛行省的總督。在劃定行省北方國境界線後，進攻蘇格蘭，立下戰功。同時，他公正寬大的統治原則也獲得行省人民的愛戴，在行省的安定化上有非常大的貢獻。

圖拉真

（Trajanus，在位期間98～117）

出身西班牙南部。在擔任上日耳曼行省總督時，成為五賢帝中首代皇帝涅爾瓦的養子。西元九八年，登上皇帝之位。因其軍事上傑出的才能以及進退得宜的態度，與元老院、民眾、軍隊之間構築起良好的關係。經過兩度遠征，將達契亞（現今的羅馬尼亞）地區納為羅馬行省，在東方對帕提亞之戰也是節節勝利，一時之間，將美索不達米亞全境都收入帝國的版圖之內。後來，為了處理猶太人動亂，在從東方的歸途中，於小亞細亞病逝。

哈德良

（Hadrianus，在位期間117～138）

出身西班牙南部。年少時受到圖拉真皇帝的庇護，歷任諸多要職，在任敘利亞行省總督之時，登上皇帝之位。在統治初期與晚期，因故處死元老院大老，受到當時世人的批評。但是，他踏遍帝國各地視察，關注帝國的安全防衛，並整備由前任皇帝所創始的養育貧困家庭子女補助基金等諸多善政。除此之外，他愛好希臘文化，甚至親自從事建築、詩文創作。

尼祿

（Nero Claudius Caesar，37～68）

西元五四年即位後的數年間，在禁衛軍隊隊長布魯斯以及哲學家塞內卡的輔佐下，廣行善政。但是之後，卻接連殺害了同父異母弟、妻子、母親以及身邊輔佐的重臣，在歷史上留下暴君之名。西元六四年羅馬市的大火，據說是尼祿為了擴張自己宮殿用地而引起的人禍，遭到世人譴責，但尼祿則是宣稱基督教徒才是縱火的首謀者，並進行迫害。西元六八年，以高盧總督溫戴克斯為首，各行省的軍隊舉旗反抗，尼祿皇帝被元老院宣布為公敵，自殺身亡。

塞內卡

（Lucius Annaeus Seneca，約前4～65）

哲學家、文人。生於西班牙南部，出身騎士身分，家境富裕。在羅馬修習諸多學問後就任公職，因通姦罪而被流放至科西嘉島。在克勞迪皇帝的妻子小阿格里皮娜的支援下回到羅馬，成為小阿格里皮娜兒子的家教老師。在尼祿即位後成為諮詢顧問，而後兩人關係出現龜裂，西元六五年皮索謀反之際，被連坐問罪，自殺身亡。以斯多葛派哲學家著稱，在自然哲學上的造詣亦十分精深。

寇爾布羅

（Gnaeus Domitius Corbulo，？～約66）

帝政初期的名將。下日耳曼行省的總督，在防衛日耳曼人的活動上表現傑出，其功績也受到尼祿皇帝的賞識，被派遣至東方，在亞美尼亞王位問題的解決上費盡許多心力。西元五八年，成功奪取亞美尼亞首都，流放親帕提亞派的前國王，成功地擁立親羅馬派的新國王上任。其後，寇爾布羅雖然成為敘利亞行省的總督，卻被懷疑參與某項陰謀計劃，在尼祿皇帝的命令下被迫自殺。

保羅

（Paulus）

活躍於西元一世紀。原本屬於猶太教法利賽派信徒，在迫害基督教徒後改信基督教，積極地在塞普勒斯島、小亞細亞、巴爾幹半島的各個都市中進行基督教的傳教活動。他寫給各教會的文書，對基督教原始教義的形成上具有非常大的影響。他因為傳播基督教而被猶太人舉發入獄，但因為擁有羅馬公民權而得以上訴羅馬皇帝審判，被押解到首都羅馬，據說最後在尼祿皇帝對基督教徒的迫害中被處死。

莉維雅

（Livia Drusilla，前58～29）

原為克勞迪家族的妻子，卻因為屋大維的關係而離婚，成為屋大維的妻子。這段婚姻持續終身，兩人之間膝下無子。莉維雅一方面以婦德賢妻的形象受人讚賞，但在另一方面，卻傳說她為了讓自己與前夫之間的兒子提比略坐上帝位，企圖暗殺與奧古斯都有血緣關係的人士。在奧古斯都死後，獲得「奧古斯塔（Augusta）」的稱號，甚至被視為是提比略皇帝的共同統治者。不過，據說晚年與兒子的關係不睦。

提比略

（Tiberius Julius Caesar Augustus，前42～37）

奧古斯都的妻子莉維雅和前夫之間所生下的兒子。雖然提比略在軍事上有所功績，但是奧古斯都似乎想要讓有自己血脈的子孫來繼任帝位，因此在奧古斯都收養為養子的孫子盧基烏斯與蓋烏斯逝世後，提比略才被列入繼承人名單之中。提比略於西元一四年即位，但是未能與元老院維持良好的關係。提比略在位期間，出現許多因密告和叛亂罪而被處罰的案例。在他統治期間的後半，隱居在卡布里島，因而讓禁衛軍隊隊長塞揚努斯越俎代庖，為所欲為了好一段時期。

日耳曼尼庫斯

（Germanicus Julius Caesar，前15～19）

第二任羅馬皇帝提比略的弟弟克勞迪．德魯蘇斯的兒子，後來成為提比略的養子。曾經兩度進攻萊茵河以東的日耳曼，雖然未能擴張羅馬帝國的領土，但是在民眾間的聲望居高不下。不久，被提比略皇帝召回羅馬，與養父一同就任西元一八年的執政官，其作為後繼者的立場昭然若揭。隨後前往東方行省，與地方總督的不睦和未經同意便參訪埃及的行為引發爭議。翌年，於安提阿逝世。

小阿格里皮娜

（Julia Agrippina，15～59）

日耳曼尼庫斯與大阿格里皮娜之間的長女。與多米迪烏斯．阿赫諾巴布斯（Gnaeus Domitius Ahenobarbus）結婚後，生下後來的皇帝尼祿。後來小阿格里皮娜與皇帝克勞迪再婚，獲得奧古斯塔（Augusta）的封號。傳言她為了讓兒子尼祿坐上帝位而毒殺親夫，卻沒有證據足以證實真偽。在尼祿皇帝統治初期，對政治擁有極大的影響力，後來被兒子疏遠而失勢。並且最後是在親生兒子尼祿皇帝的命令之下遭到殺害。

西塞羅

（Marcus Tullius Cicero，前106～前43）

以雄辯家身分展露頭角的「新人」政治家。正如他自己在「彈劾喀提林演講（Catiline Orations）」中所述一般，在就任執政官的西元前六三年，阻止了企圖顛覆國家政權的喀提林陰謀，被譽為「國父」。在後來的內亂中雖然選擇依附龐培的陣營，最後仍受到凱撒的寬恕。在凱撒遭到暗殺後，西塞羅針對遺將安東尼發表叫「*Philippica*」的系列演說，譴責他的野心，招致支持安東尼派系人馬的反感（註），不久後便被殺害。西塞羅不只在法庭辯論上有傑出的表現，還留下哲學書、書簡等作品，可說是羅馬史上最為著名的文人、知識分子。

註：這是因為，西塞羅模仿希臘著名演說家德摩斯提尼斯攻擊馬其頓國王菲利普二世擴張野心的演說時，故意將演講取名為「*Philippica*」。

克麗歐佩特拉

（Cleopatra，前69～前30）

托勒密王朝最後的女王。獲得追擊龐培而來到埃及的凱撒的支持，在姊弟爭奪王位的紛爭中脫穎而出，並與凱撒育有一子。在凱撒遭到暗殺後，與屋大維的對手安東尼聯手，企圖達成埃及王國的存續與再興。另一方面，以屋大維的角度看來，克麗歐佩特拉被宣傳為是一位蠱惑、籠絡安東尼的女性，是會對羅馬帶來威脅的存在。西元前三一年，克麗歐佩特拉於亞克興角海戰中敗北。翌年，於亞歷山卓自殺。

奧古斯都

（Gaius Julius Caesar Augustus，前63～14）

基於舊公凱撒的遺言，以繼承者的身分被指名為養子，並改名為屋大維。為了報復協助暗殺凱撒派系的人馬，與安東尼、雷比達斯就任國家再建三人委員（第二回三巨頭政治）。後來擊敗安東尼一派，掌控國家權力（西元前三一年）。樹立元首政治，一方面以最高權力者的身分統治國家，另一方面也維持國家共和政體的型態。西元前二七年被賦予「奧古斯都（神聖、至尊者）」稱號。設立國家常備軍隊、改造羅馬都市、整備糧食供給與治安機構，為帝國政治打下根基。此外，他也公布了風紀取締令等，施行崇尚古風的政策。

阿格里帕

（Marcus Vipsanius Agrippa，前63～前12）

奧古斯都一生的友人與支持者。西元前三七年以後，致力於海軍力量的整備，在後來亞克興角海戰的勝利中也做出極大的貢獻。帝政開始後，前往行省負責統治，在公共建築及水道等建設的整備上注入許多心力。與奧古斯都的女兒大尤利亞結婚，育有五名子女，雖在奧古斯都的繼承者名單之上，卻在前一二年逝世。

克拉蘇

（Marcus Licinius Crassus，前115～前53）

出身名門貴族李錫尼烏斯世家，父兄皆因馬留的肅清運動而死，因而依附蘇拉派系。在斯巴達克斯所率領的奴隸軍隊席捲義大利全境的叛亂活動中，他成功鎮壓，立下佳績的政治家。他同時也是一位大富豪，為凱撒背後的贊助者。雖曾與龐培對立，但是在凱撒的調停下，三人一同結為第一回的三巨頭政治。為求軍功，前往帕提亞遠征，於卡萊（Carrhae）戰死。

龐培

（Gnaeus Pompeius Magnus，前106～前48）

率領私兵投靠蘇拉派，充分展現軍事才能，於二十五歲舉行凱旋大典，被世人冠上「偉大（*Magnus*）」的稱號。後來為了征討肆虐於東地中海的海賊以及與米特里達梯國王的戰爭，龐培獲得軍事上的指揮大權。如此違反傳統慣例的經歷與權力，使元老院傾向疏遠龐培，龐培因而與克拉蘇及凱撒結成第一回的三巨頭政治同盟。克拉蘇逝世後，同盟內部失去平衡的力量，龐培與門閥派結合成為凱撒的敵對勢力。在希臘的法薩盧斯決戰敗北，逃亡於埃及時遭到殺害。

凱撒

（Gaius Julius Caesar，前100～前44）

民眾派的政治家，與龐培、克拉蘇結成第一回三巨頭政治的同盟。自西元前五八年起，耗費七年的時間在高盧的戰役上，最後終於成功壓制高盧。前四九年，無視元老院解散軍隊的勸告，渡過盧比孔河向義大利發動進攻。翌年，在希臘的法薩盧斯擊潰以龐培為首領的門閥派，並以寬宏的態度接納許多政敵。就任終身制獨裁官後，其集大權於一身的言行舉動，讓眾人預感凱撒將有可能樹立王政，於前四四年，支持共和政體的人士暗殺身亡。

小加圖

（Marcus Porcius Cato，前95～前46）

老加圖的曾孫，傳統的名門貴族出身，為共和政體的熱情支持者，同時也是斯多葛派哲學的信奉者。敵視威脅共和政體存在的人物凱撒，曾經對抗凱撒等人所組成的第一回三巨頭政治同盟，後來在凱撒與龐培的政爭之中，則是依附在龐培的陣營之下。在法薩盧斯戰役之後，治理非洲的尤蒂卡（Utica），不願向凱撒屈服投降，於當地自殺。

提比略・聖伯紐斯・格拉古

（Tiberius Sempronius Gracchus，約前163～前133）

格拉古兄弟中的哥哥。在伊比利半島的從軍生活後，於西元前一三三年，被選為護民官。以元老院內有權勢的議員們支持為後盾，提出了土地改革法案——將貴族階層擁有的大塊土地所有權訂出上限，將超出上限的部分分配給貧農。不過，這項土地改革法案因同為護民官的同僚與部分元老院議員的反對而遭到挫敗。加上他打算將帕加蒙國王的遺產作為土地分配事業的財源，加深了與政敵之間的對立關係，在卡比托山丘上，與其支持者一同被殺害。

蓋約・聖伯紐斯・格拉古

（Gaius Sempronius Gracchus，約前153～前121）

格拉古兄弟中的弟弟。西元前一二三年被選為護民官。他提出由政府收購穀物，訂立廉價販賣制度以維持穀物價格的安定，獲得平民階層的支持；此外，他還提案在行省地區導入徵稅契約制度，藉以解決財政問題並提升騎士階層的勢力。翌年，他再度被選任為護民官，致力於在迦太基故地建設殖民城市，以及提議要賦予義大利同盟居民羅馬公民權，但是因為元老院的強烈反對，在元老院發出最後通牒的騷動之中，自殺身亡。

蓋約・馬留

（Gaius Marius，約前157～前86）

在與努米底亞國王朱古達（Jugurtha）以及日耳曼人的戰爭中，將羅馬帶向勝利而聲名大噪的政治家。他不是採用自古以來自備武器的有產市民階級來組織軍團，而是以無產階級市民的志願者為軍團的核心。如此一來，有才能的軍事領導者與士兵之間的私人關係紐帶愈趨緊密，連帶地在選舉的公民大會上發揮影響力，這項軍制改革也成為後來羅馬晚期共和內亂的背景。雖然被過往的部下「門閥派」的蘇拉逐出羅馬，但是他趁著蘇拉遠征小亞細亞期間奪取權力，對「門閥派」進行肅清運動。

蘇拉

（Lucius Cornelius Sulla Felix，前138～前78）

生於沒落貴族之家，曾是馬留的部下，但是在獲得「門閥派」的支持後，成為對抗馬留的一股勢力。在征討朋土斯國王米特里達梯六世的軍事指揮權受到威脅之際，蘇拉轉向羅馬出兵，流放馬留。在遠征小亞細亞後掌控權力，於西元前八一年就任獨裁官，實行復古式的改革——削弱護民官的權力，強化元老院的力量。改革後辭去獨裁官的職務，以未任一官半職的身分離開人世。

阿庇烏斯・克勞迪

（Appius Claudius Caecus，約前350～前271）

西元前三〇七年和西元前二九六年的執政官，於西元前三一二年也擔任監察官的職務。在監察官任期間，建設了由羅馬至卡普阿的亞壁古道以及羅馬市內首條引水道——亞壁水道。晚年雖目盲，仍舊氣宇軒昂，當元老院傾向要和伊庇魯斯國王皮洛士提出和解方案之際，克勞迪前往元老院厲聲叱責與激勵，讓元老院立下徹底抗戰的決心。名字中增加的綽號「*Caecus*」，是為目盲之意。

大西庇阿・非洲征服者

（Cornelius Scipio Africanus，約前236～前183）

在第二次布匿克戰爭，帶領羅馬取得勝利的重要人物。後世通稱為「大西庇阿」。早在二十幾歲之時，就被賦予執政官的代理統帥權，前往伊比利半島，以迦太基方面的據點新迦太基為首，幾乎將整個伊比利半島都收入羅馬的勢力範圍之下。西元前二〇五年，大西庇阿就任執政官的職位，隨即著手準備遠征非洲的計畫。前二〇二年，在扎馬會戰中擊潰漢尼拔軍隊，在第二次布匿克戰爭之中將羅馬引導至勝利的一方。晚年則是苦惱於政敵窮追猛打的指責與非議。

老加圖

（Marcus Porcius Cato，約前237～前149）

在羅馬共和政體下具有代表性的政治家，以清廉公正、積極好鬥的性格著稱。後世通稱為「老加圖」。經過第二次布匿克戰爭的從軍體驗，進入政界，於西元前一八五年就任監察官，一方面在公共事業建設上立下許多功績，另一方面則因為其冷酷無情的態度而樹立了許多政敵。晚年強力宣導打倒迦太基的理念。在學術活動上著有《農業論》等，也有非常傑出的表現。

小西庇阿・埃米利安努斯

（Scipio Aemilianus，約前184～前129）

後世通稱為「小西庇阿」。埃米利烏斯・保盧斯的次男，後來進入西庇阿家族成為養子。在歷經伊比利半島、非洲的從軍生涯過後，接受民間輿論的推舉與擁戴，於西元前一四七年就任執政官，取得與迦太基之戰的統帥權。翌年，消滅迦太基。西元前一四二年，也被選拔為監察官。其後，再度坐上執政官之位，在鎮壓騷動不安的伊比利半島任務上，成績亮眼。與希臘人史家波利比烏斯之間的良好交情，亦為世人所知。

主要人物略傳

塔克文・普利斯克斯
（Tarquinius Priscus，約前616～前579）
羅馬第五任國王，從伊特魯里亞鄉村塔爾奎尼移居至羅馬，名字也從帶有伊特拉斯坎風格的盧科莫改為盧基烏斯。由公民大會被選為國王後，完成與薩賓人等外敵的爭戰，並且大刀闊斧的施行擴張騎兵隊、增加元老院人數等各種政策。根據傳說，羅馬市內的低窪濕地特別是羅馬廣場周邊的疏浚設備以及大競技場的創建工程，也與普利斯克斯有所關聯。是象徵羅馬內部帶有伊特拉斯坎文明影響的國王。

塞爾維烏斯・圖利烏斯
（Servius Tullius，約前578～前535）
羅馬第六任國王。根據傳說，他對內施行了諸多內政改革，像是編組公民的部區、建造現今仍保存下來的塞爾維烏斯城牆、人口普查、以財產額為基礎劃分階級，形成軍事、投票單位的百人團制度等；對外則是擊退了強敵維依城邦的挑戰，為王政期的羅馬帶來繁榮昌盛的國王。但是，在政爭的結果下，背負出身奴隸的污名，被趕下王位，最後死於非命。

傲慢塔克文
（Tarquinius Superbus，約前534～前510）
羅馬第七任國王。從先王塞爾維烏斯手上奪取王位，鎮壓市民，為歷史上著名的暴君。他再次重整與周邊城邦結成軍事上的拉丁同盟、並著手興建朱庇特神殿和大下水道工程等大規模的建設事業，藉以強化羅馬對外的地位、推進內部的基礎建設計畫。後來因王子強暴貴族女性盧克萊西亞（Lucretia）的醜聞引發政治危機，不受民眾愛戴的塔奎尼烏斯被趕出羅馬，而後羅馬走向共和政體的體制。

卡米盧斯
（Marcus Furius Camillus，約前445～前365）
共和時期的代表性的軍人兼政治家。西元前四世紀初葉，成功攻陷鄰近的伊特拉斯坎人城邦——維依，後來卻因一時失勢而不得不展開亡命生涯。亡命期間，眼見羅馬敗在高盧人手下，對於羅馬城被占領、掠奪的狀況十分憂心。據說他一回到羅馬城後，便將高盧人一舉擊退。為了攻略維依和擬定對付高盧人的對策，卡米盧斯曾五度擔任獨裁官的職務，可說是繼羅慕勒斯之後，羅馬的第二位創建者。

時間	羅馬	日本與世界
	入侵羅馬。	
418年	西哥德人於西班牙、南法樹立王國。	
		420 年，宋朝成立。
		421 年，倭國派遣使者至宋朝。
429年	汪達爾人入侵北非，建立汪達爾王國（～534 年）。	
430年	四大教父之一奧古斯丁逝世。	
		439 年，北魏統一華北。南北朝時代開始。
451年	卡塔隆平原戰役。羅馬人與日耳曼人聯合軍隊擊潰匈奴人軍隊。 卡爾西頓公會議（Council of Chalcedon），決議將基督一性論教派視為異端。	
453年	阿提拉國王逝世，匈奴人四處分散。	
476年	西羅馬帝國滅亡。	
約481年	克洛維一世（Clovis I）成為法蘭克人的國王（梅羅文王朝，～ 751 年）。	
484年	教會東西分裂。	
493年	在狄奧多里克大帝（Theodoric）領導下的東哥德人擊敗奧多亞塞（Odoacer），於義大利建立東哥德王國。	
506年	制定西哥德的法典。	
527年	查士丁尼大帝即位。	
529年	開始編纂《查士丁尼法典》。 聖本篤創設卡西諾山的本篤會修道院。	
532年	尼卡暴動。	
534年	查士丁尼大帝滅汪達爾王國。	
537年	聖索菲亞大教堂完工。	
565年	查士丁尼大帝逝世。	
		589 年，隋朝統一中國。
		610 年左右，穆罕默德開始為伊斯蘭教佈道。
		645 年，大化革新。
1204年	第四次十字軍東征，占領君士坦丁堡。	
		1388 年，足利尊成為征夷大將軍，室町幕府開始。
1453年	鄂圖曼帝國攻陷君士坦丁堡。	

時間	羅馬	日本與世界
		184 年，黃巾之亂。
212年	卡拉卡拉皇帝賦予羅馬公民權給帝國內全數自由人（安東尼努斯敕令）。	
		220 年，東漢滅亡，魏、蜀、吳三國鼎立。
224年	阿爾達希爾一世（Ardashir I）滅帕提亞王國，建立薩珊王朝波斯帝國（～ 651 年）。	
235～284年	軍人皇帝時代。	
		239 年，邪馬台國的女王卑彌呼派遣使者前往魏國。
260年	瓦勒良皇帝被波斯王沙普爾一世（Shapur I）捕獲。	
		265 年，魏朝滅亡，晉朝成立。
284年	戴克里先皇帝即位。	
293年	羅馬帝國開始四帝共治制度。	
313年	君士坦丁大帝公布米蘭詔書，承認基督教的信仰自由。	
324年	君士坦丁大帝重新統一羅馬帝國。	
325年	尼西亞公會議。確認尼西亞教派為正統，阿里烏教派為異端。	
330年	君士坦丁大帝遷都拜占庭（改稱為君士坦丁堡）。	
361年	尤利安二世皇帝即位（～ 363 年），企圖復興異教。	
374年	匈奴人越過窩瓦河。	
375年	西哥德人入侵羅馬帝國領土，日耳曼民族大遷徙開始。	
378年	阿德里安堡（Adrianople）戰役中敗給哥德人，皇帝陣亡。	
		391 年，倭國軍隊渡海，攻破百濟、新羅。
392年	狄奧多西一世皇帝全面禁止基督教以外的異教信仰。	
395年	狄奧多西一世皇帝逝世，羅馬帝國分裂為東、西兩帝國。	
		400 年，高句麗的好太王派遣五萬大軍前往新羅，擊潰倭國軍。
410年	亞拉里克一世（Alaric I）國王領導西哥德人	

時間	羅馬	日本與世界
		前 141 年，漢（西漢）武帝即位。
135年	西西里島奴隸叛亂。	
133年	提比略・格拉古的改革。	
123年	蓋約・格拉古的改革。	
107年	馬留的兵制改革。	
91～88年	義大利同盟戰爭。	
88～85年	第一次米特里達梯戰爭。	
82年	蘇拉擔任獨裁官（～前 80）。	
73～71年	斯巴達克斯的叛亂。	
60～53年	第一回三巨頭政治（龐培、凱撒、克拉蘇）。	
58～51年	凱撒遠征高盧。	
44年	凱撒被暗殺。	
43～31年	第二回三巨頭政治（安東尼、屋大維、雷比達斯）。	
31年	亞克興角海戰中，屋大維擊潰安東尼與克麗歐佩特拉的聯合軍隊。	
30年	因羅馬的進攻，托勒密王朝滅亡（埃及被列入羅馬行省）。	
27年	屋大維獲得奧古斯都之稱號（羅馬帝政開始）。	
西元後 6年	猶太成為羅馬行省之一。	
		8 年，王莽建國「新」（～ 23 年）。
9年	條頓堡森林戰役與日耳曼人對戰中，三個羅馬兵團被殲滅。	
14年	提比略皇帝即位。	
		25 年，東漢元年（～220 年）。
約30年	耶穌基督被凌遲處死。	
51～57年	使徒保羅開始為基督教傳道。	
54年	尼祿皇帝即位。	
64年	羅馬市大火，尼祿皇帝迫害基督教徒。	
79年	維蘇威火山爆發，龐貝城被火山灰掩埋。	
96～180年	五賢帝時代。	
117年	在圖拉真皇帝的統治下，羅馬帝國的版圖擴張至最大。	
161年	奧里略皇帝即位。	
166年	馬克曼尼戰爭。其後，羅馬帝國的領土屢遭外族入侵。	大秦王安敦（安敦寧皇帝）的使者前往日南郡。

年表

時間	羅馬	日本與世界
西元前 753年	羅穆勒斯建設羅馬（傳說）。	
550年		阿契美尼德王朝波斯帝國建國（～前330年）。
509年	王政崩壞，成立共和政體。	
494年	設置護民官制度。	
		前490年，第一次波斯戰爭、馬拉松戰役。 前480年，第二次波斯戰爭、溫泉關戰役、薩拉米海戰。
約450年	制定十二表法。	
390年	高盧人侵略羅馬城。	
367年	制定李錫尼亞・塞克斯蒂亞法。	
		前333年，伊蘇斯戰役，亞歷山大大帝擊潰大流士三世。 前317年左右，孔雀王朝成立。
287年	成立霍爾田西烏斯法。	
272年	塔蘭托淪陷，羅馬稱霸義大利半島。	
264～241年	第一次布匿克戰爭。羅馬將西西里島置於統治勢力之下。	
		前247年左右，阿薩息斯王朝在帕提亞建國（～前224年）。 前221年，秦統一中國。
218～201年	第二次布匿克戰爭。	
214～205年	第一次馬其頓戰爭。	
202年	扎馬戰役，大西庇阿軍隊擊潰漢尼拔軍隊。	漢（西漢）建國（～西元8年）。
200～197年	第二次馬其頓戰爭。	
192～188年	安提阿戰爭。	
149～146年	第三次布匿克戰爭。	
146年	迦太基滅亡。科林斯屠城，將馬其頓列入行省。	

興亡的世界史05

地中海世界與羅馬帝國

一部充滿人類歷史經驗結晶的世界帝國千年史

地中海世界とローマ帝国

地中海世界與羅馬帝國：一部充滿人類歷史經驗結晶的世界帝國千年史
本村凌二著／廖怡錚譯／初版／新北市／八旗文化出版／遠足文化發行／二〇一八年四月
譯自：地中海世界とローマ帝国
ISBN 978-957-8654-02-0（精裝）
一、歷史　二、羅馬帝國　三、地中海
740.222
107002852

作者　本村凌二
日文版編輯委員　青柳正規、陣內秀信、杉山正明、福井憲彥
譯者　廖怡錚

總編輯　富察
責任編輯　穆通安、張乃文
編輯協力　洪源鴻
企劃　蔡慧華

封面設計　莊謹銘
排版設計　宸遠彩藝

社長　郭重興
發行人兼出版總監　曾大福

出版發行　八旗文化／遠足文化事業股份有限公司
地址　新北市新店區民權路108-2號9樓
電話　〇二～二二一八～一四一七
傳真　〇二～八六六七～一〇六五
客服專線　〇八〇〇～二二一～〇二九
信箱　gusa0601@gmail.com
臉書　facebook.com/gusapublishing
部落格　gusapublishing.blogspot.com

法律顧問　華洋法律事務所／蘇文生律師
印刷　成陽印刷股份有限公司
出版日期　二〇一八年四月（初版一刷）
　　　　　二〇二一年四月（初版八刷）
定價　五五〇元整